Hannelore Traugott
Lilith – Eros des Schwarzen Mondes

Hannelore Traugott

Lilith
Eros des Schwarzen Mondes

Edition Astrodata

3. Auflage 1998

Korrektorat: Stephan Huser
Druck: Freiburger Graphische Betriebe, D-Freiburg i. Br.
Umschlagbild: Franz von Stuck, «Die Sünde»
(mit freundlicher Genehmigung von Eva Heilmann)

ISBN 3-907029-48-8

Inhalt

DRITTER TEIL:
Die endliche Geschichte?

Vorwort

Dieses Buch fusst auf Begeisterung. Als ich vor Jahren das erste Mal von Lilith gehört habe, entzündete sich in mir dieser Funke, der bis heute nicht verloschen ist. Nur allzuoft stand ich vor dem Problem, anderen Lilith und die Inhalte des Schwarzen Mondes nahezubringen. Das ist schwer, denn Lilith können wir nicht logisch erfassen; bei diesem hilflosen Versuch trifft uns lediglich ihr Spott. Spott erzeugt Wunden, und um diese nicht schmerzlich zu spüren, leugnen wir sie, indem wir sie dem Spötter zufügen. So spotten einige Lilith, indem sie ihre Bedeutung negieren.

Bilder spotten den logischen Gesetzen. Ich habe Bilder und Geschichten zur Unterstützung gewählt, um die Welt des Schwarzen Mondes anschaulicher zu machen. Vielleicht helfen sie, Lilith *einzubilden*, das heisst, dass wir sie uns erschliessen, indem wir uns *hinein-bilden*. Es ist wichtig, dass wir beiden Respekt einräumen: unserer Logik und unseren Bildern. Um zwei langfristig zusammenzuführen, müssen sich beide geachtet fühlen, ist ein Gleichgewicht notwendig. Kippt das Gleichgewicht, so kippt die Beziehung, wie uns der Mythos von Lilith und Adam zeigt.

Ich stütze mich häufig auf die Mythologie. Wenn wir Mythos als ein lebendiges Bild unserer inneren Welt verstehen und annehmen können, sind wir auf dem Weg zu wirklichen Veränderungen. Herman Weidelener meint, für unsere Kultur sei der Mythos des Alten Testamentes an manchen Stellen wesentlicher als der griechische; der alttestamentarische Mythos habe für das religiöse Leben des abendländischen Menschen mehr Gewicht. In Mythen aus dem Mittelmeerraum kommt die Dunkelheit schlecht weg. Der südliche Mensch hat Angst vor der Dunkelheit. Er geht mehr vom Tag, vom Licht aus. «Ein Mythos, in dem nun die Dunkelheit schlecht wegkommt, also zu der Qualität der Hölle, des Bösen erniedrigt wird, vollzieht eine Kränkung in der Seele des Menschen, der mit ihr lebt.»[1] Das Weibliche wird mit der Dunkelheit gleichgesetzt. Unterliegt es also nicht zwingend einer Kränkung durch die Mythen, die wir pflegen? Die nordische Mythologie schätzt die Dunkelheit und hört auf das Weibliche. Es ist bezeichnend, dass diese Mythen in Vergessenheit geraten sind. Der nordische Mythos schweigt und ist so gesehen auch noch mehr Mythos. Doch er beginnt allmählich den griechischen und hebräischen zurückzudrängen. Ist das ein Zeichen dafür, dass die Dunkelheit auch geschätzt werden will, dass das Weibliche zunehmend seinen Raum zurückfordert?

Die Geschichte von Lilith und Adam ist ein alter hebräischer Mythos. Einer, den ich gerne weiter schreiben würde. Ich verwende ihn in diesem Buch, um den uralten Geschlechterkampf aufzuzeigen. Das Auftauchen von Lilith zeigt, dass das Ende des Mythos neu *eingebildet* werden will. Die Aktualität des Schwarzen Mondes zeugt ebenfalls davon, dass Verdrängtes integriert werden möchte. Die patriarchalen Werte wackeln.

Sie können mir vorwerfen, dass ich mich der griechischen Mythologie bediene, also sehr «patriarchaler» Mythen, um einen alten patriarchalen, hebräischen Mythos zu bearbeiten bzw. um Ihnen das Weibliche und den Schwarzen Mond nahezubringen. Das hat folgende Gründe. Der eine ist: Auch ich bin natürlich ein Kind des Patriarchats und finde mich folglich in den Mittelmeermythen besser zurecht. Dieser Grund gefällt mir nicht so sehr. Der andere gefällt mir besser; ich finde es schön, «den Teufel mit Beelzebub auszutreiben».

Im astrologischen Teil habe ich Mythen und Geschichten aufgegriffen, die ich bereits in einer Artikelserie in *Astrologie Heute* veröffentlicht habe. Mir haben viele Leser bestätigt, dass sie sich mit diesen Geschichten gut identifizieren konnten. Aus diesem Grund habe ich sie wieder verwendet. Ein wesentlicher Teil des Buches wäre ohne die Fülle von Informationen und Mitteilungen persönlicher Erfahrungen von Klienten und Kursteilnehmern nicht möglich gewesen. Danke schön! Ein besonders herzliches Danke noch an jene, die mir erlaubt haben, ihre Geschichten für Fallbeispiele zu verwenden. Ein weiteres Danke an Ethel Vogelsang für ihren Zuspruch, «mein Ei auszubrüten»; sie hat mir Mut gemacht. Dass ich ihn nicht wieder verloren habe, dafür sorgten die Menschen in meinem Umfeld – allen voran Petra. Danke schön!

ERSTER TEIL

Perspektiven zu Lilith

Der Mythos von Lilith

Als Gott den ersten Menschen geschaffen hatte, sagte er: «Es ist nicht gut, dass der Mensch allein sei» und schuf ihm eine Frau – gleich ihm – aus Erde und nannte sie Lilith. Bald begannen sie miteinander zu streiten: Sie sagte zu ihm: Ich will nicht unter dir liegen. Und er sagte: Ich will nicht unter dir liegen, sondern auf dir, weil du verdienst, die Unterlegene zu sein und ich, der Überlegene zu sein. Sie sagte zu ihm: Wir sind beide gleich, weil wir beide aus Erde gemacht sind. Und sie wollten nicht aufeinander hören. Als Lilith das gewahr wurde, rief sie den spezifischen Namen Gottes aus und «erhob sich in die Lüfte der Welt». Adam (Mensch) rief seinen Schöpfer an und sprach: Gott der Welt, die Frau, die du mir gabst, ist mir weggelaufen. Daraufhin schickte Gott der Allmächtige, gebenedeiet sei er, ihr sofort drei Engel nach, um sie zurückzuholen. Der Allmächtige, gebenedeiet sei er, sagte zu Adam: Wenn sie zurückkehren will, gut. Wenn nicht, muss sie es auf sich nehmen, dass tagtäglich hundert ihrer Söhne sterben müssen. Sie folgten ihr und holten sie ein, mitten auf dem Grund des grossen Wassers, in dem die Ägypter eines Tages ertrinken sollten. Sie teilten ihr Gottes Worte mit. Sie wollte nicht zurückkehren. Sie sprachen zu ihr: Wir werden dich im Meer ertränken. Sie sprach zu ihnen: Lasst mich allein, denn ich bin für nichts geschaffen worden, ausser (ein Idiom für «der Grund, warum ich erschaffen wurde, ist …») Kinder zu schwächen; männliche Kinder von der Geburt bis zum 8. Tag, weibliche von der Geburt bis zum 20. Tag. Und als sie hörten, was sie sprach, bestanden sie darauf, sie zu ergreifen; ich schwöre euch beim Namen Gottes (El), dem Lebendigen und Seienden, dass ich, wenn ich eure Namen oder Antlitze in einer «Camea» erblicke, über das betreffende Kind nicht herrschen werde; und sie nahm es auf sich, dass tagtäglich hundert ihrer Söhne sterben. Daher sagen wir, dass jeden Tag hundert ihrer «Teufel» (was auch im Sinne von «Geister», «Seelen» usw. gemeint sein könnte) sterben. Und daher kommt es, dass wir ihren Namen in die Camea von kleinen Kindern schreiben. Und sie erblickt sie, erinnert sich ihres Versprechens, und das Kind ist geheilt.[1]

Betrachten wir nun diesen Mythos aus mehreren Perspektiven.

Das Gottesbild

«Gott schuf den Menschen nach seinem Bilde, zum Bilde Gottes schuf er ihn; und schuf sie als Mann und Weib.»[2] Es gibt viele Worte für Gott im Hebräischen, und jedes Wort hat eine spezifische Bedeutung. Im Schöpfungsmythos ist dieser Gott, der den Menschen nach seinem Bilde schuf, *Elohim*. Elohim enthält einen männlichen und einen weiblichen Wortstamm, und wir können sagen, es ist die *androgyne* Gott-

heit, die den ersten Menschen *männlich* und *weiblich* erschafft. «… nach seinem Bilde …» hiesse demnach, Adam/Mensch ist nicht nur männlich und weiblich, sondern auch androgyn. Ethel Vogelsang schreibt: *«Im weiteren Text der Bibel wird Elohim meist durch Jahwe ersetzt, den maskulinen Gott El. Als Ben Sira den Mythos aufschrieb, war der Schöpfungsakt bereits durch den männlichen Gott vollbracht. Die Unterscheidung des Gottesbildes in androgynes Gottesbild und Vater-Gott-Bild ist entscheidend für das Verständnis des gesamten Inhaltes von Ben Siras Mythos.»*

Nahm Lilith das Wissen um die Androgynität Gottes und der Menschheit mit, als sie das Paradies verliess? Überliess sie die Macht nun dem Vater-Gott und Adam/Mann? Lilith *wusste* – und demonstrierte ihr Wissen und ihre Macht, bevor sie ging. Sie intonierte den spezifischen Namen Gottes. Woher kannte sie ihn? Mit ihrer Anrufung des «unaussprechlichen Namens Gottes» zeigte sie, dass sie um das wirkmächtigste Geheimnis der Schöpfung weiss. Verlor der Mensch mit ihrem Weggehen auch einen Zugang zu diesem Geheimnis, zu diesem Wissen? Eine Gottheit bei ihrem Namen anzurufen bzw. zu beschwören, bedeutet, sich deren Wissen bzw. Macht zugänglich und/oder dienstbar zu machen. Lilith demonstrierte ihr Wissen und verzichtete auf die Macht.

Warum? Hier kann jeder seine Vermutungen anstellen. Durch ihr Weggehen brachte sie jedenfalls die Dinge in Gang. Ihr Protest und ihre Flucht sind also auch Initiation. Sie gehorchte nicht; genausowenig wie Luzifer oder Samael, und so ist naheliegend, dass man ihr nachsagt, sie hätte sich mit Samael vermählt. So wurde sie «Herrin über das Dunkle», wurde zum Wüsten- bzw. Todesdämon erklärt. Mit ihrer Weigerung, zurückzukehren, überliess sie das Terrain den «Patriarchen», die sie verfluchen, ausgrenzen und – fürchten, da sie jene Kraft verkörpert, zu der Eva bis heute nicht fähig ist.

Lilith wird nachgesagt, sie hätte sich der Paradiesschlange bedient, um mit Eva zu sprechen, manchmal heisst es, sie selbst sei die Schlange (vgl. Farbtafel «Sündenfall»). Ich werde darauf im Abschnitt «Jahwes Kampf mit der Schlange» näher eingehen. Halten wir jedoch schon an dieser Stelle die Perspektive fest, dass Lilith mit Eva Kontakt hatte; Eva war jedoch unfähig, ihre «dunkle Schwester» zu erkennen.

Die Schlange hiess den Menschen jedenfalls vom «Baum der Erkenntnis» zu essen, reichte ihm die Frucht, stand sozusagen an der Geburtsstätte des Bewusstseins. Sie brachte ihm so auch das Bewusstsein des Dämonischen, wurde somit Symbolträger für Dämonie. Die Dämonin wurde Lilith genannt. So wie Gottheiten angerufen werden, um sich ihre Kraft dienstbar zu machen, werden Dämonen beim Namen genannt, um sie zu vertreiben. «Weiche Satan! Hinaus mit Lilith!» Benennung gibt Macht.

Macht ist auch die Drehscheibe für den Streit zwischen Lilith und Adam. Lilith will (beim Geschlechtsakt) nicht unten liegen, sie rebelliert, sie lehnt sich auf. Es ist bemerkenswert, dass ihre Weigerung, unten zu liegen, für Adam nur den Schluss zuliess, sie wolle oben liegen. Lilith hat dies nie gesagt. Sie will nicht Dominanz, sie will Ebenbürtigkeit, Gleichwertigkeit. Adam hat ihr nicht zugehört. Und noch heute teilen viele diese Sicht mit Adam.

Ethel Vogelsang schreibt:

Liliths Bestehen auf ihrer Ebenbürtigkeit mit Adam gleichzusetzen mit dem Versuch, ihn zu dominieren, ist eine Projektion vieler Autoren, die über Lilith geschrieben haben. Selbst von späteren Autoren mit einer dem Weiblichen mehr zugetanen, differenzierten Sicht, wurde bis heute diese Verzerrung des tatsächlichen Inhaltes des Mythos für bare Münze genommen, was zu einer Abstempelung des Weiblichen als grösstenteils von Natur aus negativ und zerstörerisch geführt hat.

Und sie zitiert Koltuv:

Lilith ist der Teil des Selbst, mit dem die moderne Psyche sich wieder verbinden muss, um nicht länger ein geistiger Aussenseiter zu sein.

Es erscheint schwer, sich mit einem Teil zu verbinden, der derart denunziert und dämonisiert wurde wie Lilith. Und doch hat sie ihre Position gewählt, vielleicht nicht ahnend, welche Konsequenzen ihr Weggehen nach sich zog. Der «Vater-Gott» und Adam/Mann bestimmten nun, was als «das Weibliche» zu gelten habe und welcher Platz ihm in der Welt zugewiesen wird.[3] Lilith wollte Gleichwertigkeit, wollte das Sowohl-als-auch. Das patriarchale Wertsystem definiert in starken Entweder-Oder-Kategorien und hat nie begriffen, was Lilith anstrebte. Das Patriarchat kann so das Geschenk der Schlange, kann Wissen, nur limitiert nutzen. Wissen bedeutet Freiheit, und Wissen spaltet, bedeutet Polarität. Doch Entweder-Oder-Haltungen zerren Polarität in die Dualität und führen somit in eine Einbahnstrasse.

Im Englischen bezieht sich «to apprehend» auf den Erwerb von Wissen und bedeutet gleichzeitig auch Furcht, «apprehension».[4] Wir haben Angst, unwissend zu sein, und wir fürchten Wissen, wollen es manchmal «gar nicht so genau wissen». Das Wiederauftauchen von Lilith bzw. ihrer Werte lässt uns dies deutlich spüren. Folglich erscheint es sicherer, ihr nicht zuzuhören. Vielleicht können wir sie im Lärm ersticken, indem wird den alten Streit entfachen: «Wer ist oben und wer ist unten? (Astrologisch eingekleidet gibt es diesen Streit auch, indem ihre Existenz «da oben und da unten» von einigen generell in Frage gestellt wird.) Unterliegt hier Adam/Mensch dem Wiederholungszwang? Adam/Mann kann vielleicht noch nicht überblicken, was er zu gewinnen hat. Er sieht nur den Verlust seiner Vorrangstellung, bedient sich des alten «Vater-Gottes», um Lilith erneut zu verfluchen, um so mehr, als er ja jetzt eine viel gefügigere Eva hat. Um sie auf seine Seite zu ziehen, spielt er seinen stärksten Trumpf. Er erzählt ihr von «Lilith, der Kindermörderin».

Mit ihrer Weigerung zurückzukehren und sich anzupassen, zog Lilith den Fluch des strafenden Vater-Gottes auf sich. Er verfluchte sie für etwas, «... wofür sie eigentlich geschaffen wurde». Es heisst, Gott schuf Lilith, um Kinder, «deren Seelen verloren sind, zu schwächen bzw. zu töten.» Dies scheint auf den ersten Blick paradox und mit Recht kann sie zu den Engeln sagen: «Wie soll ich für etwas verflucht werden, wofür ich eigentlich erschaffen wurde?»

Gott hat Lilith für eine undankbare Aufgabe erschaffen, hatte sie doch auch seinen «zerstörerischen Aspekt» zu repräsentieren. Sie war dafür da und der Fluch von Jahwe kommt somit einem Verrat gleich. Jahwe hat damit einen Teil der Schöpfung verflucht und so dämonisiert. Wurde Lilith damit zum ersten Sündenbock der Schöpfung?

Machen wir nun einen Sprung in die Astrologie. Wo wir Lilith bzw. den Schwarzen Mond haben, verfluchen wir uns manchmal für etwas, «wofür wir eigentlich geschaffen wurden». Durch die Brille des strafenden Vater-Gottes, des Patriarchats, verteufeln wir uns hier, da uns «die Werte der Lilith» nicht mehr zugänglich sind. Vielleicht reicht es schon, unsere Natur zu akzeptieren und uns liebevoll anzunehmen, unsere Ethik zu finden jenseits der gängigen Moral, das heisst, dass wir beginnen, eine moralische Verpflichtung uns selbst gegenüber zu entwickeln. Die Rückkehr der Lilith kann uns Anregung dafür sein, sich mit ihren Werten auseinanderzusetzen, kann uns Ermunterung sein, den Patriarchen nicht mehr zu gehorchen.

Das Weibliche und die Rückkehr der Lilith

Wie wir eben angeschnitten haben, wurzelt die Abwertung des Weiblichen auch im Religiösen und prägt damit Frauen genauso wie Männer. Der patriarchale Vater-Gott prägt die Moral unserer Welt und wir sind bis ins Innerste von seinen Wertvorstellungen, Sichtweisen und Tabus durchdrungen. Mit dem Aufstieg des männlichen Gottes wurde die uralte Göttin verdrängt; Eva hat also kein Gottesbild, mit dem sie sich identifizieren kann. Sie wurde angeklagt, für den Sündenfall verantwortlich zu sein und ihr wird ständig nahegelegt, dies über Dienen und Leiden abzubüssen. Die Vorbilder, die ihr gestattet werden sind Maria, die Dame ohne Unterleib, oder Maria Magdalena, die ihrem abschwören musste, um Seelenheil zu erlangen. Die Frau wurde, genauso wie die Sexualität, als «unrein» abgestempelt. Im Levitikus sind sämtliche sexuellen Handlungen Greuel und viele Arten der Sexualität sind ganz verboten. Sexualität, weiblicher Körper und Krankheit werden miteinander assoziiert, das heisst Krankheit, Geschlechtsverkehr und fundamentale Funktionen des Frauseins (Menstruation und Niederkunft) wurden gleichermassen als «unrein» betrachtet. Körperflüssigkeiten und Körperausscheidungen wie Wasser, Muttermilch, Menstrual- und Hymenalblut sowie Sperma sind suspekt und verabscheuungswürdig.[5] Da der Mensch wiederum eine «Ausscheidung» der Frau ist, ist bei dieser Sicht ein substanzieller Minderwert von Geburt an gegeben.

Natur und die «natürlichste Sache der Welt» werden also unterdrückt und abgewertet. Dabei steht die Frau in Zusammenhang mit den natürlichen Vorgängen, während der Mann sein Verlangen nach Frauen oder ein Ausleben sogenannter «weiblicher» Eigenschaften abwertet. Die Legenden um Lilith zeigen, wie sehr er die Frau begehrt und zugleich fürchtet und wie er seine sexuellen Regungen auf sie projiziert. Er macht sie für seine nächtlichen Samenergüsse verantwortlich, und um sein Begehren abzutöten, kreiert er Bilder, wie sie ihm «das Mark aus den Knochen saugt». Im «Hexenhammer», der von zwei Mönchen zusammengestellt und vom Papst rechtsverbindlich erklärt wurde, heisst es, die Frau werde vorwiegend von Affekten und Leidenschaften angetrieben, Lieben und Hassen entstehe durch «fleischliche Begierden» und die Frau sei «fleischlich gesinnter» als der Mann. Ausserdem

15

sei sie sexuell unersättlich, eitel, vergnügungssüchtig, eine Lügnerin und eine Verführerin. Die Frau sei geistig tiefstehend, leichten Verstandes, abergläubig und leicht beeinflussbar und sei alles in allem ein «unvollkommenes Tier». Nachdem nun also Gott-Vater im Namen seines Vertreters, dem Papst, derartige Festlegungen absegnet, ist nachvollziehbar, dass die Frau, selbst wenn sie sich dagegen aufbäumt, von derartigen Abwertungen durchdrungen ist. Die nächste Instanz ist nun der Vater bzw. der Ehemann, dem sie beweisen muss, dass dies auf sie nicht zutrifft. Konsequenterweise hiesse dies: «Ich bin nicht leidenschaftlich, sexuell gefügig und bescheiden (eine *gute* Frau durfte bis zum Beginn unseres Jahrhunderts sexuell überhaupt nichts empfinden), ich bin ehrsam und warte, bis du nach mir verlangst; ich glaube das, was zum Massstab erklärt wurde (also «beweisbar» ist) und lerne fleissig, um den Erwartungen des Systems zu entsprechen. Bin ich jetzt ein vollkommenes Tier ähh, Frau?»

Mag es auch zynisch klingen und für viele überholt, doch sehr weit sind wir von dieser Haltung nicht entfernt. Die «Werte des Vaters» sind für viele Frauen so bestimmend, dass sie ihre eigenen Werte gar nicht kennen und suchen. Sie unterdrücken ihre eigene weibliche Art, werden zum «überkompensierten Mann» und präsentieren dies oft in einer «weibchenhaften» Hülle. Der gestörte Zugang zum eigenen Geschlecht spiegelt sich in einer Schwierigkeit, mit Frauen eine Verbindung aufzubauen (es sei denn, sie dienen ebenfalls den «männlichen» Werten), oder indem die eigene Abwertung an den Mann delegiert wird. So wird ein Partner gesucht, der sie nur im «Männlichen» bejaht und/oder ihr nur die Rolle der Mutter oder des angepassten Mädchens zugesteht.

James Hillman schreibt, es sei eine Abwehr gegen das Weibliche, «wenn man versucht, dieses grossartige Spektrum auf *Mutter-Ersatz* oder *Tochter-Imagos* zu reduzieren». Ein Mann mit diesem «inneren Harem» hat nur eine schmale Bandbreite, auf der er einer Frau begegnen kann. Er wird sich Frauen suchen, die ihn bemuttern oder wenig hinterfragen, da sie ihren Wert aus der «Anerkennung des Papis» beziehen. Die nicht hinterfragte Harmonie steht hier über allem, Beziehung und Wachstum werden «auf Eis gelegt». Die Welt der Leidenschaften, der Affekte, der Gefühle und Stimmungen erfährt nur im «kontrollierten Rahmen» seine Daseinsberechtigung. Diverse Ausbrüche werden als «Ausrutscher» abgetan, und zur Ablenkung und «Schadensbekämpfung» werden «irrationale Feindbilder» gesucht (und gefunden), denen man die eigene Abwertung antun kann. Ein hysterisches Paar im Freundeskreis findet sich immer, über das man sich kopfschüttelnd unterhalten kann.

Lassen wir nun Lilith auftreten. «Die Psyche verwendet die Verführerin, wenn das Ich nicht bereit ist, sich zu bewegen», schreibt Hillman. Lilith, die geflügelte Herrin der Träume, erscheint nachts und verschwindet wieder. Homöopathisch ausgedrückt: Der Traum als selbstbereitetes Simile der Psyche initiiert einen Heilsweg für die Seele. Lilith stimuliert über Träume, regt an, entfacht ein inneres Feuer. Oftmals begreifen wir nicht oder finden keinen Kanal, ersticken diese innere Hitze mit tausend Lebenslügen. Doch wenn das Feuer festgehalten wird, kann es die Seele zur

Phantasie entflammen. Bilder tauchen auf, die Sehnsüchte wecken und auch den Körper antreiben (im wahrsten Sinn des Wortes). An-Trieb entsteht, der Zauber beginnt zu wirken, die Suche beginnt (wenn auch oft unbewusst).

Irgendwann (ich wette, bei einer Lilith-Auslösung), treffen wir einen Menschen, zu dem wir uns so hingezogen fühlen, dass geradezu ein Sog entsteht. Lilith begegnet uns über ein Du und lässt das innere Feuer übermächtig werden. Wir brennen, sind voller Begehren und auch von der «brennenden Krankheit» (eibar = brennen und suht = Krankheit), von Eifersucht befallen. Wir verlieben uns, verlieren uns – und wachsen. Wir wehren uns, verlieren den anderen – und wachsen. Krusten brechen auf, sei es aus Liebe oder aus Wut, Zorn, Trauer, Hass. Wir treffen auf Engel und Teufel, auf Himmel und Hölle und pendeln oftmals zwischen diesen Sphären.

Lilith ist eine Feindin von Sterilität und speziell von sterilen Beziehungen; hier wird sie stören. Sie drängt und treibt uns zur Entwicklung, bringt Unruhe und Bewegung, um an unserer Lethargie zu rütteln. Die Beziehung des Männlichen und des Weiblichen ist generell im Ungleichgewicht. Eros krankt. Mann und Frau tragen diesen kränkelnden Eros in sich und befinden sich in einer Pattstellung. Wir stützen dieses Ungleichgewicht, solange wir die alten Bilder nähren. Wir brauchen eine Re-Mythologisierung, müssen den männlichen Göttern wieder die Göttin beistellen, um letztendlich der Ganzheit näher zu kommen. Die Göttin drängt in unser Bewusstsein; zornig und furchtbar, wenn wir uns nicht stellen und sie abwehren, inspirierend und unser Wachstum unterstützend, wenn wir sie begrüssen und annehmen. Kommt unser inneres Paar ins Gleichgewicht, werden wir auch fähig sein, eine Beziehung zu leben, die jenseits von «oben und unten» ist.

Das Visavis des Schwarzen Mondes

D er Schwarze Mond im Horoskop ist ein Pol einer Achse. Nennen wir sein Visa-vis Priapos. Wir könnten diesen Punkt genauso Dionysos oder Eros nennen, da hier dionysische Kräfte wirken, da Eros sich auf dieser Achse entfalten will.

Wenden wir uns der Mythologie dieser drei zu: Priapos, Dionysos und Eros. Sie sind alten Legenden nach verwandt, manchmal sogar identisch und liefern eine Fülle von Bildern, die wir nun aufgreifen werden, um den Inhalten und der Dynamik dieser Achse im Horoskop näher zu kommen.

Von Priapos

Wie hiess wohl jener Gott, von dem gesagt wurde, er sei sowohl Vater und Sohn des Hermes? Hermes selbst erschien – das hat man schon gehört – als Gatte und als Sohn ein und derselben Göttin, in seiner Eigenschaft als phallischer Gott. Auch ein anderer phallischer Gott konnte diese zwei Rollen erfüllen: die des Erzeugers und die des männlichen Sprösslings. Galt Hermes als der Vater, so galt jener als Sohn; hiess der Sohn Hermes, so durfte jener andere anstelle des Vaters erscheinen. Das entsprach ge-nau der Beziehung der Grossen Mutter zu ihrem männlichen Partner, den sie gebahr, zum Gatten erwählte und wiedergebahr. Dieser jener andere war aller Wahrschein-lichkeit nach Priapos.[1]

Aphrodite ist die Mutter des Priapos; manche sagen, sein Vater sei Dionysos. Er selbst bezeichnet sich jedoch als Sohn des Hermes und behauptet, kein anderer als er sei Hermaphroditos.

Priapos war eine Missgeburt. Hera war eifersüchtig auf die Schwangerschaft von Aphrodite und hat deren Leib mit böser Zauberhand betastet. Aphrodite hat daraufhin ein missgestaltetes Kind geboren – mit grosser Zunge, mächtigem Bauch und einem übermässigen, an Stelle eines Schweifes wachsenden Phallus. Aphrodite warf das Kind von sich, liess es im Stich, verleugnete es. Ein Hirte fand das eben ge-borene Kind und erkannte neben seinem überdimensionalen Phallus auch das Her-maphroditische an ihm, wusste, dass dies der Fruchtbarkeit von Pflanzen und Tieren zugute kommen würde. So wurde Priapos ein Gott, der im Machtbereich von Zeu-gung und Fruchtbarkeit wirkt.

Eine Geschichte erzählt, Priapos habe den kleinen Ares von Hera zur Erzie-hung übernommen. Er bildete ihn erst zu einem vollkommenen Tänzer aus und nachdem er diese Kunst beherrschte, lehrte er ihn das Kriegshandwerk. Priapos gehört somit in die Reihe der phallischen oder halbtierischen Erzieher der Götter, wie wir es auch vom Kentauren Chiron kennen. Er hat noch eines mit Chiron gemeinsam – die Wunde, von der Mutter verstossen worden zu sein.

Fassen wir die Symbolik zusammen. Priapos symbolisiert Fruchtbarkeit, Zeugung (Schöpferisches), Wissen um Tanz- und Kriegskunst (Venus und Mars), Doppelgeschlechtlichkeit und als wunden Punkt Verwunschenheit und Ablehnung. Seine Missgestalt ist zugleich auch seine Besonderheit. Diese Besonderheit konnte sich erst fruchtbar entfalten, nachdem sie *erkannt* wurde.

Das Überdimensionale an Priapos ist sein erigierter Phallus. Erektion ist immer lebendiger Ausdruck des Dämonischen. Nimmt eine Frau diese Erektion wahr, wird sie fasziniert sein – soweit sie den Mann will. Sie wird abgestossen sein, wenn sie ihn nicht will. Gleichgültig lässt der erigierte Phallus kaum.

Wir begegnen hier einer Dynamik, die wir auch von Lilith kennen. Faszination, Anziehung und Abstossung. Wie sollten wir unseren Dämonen auch anders begegnen? So wie Priapos ist Lilith eine Ausgestossene, eine Verfluchte; genauso aber wird ihr Fluch ihre Besonderheit. Lilith ist Symbol für die Begegnung der Geschlechter, Priapos verkörpert beide Geschlechter und lehrt sowohl die Künste der Venus als auch des Mars. Hier finden wir also enormes schöpferisches Potential und Kreativität, doch wen wundert's, ist er doch Sohn des Dionysos und Bruder des Eros.

PRIAPOS WIEGT SICH SELBST

Von Dionysos

Dionysos ist der RASENDE Gott. Um seinetwillen rasen die Mänaden. Nicht nach dem Grunde ihrer verstörten Wildheit muss man fragen, sondern nach der Bedeutung des GÖTTLICHEN WAHNSINNS.[2]

Der Vater von Dionysos war Zeus, als seine Mutter wird die sterbliche Semele genannt. Semele wollte während ihrer Schwangerschaft Zeus in seiner wahren Gestalt sehen. Zeus zeigte sich in seiner wahren Gestalt als Blitz und Semele verbrannte.

Um ihren Bauch rankte sich jedoch Efeu und schützte das Kind. Zeus schnitt in Windeseile das Kind aus dem Bauch der Mutter heraus und pflanzte es in seinen Oberschenkel ein, um es dort auszutragen. Als diese Schwangerschaft beendet war, gebar Zeus den Kindgott Dionysos. Doch die Titanen (die die instinktiven männlichen Qualitäten repräsentieren) wollten nicht zulassen, dass er die Welt betrat. Sie zerrissen und zerstückelten Dionysos und kochten ihn in Milch. Doch ein Tropfen seines Blutes fiel auf den Boden, und daraus wuchs ein Granatapfelbaum, ein Symbol der Fruchtbarkeit. Zeus und seine Mutter Rhea machten Dionysos wieder ganz. Somit gilt Dionysos als der Dreimalgeborene.

Zeus gab das Kind nun der Schwester von Semele, Ino. Sie und ihr Mann Atamas zogen Dionysos als Mädchen gross. Dies sollte als Tarnung dienen, um die eifersüchtige Göttin Hera, die die aussereheliche Kinder ihres Mannes stets mit Hass verfolgte, zu täuschen. Doch sie kam dahinter, und Zeus handelte schnell. Er wies Hermes an, Dionysos vorübergehend in eine junge Ziege zu verwandeln und zum schönen Berg Nysa zu bringen. Dort versteckten ihn Nymphen, fütterten ihn mit Honig und zogen ihn gross. Dionysos verbrachte glückliche Jahre. Er lernte die sinnlichen Genüsse der Erde kennen, lernte von den Musen Poesie und Musik, von den Satyrn, halb Ziege, halb Mensch, Tanz und Sexualität und von seinem Freund Silenos Weisheit, Tugend und vor allem die Fähigkeit zur Freude.

Dionysos ist also der Gott, der aus dem Feuer geboren und von den Wassern und Genüssen der Erde genährt wurde. Feuer und Wasser paaren sich hier zur Kreativität. Sein göttliches Meisterstück vollbrachte er, indem er die Weinherstellung erfand. Hera fand Dionysos schliesslich doch und schlug ihn mit Wahnsinn. Daraufhin zog er verwirrt durch die Welt, begleitet vom fetten, alten Trinker Silenos, von Satyrn, Nymphen, Kentauren, Waldgeistern und Mänaden. Dies waren die wilden Frauen der Berge, Eingeweihte der alten Frauenmysterien. Rhea, Mutter Erde, heilte ihn vom Wahnsinn und initiierte ihn in ihre Mysterien, die geheimen Mysterien der Frauen. Seine Macht wurde so ohnegleichen.

Dionysos lud Menschen zu seinen Feiern ein. Wer ihn verehrte, empfing göttliche Ekstase, wer gegen ihn war, wählte Wahnsinn. Diesen Wahnsinn verkörperten auch die Mänaden. Sie stillten Kälbchen und zerrissen sie in der Luft. Genauso machten sie es mit Männern und mit Kindern. Diese wilden Frauen waren entschlossene Anbeterinnen der Grossen Göttin, fähig zur Freude, Ekstase und Hemmungslosigkeit. Sie besassen auch die Gabe, die ganze Erde zum Erblühen zu bringen.

Dionysos wurde immer verfolgt. Einmal sprang er, um einem Verfolger zu entkommen, auf den Grund des Meeres – um bereichert wieder aufzutauchen. Wen er dort wohl getroffen haben mag? Dionysos stieg oft ab – und genauso oft auf. Sogar in den Olymp. Von hier aus rettete er seine Mutter Semele, holte sie aus der Unterwelt und gab ihr den Namen Thyone, was so viel heisst wie Ekstase.

Dionysos ist der wahnsinnige, der rasende Gott. *«Ohne einen Zusatz von Wahnsinn kann keiner etwas Grosses vollbringen. Wer Lebendiges zeugt, muss in Urtiefen eintauchen, wo die Gewalten des Lebens wohnen. Wenn er emportaucht, ist ein Glanz von Wahnsinn in seinen Augen, denn dort unten wohnt der Tod mit dem Leben zusammen»*, sagt Schelling. *«Liebe und Tod haben sich von jeher schwärmerisch begrüsst und angezogen.»[3]*

Aischylos nannte Dionysos auch «den Weibischen», bei Euripides hiess er «der frauenhafte Fremdling».[4] Die dionysische Welt ist eine *weibliche* Welt; Frauen begleiten Dionysos, wohin er auch tritt. Doch gelegentlich wird er auch «mann-weiblich» genannt. Die Vermischung und Verschmelzung des Männlichen und des Weiblichen drückt sich auch in Bildern von Dionysos aus. Wir begegnen hier also, wie bei Priapos, dem Hermaphroditischen. Und dem Androgynen, denn Dionysos verkörpert das göttlich Androgyne. Er ist jener Gott, der Männliches und Weibliches vollkommen in sich vereint. Er ist Mittler zwischen den Geschlechtern und zugleich gelebte Verbindung der beiden Teile. Verständlicherweise setzt hier Jubel ein, bricht eine Orgie aus voll Kreativität, Ekstase, Enthusiasmus, Rausch, Jauchzen, Johlen und Freude.

Dies sind gewaltige Worte, die eine ungeheure Kraft in sich tragen. Gewalt und Ungeheuerliches sind bekanntlich treue Begleiter des Dionysos. Denken wir an die rasenden Mänaden. Lebensfülle und Todesgewalt liegen nahe beisammen; der rasende Gott opferte sich selbst immer wieder, um Leben zu zeugen. Dionysos ist (wie Lilith) der Feind jeglicher Sterilität. Ein Mangel an dionysischer Qualität lässt uns auch steril werden, führt uns in Inflation, Apathie, Versteinerung und Sucht.

Lilith scheint viel von dieser dionysischen Energie zu haben, oder drehen wir das Ganze um: Dionysos scheint einen guten Zugang zu Lilith zu haben. Anscheinend trifft er sie doch ab und zu auf dem Grund des Meeres. Beide sind Symbolträger für das Weibliche genauso aber auch für das Androgyne. Sie sind jedenfalls ein kraftvolles *Gespann* – und wenn wir ihre Kräfte nun auf der Achse des Schwarzen Mondes im Horoskop *aufspannen*, wird anschaulich, welche Dramatik und welch unglaubliche Möglichkeiten sich hier entfalten können. Unterdrücken wir diese Kräfte, erzeugen wir Dämonen, die wir so fürchten, dass wir uns totstellen, damit sie uns nichts anhaben können. Hier schneiden wir uns vom Leben ab. Halten wir diese Kräfte im Fluss, «... so können wir hier Grosses vollbringen». Dann kann sich Eros entfalten.

Von Eros

Mehrere schöne Kinder wurden Aphrodite und Ares geboren ... Eros, ihr kleiner Sohn, wurde zum Gott der Liebe ernannt. Obwohl er mit zärtlicher Fürsorge gehegt wurde, wuchs dieses zweitgeborene Kind nicht heran wie andere Kinder, sondern blieb ein kleines, rosiges, pausbäckiges Kind mit elfengleichen Flügeln, einem schalkhaften Ausdruck und Grübchen im Gesicht. Um seine Gesundheit besorgt, fragte Aphrodite Themis um Rat, die orakelhaft antwortete: «Liebe kann nicht wachsen ohne Leidenschaft.»[5]

Eros ist dem Weltei entschlüpft, steht also am Beginn der Schöpfung. Andere sagen, seine Mutter ist Aphrodite. Als sein Vater wird manchmal Hermes und manchmal

«NACHT» *(Simeon Solomon)*

Ares angegeben. Aus der Verbindung Aphrodite mit Hermes wird Eros auch dem Hermaphroditen gleichgesetzt. Wie schon erwähnt, nannte sich auch Priapos Hermaphrodit; in seiner Gestalt treffen sich also Eros und Priapos. Eros aus der Verbindung von Aphrodite mit Ares ist jener ungestüme Liebesgott, der den Menschen mit Pfeil und Bogen nachstellt und sie zur Liebe anstachelt.

Eros konnte nicht wachsen, solange ihm die Leidenschaft fehlte. Nachdem Aphrodite von Themis auf diesen Mangel hingewiesen wurde, zeugte sie mit Ares Anteros, die Gegenliebe. Erst Liebe und Gegenliebe können miteinander wachsen und reifen. Dieses Wissen um sein eigenes Wachstum will Eros auch dem Menschen zukommen lassen. Er bestrich seine Pfeile mit Honig und Galle, um so Süsse und Leid über die Betroffenen zu bringen. Er pflanzt so das «Erbe seiner Eltern», der Liebesgöttin und des Schlachtengottes, dem Menschen ein und stachelt ihn so immer wieder zur Vereinigung an.

Eros ist Ausdruck dafür, dass jede Bewegung eine Gegenbewegung erfordert. Eros braucht für sein Wachstum Anteros, da er sonst über das Stadium des kleinen Kindes nicht hinauskommen würde. In Anwesenheit seines Bruders kann Eros wachsen, sooft er aber von ihm getrennt ist, nimmt er jedesmal wieder seine kindliche Gestalt an. Rollo May nennt dies den «kränkelnden Eros». Liebe wird ohne Leidenschaft krank, saftlos und banal. Die Faszination verschwindet und wird durch öde Rituale ersetzt. Sexualität wird ihrer Dimensionalität beraubt und wird zum puren Machtmittel und/oder zum Gymnastikprogramm. Die Vereinigung dient so maximal dem Hormonabbau, und erst wenn dieser Spiegel wieder randvoll ist, wird der Antrieb zur Entleerung die Motivation zur neuerlichen Vereinigung. Die Befriedigung bleibt somit flach; im wesentlichen bleibt eine substantielle Leere. Um es auf einen Nenner zu bringen: Entleerung statt Erfüllung!

Eros ist nicht nur das, was uns antreibt, sondern primär das, was uns anzieht. Es ist der Trieb zur Vereinigung mit dem, wo wir hingehören. Rollo May dazu:

Die Vereinigung mit unseren eigenen Möglichkeiten, Vereinigung mit anderen signifikanten Menschen in unserer Welt, in Beziehung zu denen wir unsere eigene Selbsterfüllung entdecken. (…) Eros treibt uns immer an, uns selbst zu transzendieren. Wenn Goethe schrieb, «das Ewig-Weibliche zieht uns hinan», dann könnte diese Zeile zutreffender gelesen werden als «Eros im Bunde mit einer Frau zieht uns hinan»![6]

Somit treffen wir auf Lilith. Es ist unmöglich, sich mit ihr auseinanderzusetzen, ohne über Eros zu stolpern. Lilith und Adam liefern ein erstes Bild für den Kampf der Geschlechter, für Anziehung und Abstossung. Die Schwingung zwischen Anziehung und Abstossung bestimmt sozusagen den Puls des Menschen, auf ihr fussen alle Urgewalten.[7] Wo wir den Schwarzen Mond im Horoskop haben, findet diese Dynamik einen Höhepunkt, entfalten wir Dialoge, die an Venus und Mars erinnern. Und wie wir schon wissen, sind dies die Eltern von Eros und Anteros; Liebe und Gegenliebe treiben uns hier an zu wachsen.

Amulett und Schleier

Amulette sind Apotropaion, Zaubermittel, um Dämonen abzuwehren. Sie wurden meist aus Metallen angefertigt, welche von Dämonen und bösen Geistern gefürchtet werden. Dies ist auch der Grund, warum vielfach auch Ringe oder Armreifen als Amulette getragen wurden. Manchmal wurden auch Spiegel benutzt, um den zu bannen, der hineinblickte. Im semitischen Raum wurde auch die Hand als Amulett benutzt, da das Ausstrecken und Entgegenhalten der inneren Handfläche bannen konnte und auch Ausdruck für Herrschergewalt war. Eine weitere Form war die geschlossene Faust, wo der Daumen zwischen Zeige- und Mittelfinger durchgestreckt wurde; wir gebrauchen dies heute noch als obszöne Geste und es gilt auch als Symbol für den Sexualakt. Früher schützte man sich mit dieser Faust vor dem «bösen Blick». Nach alter Legende sollen böse Wesen grosse magische Augen besitzen, deren Blick versteinert oder wehrlos macht. Wir kennen das von der Medusa.

Den Blick der Lilith galt es ebenfalls zu bannen. Lilith hat angeblich blaue Augen. (Blau ist die Farbe der Dämonen.) Sie wird als wunderschöne Frau beschrieben, mit nacktem Oberkörper und wildem, wunderschönem Haar.[1] Wie gross die Angst vor Lilith ist, wird anschaulich an der Anzahl der Amulette, die angefertigt wurden, um sie fernzuhalten. Diese Amulette tragen ihren Namen, andere tragen bildliche Darstellungen einer gefesselten Lilith. Speziell schwangere Frauen und Wöchnerinnen bedienten sich dieser Amulette. Manchmal wurde auch um das Bett dieser Frauen mit Kreide ein Schutzkreis gezogen und zusätzlich der Satz «Hinaus mit Lilith» angebracht.

Die Begleittiere der Lilith wurden ebenfalls gebannt, wie die Eule, der Wiedehopf oder die Schlange. Eine Abwertung ähnlicher Natur traf ihre Nachfolgerin, Eva. Die «Mutter des Lebens» und ihre Töchter werden abgewertet, bedeckt, verschleiert. Das arabische Wort *hidschab* bedeutet sowohl Amulett als auch Schleier. Diese Tatsache beweist, dass auch der Schleier die Abwehr böser magischer Einflüsse zu bewirken hatte.[2] Den Schleier warf man sich über, um etwas nicht zu sehen, wovor man Angst hatte. Später wurde das verschleiert, wovor man sich schützen wollte. Verschleiert wurden fast ausschliesslich Frauen; ihnen wurde der Schleier diktiert.

Übertragen wir nun Amulett und Schleier in die astrologische Symbolik und wählen wir folgende Zuordnungen.

Amuletten, die bannen, abwehren, magische Bedeutung haben, können wir Tabucharakter geben und unter die Herrschaft Plutos stellen. Der Schleier dagegen, welcher bedeckt, verdrängt, die Dinge im Unsichtbaren lässt, erinnert mehr an die Sphäre von Neptun. Die Grenze ist natürlich fliessend, da sowohl das Pluto- als auch das Neptunprinzip mit Verdrängung, dem Nicht-Sichtbaren und dem Bedeckten zu tun haben. Wir werden jedoch in Zusammenhang mit Lilith häufig auf Inhalte stossen, die wir Pluto und Neptun zuordnen. Lilith im Horoskop spiegelt einen blinden Fleck, bringt uns in Kontakt mit Schatten und unseren Dämonen, genauso aber repräsentiert die Achse des Schwarzen Mondes eine Brücke, wo wir Grenzen überschreiten können. Mehr dazu im Kapitel über die Achse.

Ich werde, speziell im astrologischen Teil, Amulett als Metapher für plutonische Inhalte und Schleier für neptunische Inhalte gebrauchen.

MEDUSA *(Caravaggio)*

Blut

Der Primitive kam bald zu der Einsicht, dass Blut Träger des Lebens ist; er sah, dass mit dem Verbluten des Tieres das Leben schwand. Die Tatsache, dass die Frau während der Schwangerschaft kein Blut verlor, bedeutete für ihn, dass das heranwachsende Leben das Blut benötigte. Er nahm auch an, dass die Lebenskraft eines Organismus gesteigert werden könnte, wenn man dem Körper Blut zuführe. Die alten Inder tranken sogar Menstrualblut und meinten dadurch Potenz und lange Lebensdauer zu gewinnen. Fallsüchtigen gab man im alten Rom auch das Blut der getöteten Gladiatoren. Viele Stämme trinken heute noch Menschenblut zur Stärkung ihrer Seele, einige trinken vom Blut ihrer getöteten Feinde, um deren Mut zu gewinnen. Der Genuss des Blutes bedeutet hier eine innige Verbindung mit der Seele des Getöteten. So entstand auch die Sitte, einem Menschen das Blut des andern zuzuführen, um so «Blutsbrüderschaften» zu gründen.

Juden ist der Genuss vom Blut der Tiere verboten. Hier entstand auch ein anderer Brauch: das Bestreichen des Körpers oder eines anderen Gegenstandes mit Blut. Meist war dies die Türschwelle. Da die Dämonen blutgierig sind und auch gleich bei Geruch des Blutes herbeieilen, verharren sie an der Türschwelle, um sich an diesem Blut zu laben.

Blut wurde auch als Mittel zur sakralen Reinigung verwendet. Nach jüdisch-christlicher Vorstellung vermag Blut Sünden wegzuwaschen, das heisst zu sühnen. In einigen Kulturen galt das Bestreichen mit Blut als Segenszauber. Eminent wichtig ist hier das Blutopfer. Mutter Natur gab man Blut, um sie gnädig zu stimmen und um so von ihr Wachstum und Fruchtbarkeit zu erhalten. So wie die Erde Regen braucht, benötigte die Grosse Mutter Blut, um neues Leben hervorzubringen. Erst waren es Menschen, später Tiere, die geopfert wurden. Beim Opfer vereinigte sich die Grosse Mutter mit ihrem Gefährten (symbolisiert durch einen Geschlechtsverkehr), nach der Vereinigung wurde er getötet, um – mit Beginn des neuen Zyklus – neu geboren zu werden. Für den Geopferten war die Wiedergeburt sichergestellt und den Teilnehmern am Zeremoniell strömte neue Lebenskraft zu. Die ersten Könige waren auch Gefährten der Grossen Mutter. Ken Wilber greift ein Ritual auf, das ein freiwilliges Menschen- bzw. Königsopfer beschreibt:

Wenn seine Zeit gekommen war, liess der König ein hölzernes Schafott bauen und mit seidenen Tüchern bedecken. Nachdem er dann ein rituelles Bad genommen hatte … begab er sich feierlich zum Tempel, wo er die Gottheit verehrte. Dann stieg er auf das Schafott, griff nach scharfen Messern und begann vor den Augen des Volkes Teile seines Körpers abzuschneiden – die Nase, Ohren, Lippen, alle seine Glieder und so viel von seinem Fleisch, wie er imstande war. Er warf diese Körperteile von sich weg, bis er so viel Blut verloren hatte, dass er ohnmächtig zu werden begann, woraufhin er sich die Kehle durchschnitt.

Dieses Verstümmelungsritual ist erwähnenswert, da mir derartige, natürlich abgeschwächte, Versuche von Menschen bekannt sind, die genau bei Auslösungen von dominanten Lilithstellungen vorgenommen wurden. Es ist, als wären sie einem Zwang unterlegen, dieses grausame Ritual zu wiederholen.

Einige Kulturen vermeinten auch, mit dem Blut der Lebenden Dämonen besänftigen zu können. Selbst die zivilisierten Römer haben zur Zeit der punischen Kriege im Augenblick höchster Bedrängnis Menschen geopfert.[1]

Eine besondere Art von Blutopfer sind die Beschneidungen bzw. die Initiationsriten. Dem liegt der Gedanke zugrunde, dass durch die Opferung oder Verletzung eines Körperteils der übrige Körper magisch gestärkt wird. Beschneidung ist oft Vorbedingung, in einem Bund aufgenommen zu werden. Zippora, die Frau von Mose, schnitt ihrem Sohn die Vorhaut ab und berührte mit der blutenden Haut die Beine (das Geschlechtsteil) des Mose und sagte zu ihm: «Wahrhaftig, du bist mir ein Blutbräutigam.» So liess Jahwe ab, ihn zu töten, und Mose war in dem von Jahwe mit Abraham geschlossenen Bund aufgenommen.[2]

Eine grosse Rolle spielt Blut im Liebeszauber. Wird Blut mit Teig oder Zucker vermengt und der Geliebte isst es, wird er liebestoll.[3] Verlassene Geliebte gaben den Treulosen manchmal Menstrualblut zu trinken, um sie wieder an sich zu binden. Der Zauber heisst hier wieder: «Hast du ein Blut von mir genossen, hast du einen Teil meines Wesens in dir aufgenommen.» Menstrual- und Hymenalblut galten immer als zauberkräftig. Es gibt Kulturen, die eine menstruierende Jungfrau durch die Felder führen und so um Fruchtbarkeit bitten. Andere wieder nehmen vom Blut der Deflorierten und gehen damit dreimal um Tisch und Haus, um so den Viehbestand zu vermehren.

Kommen wir nun zur Dämonisierung des Blutes. Hymenal- und Menstrualblut wurden auch gefürchtet, gaben sie doch der Frau Zauberkraft. Es galt als Körperausscheidung, und Absonderungen des Körpers wurden als magisch und gefährlich betrachtet. In vielen Kulturen gelten menstruierende Frauen als «unrein», bei einigen werden sie sogar vom Wohnbereich der Familie abgesondert. Sie werden in eigenen «Menstruationshütten» untergebracht. Bei einigen Stämmen dürfen sie keinen Mann berühren, und noch heute gibt es in unseren Breiten den Brauch, dass eine Menstruierende frisch geschlachtetes Fleisch nicht berühren darf. Dazu Plinius:

Nicht leicht wird man etwas finden, was wunderbarere Wirkung hervorruft als der Blutfluss der Weiber. Kommen sie in diesem Zustand in die Nähe von Most, so wird er sauer, die Feldfrüchte werden durch ihre Berührung unfruchtbar, Pfropfreise sterben ab, die Keime in den Gärten verdorren und die Früchte der Bäume, unter denen sie gesessen sind, fallen ab. Die Glasur der Spiegel wird durch ihren Anblick matt, die Schneide eiserner Messer wird stumpf. Das Elfenbein verliert seinen Glanz, ja sogar Erz und Eisen rosten und bekommen einen üblen Geruch, Hunde, die davon lecken, werden wütend und ihr Gebiss wird dadurch zum unheilbaren Gifte.

27

Diese phantasievolle Aufzählung findet man in vielen Gegenden, bei vielen Stämmen, in allen Jahrhunderten. Die Beispielkette ist endlos. Die dämonische Potenz der Frau – speziell der menstruierenden – veranlasste verschiedene Völker, die Frau von sakralen Orten oder Handlungen fernzuhalten. Da auch die Geburt eines Kindes mit Blutausscheidung verbunden ist, muss sich nach altjüdischem Brauch, den auch das Christentum abgeschwächt übernommen hat, die Wöchnerin vierzig Tage nach der Geburt einer rituellen Reinigung unterziehen, bis sie wieder das Gotteshaus betreten darf.

Ein empfindlicher Punkt ist auch die geschlechtliche Vereinigung mit einer menstruierenden Frau. Hier treffen zwei «Körpersäfte», zwei «Ausscheidungen» aufeinander; wir könnten auch sagen, zwei Dämonisierte begegnen sich. Lilith trifft sozusagen auf Samael. Oh Sukubus! Oh Inkubus! Die Verbindung von Sperma und Menstruationsblut rückt seit Urbeginn in den Bereich dämonischer Mächte. So gesehen erhält die Furcht vor der menstruierenden Frau eine neue Bedeutung; eine Vereinigung mit ihr heisst, ebenfalls «unrein» zu werden und Dämonen zu zeugen.

Die Furcht vor dem Hymenalblut bestimmte einige Völker so sehr, dass sie einen Durchreisenden baten, die Frau zu entjungfern. Manchmal wurde der erste Beischlaf von einem Priester vollzogen. Er versah seine Aufgabe entweder mit Hilfe eines Fingers, den er in Wein tauchte, oder durch natürliche Begattung.[4] In Ägypten betrachteten sich Frauen, die von einem heiligen Mann defloriert wurden, als geehrt. Auch ein Mann fühlte sich aufgewertet, wenn ein Priester seine Frau zum geschlechtlichen Umgang verlangte. Ottkar Nemecek behauptet, dass die Sitte der Tempelprostitution in einigen Kulturen einen sakralen Abwehrzauber gegen die dämonischen Gefahren des ersten Geschlechtsverkehrs darstellt, indem sich die Mädchen im Schutze des Heiligtums entjungfern. Bei einigen Naturvölkern bedeutet die einsetzende geschlechtliche Reife zugleich Anziehung von Dämonen, und es werden oft fremde Männer – meist von Nachbarstämmen – angeheuert, um die Mädchen zu deflorieren. Die Angst vor der Verbindung von Sperma mit Hymenalblut, das heisst die Furcht vor Dämonen, die den ersten Sexualakt gefährden, führte auch zu dem Brauch, die Braut durch Verwandte, Fremde oder Sklaven entjungfern zu lassen.

Wir haben nun sowohl die lebensspendende als auch die dämonische Potenz des Blutes eindringlich vor Augen geführt. Es könnte nun das Missverständnis entstehen, diese Abhandlung sei der Auftakt zu einer grösseren Blutoper (was einige annehmen oder befürchten mögen). Dem ist nicht so. Diese Ausführungen im Hintergrund können jedoch dienlich sein, Zusammenhänge besser herstellen zu können, und sie können auch Anstoss sein, hier das eigene Wertsystem zu überprüfen.

Lilith und zyklisches Geschehen sind nicht trennbar. Ihr Auftauchen könnte Frauen initiieren, einen neuen, vielleicht auch erotischen Zugang zu ihren eigenen Mysterien zu finden. Und sie könnte Männer ermuntern, diesen Mysterien angstfrei zu begegnen. Knüpfen wir hier die Geschichte eines Mannes an: Die ersten zwanzig Jahre seiner sexuellen Aktivität hat er mit keiner menstruierenden Frau geschlafen. Er konnte generell kein Blut sehen, und beim Anblick von Menstruationsblut erfasste ihn regelrechtes Grausen. Als sein Schwarzer Mond durch Pluto und auch Lilith ausgelöst wurde, begann er ein Verhältnis mit einer Frau, die ihn sexuell ungemein anzog. Die grösste Faszination bestand für ihn darin, mit dieser Frau zu schlafen, während sie die Menses hatte. Die Tatsache, dass er Angst und Grausen verloren hatte, erfüllte ihn geradezu mit Entzücken. Er vermeinte, das erstemal eine Frau geliebt und begriffen zu haben, und dieses Erleben liess ihn verständnisvoller, weicher und zugänglicher werden. Diese Frau war für ihn nicht nur Anstoss für eine neue Erfahrung, sondern auch für ein neues Bewusstsein.

Opfer

Jede Schöpfung verlangt Opfer. Wir können uns vielleicht das Wie und Wann eines Opfers oder Verlustes aussuchen, manchmal sogar das Was, doch das Opfer als solches lässt sich nicht umgehen.

EDWARD C. WITHMONT

Minotaurus

König Minos von Kreta war ein Sohn von Zeus und der Europa. In seiner Jugend bat er den Gott Poseidon um Hilfe, sein Thronrecht, welches ihm von seinen Brüdern streitig gemacht wurde, zu sichern. Poseidon, der Herr des Meeres, liess als Zeichen der Herrschaft von Minos einen strahlend weissen Stier aus dem Meer steigen. Vorher nahm er Minos das Versprechen ab, dass er ihm das Tier wieder opfern müsse, sobald er seine Herrschaft angetreten habe.

Minos bestieg den Thron. Er war jedoch von der Schönheit des Stieres so überwältigt, dass er nicht widerstehen konnte, ihn seiner eigenen Herde einzugliedern. Er betrog Poseidon und tötete ein anderes Tier an seiner Stelle. Poseidon war erzürnt über diesen Betrug. Er rächte sich und bat Aphrodite, sie solle die Frau des Minos, Pasiphae, was soviel wie «die allen Leuchtende» heisst, verwünschen. Aphrodite flösste Pasiphae eine heftige Leidenschaft zu dem Stier ein. Pasiphae bat Daidalos, einen berühmten Kunsthandwerker aus Athen, der zum Zeitvertreib des Minos und seiner Familie «lebendige» Puppen schnitzte, um Hilfe. Daidalos baute ihr eine hölzerne Kuh, überzog sie mit Kuhhaut und Pasiphae schlüpfte hinein. So näherte sie sich dem Stier, der sie auch bestieg und ihre Begierde befriedigte. Pasiphae wurde schwanger, und sie gebar später den Minotaurus, ein Ungeheuer mit dem Kopf eines Stieres und der Gestalt eines Menschen. Minos, der seine Schande verbergen wollte, beauftragte Daidalos, ein unterirdisches Labyrinth anzulegen. Der Minotaurus wurde in diesem Bauwerk von Irrwegen verborgen. Um ihn zu ernähren, wurden ihm Jünglinge und Jungfrauen zum Opfer vorgeworfen.

Später wurde der Minotaurus von dem Helden Theseus getötet.

Minos hat Poseidon um ein Opfer betrogen. Besser gesagt, er täuschte den Gott, indem er ihm ein Ersatzopfer brachte, welches ihm qualitativ nichts bedeutete. Er wollte das beste Stück für sich und brachte mit einem beliebigen Stier ein Scheinopfer. Wir kennen diesen Ablauf auch bei Prometheus, der Zeus mit einem Opfer täuschte. Wenn wir die Götter um ihre Opfer betrügen, ziehen wir ihren Fluch auf uns. Minos wurde mit einem Ungeheuer bestraft, dem er jetzt täglich opfern musste. Das Junge in seinem Reich wurde Minotaurus zum Frass vorgeworfen, das

Frische, das heranwuchs, war lediglich Nahrung für sein Ungeheuer im Labyrinth. Er war zum freiwilligen Opfer nicht bereit und wurde so zum unfreiwilligen Daueropfer verdammt. Ungeheuerergeben statt gottergeben sozusagen.

Menschen opfern, wenn sie sich die Götter gewogen machen wollen. Das Opfer ist sozusagen eine Anrufung und der Mensch erwartet eine Antwort. Opfern bedeutet Heiliges tun. Ohne Opfer finden wir keinen Zugang zum Transzendenten. Kain war verzweifelt, weil Gott sein Opfer nicht annahm. Er hatte Gott das Blutopfer versagt und brachte letztendlich ein unfreiwilliges mit der Bluttat an Abel.

Das Opfer schiebt uns zurecht, wenn wir aus dem Gleichgewicht sind. Wir werden selbst zum Opfer, wenn wir einen Lernschritt nicht begreifen. Zyklisches Geschehen ist ohne Opfer nicht möglich. Wo wir das Opfer verweigern, verweigern wir uns dem Leben. In diesem Fall verfluchen wir uns, schaffen wir einen Minotaurus. Dieser Vielfrass in unserem Labyrinth zwingt uns dann zu opfern. Das Junge, Lebendige in uns wird gleich wieder verschlungen. Wir haben hier eine Analogie zu Lilith und ihrem Fluch, Kinder zu fressen.

Es ist eine Eigenart des Menschen, manchmal das zu opfern, was er sowieso nicht mehr haben will. Ich habe mehrmals erlebt, dass nach astrologischen Besprechungen, wo das Thema Reduktion, Ballast abwerfen, Trennung oder Opfer angesprochen wurde, dem Prinzip umgehend und willig entsprochen wurde. Die Opfergabe war mitunter ein altes Senfglas (mit Sprung), welches bisher für alle Eventualitäten im Keller gehortet wurde. Es mag jetzt zynisch klingen, doch manchmal wurden derartige Erfolgsmeldungen telefonisch durchgegeben; man hatte sich von altem Mist dieser Kategorie getrennt. Dagegen ist auch nichts zu sagen und doch – es bleibt ein schäbiges Opfer. Wir brauchen uns daher nicht zu wundern, wenn die «Götter» nicht antworten. Sie lieben es nicht, getäuscht zu werden.

Betrachten wir den Zusammenhang von Lilith und zyklischem Geschehen, so wird das gemeinsame Auftreten von Lilith und dem Opfer verständlich. Lilith, die Grosse Göttin, fordert Bewusstheit, was das Opfer wiederum unumgänglich macht. Wir haben gesagt, dass wir einen Minotaurus züchten, wenn wir zum Opfer nicht bereit sind. In diesem Falle machen wir uns selbst zum Opfer. Allzuoft wird dieser Minotaurus auf Lilith projiziert. Lilith will Leben und Wachstum. Ein Preis dafür heisst Opfer. Doch Lilith ist kein Minotaurus. Dieses lebensverschlingende Ungeheuer wächst erst, wenn wir das Opfer verweigern.

Diese Ausführung erscheint mir wichtig, da ich bei einigen erlebt habe, dass in Hinblick auf Lilith und das Opfer eine grosse Verwirrung besteht. Wählen wir noch ein sehr einfaches Beispiel, um das «bewusste Opfer» anschaulich zu machen.

Angenommen wir fahren mit einem Ballon. Es erscheint uns selbstverständlich, dass wir aus unseren Sandsäcken (Erde, Materie) opfern, wenn wir steigen wollen. Und wir wissen, dass wir Gas (Unsichtbares) opfern müssen, wenn wir landen wollen. Es erscheint geradezu lächerlich, dem Gas oder dem Sand nachzuweinen. Wir wissen, dass diese Opfer notwendig sind, um die Ebenen wechseln zu können.

Angenommen eine Person weiss dies nicht; sie sitzt im Ballon, hortet gierig ihre Sandsäcke und beklagt sich unentwegt, warum sie nicht steigen kann. Der Vollständigkeit halber lassen wir nun eine andere Person unentwegt durch die Sphären sausen. Sie wehklagt, wünscht sich, geerdet zu sein, doch sie denkt nicht daran, Gas herauszulassen. Wir haben hier zwei Daueropfer, weil sie das Opfer nicht verstehen.

Lassen wir jetzt Lilith auftreten. Vielleicht würde sie der ersten Person einen Sandsack nehmen. Böse Lilith! Vielleicht würde sie der Schwebenden Dampf ablassen. Um Gottes Willen – sie zieht immer so nach unten!

Wir mögen nun amüsiert sein, und doch halten wir Lilith Amulette entgegen, wenn sie uns das Opfern lehren will. Und wir rechtfertigen unser Verhalten, indem wir sie für den Minotaurus in unserem Labyrinth verantwortlich machen.

Werfen wir nun einen Blick darauf, wo Lilith wirklich Verantwortung trägt. Lilith ist nicht aus dem Paradies vertrieben worden, sie hat es unter Protest verlassen. Sie war auch nicht zu bewegen zurückzukommen und lud so einen Fluch auf sich. Vielleicht hat sie die Konsequenzen ihres Tuns nicht geahnt; letztendlich, es bleibt ihre Verantwortung. Sie gab ihren Platz in der Welt der äusseren Realität freiwillig auf.

Wenn wir Menschen verlassen, dürfen wir uns nicht wundern, wenn wir bei ihnen Verwirrung, Frustration, Trauer und auch Wut auslösen. Wir müssen auch damit rechnen, dass sie uns in ihrer Verletztheit verraten, denunzieren, ja auch verfluchen. Einige trösten sich schnell, so wie Adam, und doch bleibt da eine offene Wunde. Vielleicht nimmt er allen Frauen übel, dass er Lilith verloren hat. Sie liess sich nicht mehr von ihm lieben und er fand seinen Weg, ihre Nachfolgerinnen dafür zu bestrafen.

Es wäre also völlig falsch, wenn wir von der «armen Lilith» sprechen würden. Ich denke, sie würde das auch nicht wollen, obwohl sie tausende Male verflucht, ausgegrenzt, verleumdet, denunziert, verraten und unterdrückt wurde. Dies bedarf einer Heilung und vorerst – einer Heimholung. Ich denke, Adam und Lilith sind verletzt. Beide sind Täter und Opfer zugleich.

Wir werden uns diesem Gesichtspunkt im Kapitel über Chiron zuwenden.

Perspektiven zu Lilith

Die Grosse Mutter
Grosse Ernährerin, Grosse Beschützerin, Grosse Zerstörerin, Grosse
Verschlingerin
Grosse Mutter herrscht über körperliche Bereiche, Natur, Materie, Instinkte,
Fruchtbarkeit und Sexualität

Lamaschtû-Aspekt
die Kinderfressende

Ischtar-Aspekt
die Grosse Verführerin, die Grosse Hure, aber auch Heilige Prostituierte und
Priesterin der

Grossen Göttin
metaphysisches Symbol: Einssein, Transzendenz und Göttlichkeit

Lilith als das *Wissen*
dämonisiert – Spaltung und Vielheit
initiativ – Intuition und Weisheit

Lilith als das **Wissen** um die **Androgynität** (Elohim, die androgyne Gottheit,
schuf den Menschen nach seinem/ihrem [?] Bilde).

Die Grosse Mutter

Eine überragende Gestalt in den Religionen ist zweifellos die Grosse Mutter. Sie ist
dreigestaltig, als gute, furchtbare und gut-böse Mutter. Sie ist also Grosse Verschlingerin, Grosse Zerstörerin, Grosse Ernährerin und Grosse Beschützerin.

«In der Entwicklungsgeschichte des Denkens erscheinen uns Venus-Statuetten
der späteren Altsteinzeit als frühester erkennbarer Ausdruck jenes unzerstörbaren
rituellen Gedankens, der in der Frau die Verkörperung von Beginn und Fortsetzung
des Lebens sieht (die Gute Mutter oder Grosse Beschützerin) … und auch das Symbol irdischer Materie (Mutter Natur).» Joseph Campbell stellt fest, «dass die Grosse
Mutter schon seit der Morgendämmerung der Spezies Mensch erkennbar ist».[1]

Die Grosse Mutter herrscht über die materiellen Bereiche. Und sie repräsentiert in ihrer reinsten Form die ganze Natur: Materie, Instinkte, Körper, Ernten, die
Erde, Fruchtbarkeit, Sexualität, Gefühle, Begierden, Magie und den Beginn des Mythos, wie Wilber schreibt. Die Grosse Mutter fordert Opfer, Blutopfer. Man gab sie

ihr – durch Rituale. Der Tauschhandel «Blut für Leben und Natur» gehört zu ihr. Die Grosse Mutter fordert die Opferung, die Auflösung des separaten Ich. Das Ich kann sich in zwei Richtungen auflösen: durch einen Rückfall ins Unbewusste oder durch Transzendenz. Wenden wir uns ersterem zu.

Je unentwickelter das Ich, desto mehr dominiert das Unbewusste. In der Beziehung zwischen dem Ich und dem Unbewussten ist eine «psychische Gravitation» zu beobachten, wie Neumann schreibt, und das Ich hat die Tendenz, in den unbewussten, ursprünglichen Zustand zurückzukehren. Diese Tendenz ist umgekehrt proportional zu der Stärke des Ich und des Bewusstseins. Je stärker das Bewusstsein, je mehr Energie dem Ich als Wille zur Verfügung steht, desto geringer ist die Trägheitstendenz. Je schwächer das Bewusstsein und das Ich sind, desto offensichtlicher wird die Kraft der psychischen Gravitation, desto grösser wird die Tendenz, den unbewussten Zustand wieder herzustellen.[2]

Das Bewusstsein wird oft mit dem männlichen Helden gleichgesetzt, das verschlingende Unbewusste wird mit dem weiblichen Ungeheuer identifiziert. Das Ich wird also durch männliche, die Ganzheit des Unbewussten durch weibliche Symbole charakterisiert. Dies findet Ausdruck im Mythos des Drachenkämpfers. Setzen wir nun für den Helden nicht Adam/Mann, sondern Adam/Mensch ein. Zieht der Held/Mensch nicht aus, bleibt er in Mutters Schoss, ist dies Sinnbild für Gebundenheit an das Unbewusste, für Gefangenschaft durch die Hexe.

Das, was wir kennen, können wir auch beherrschen, können wir uns dienstbar machen. Das, was wir nicht beim Namen nennen können, beherrscht uns. Hier sind wir abhängig. Im Kurztext: «Je unbewusster, desto abhängiger.» Ist das Ich zu schwach, zieht der Held nicht aus. Er stellt sich keiner Prüfung, besteht keine Proben; er kämpft zwar auch, doch lediglich gegen Müdigkeit, Willensschwäche, Lust- und Antriebslosigkeit, Misserfolg und Lebensmüdigkeit. Er bleibt gebunden an die Mutter (Materie), erlebt sie als Grosse Ernährerin, Grosse Zerstörerin und Grosse Verschlingerin. Er bleibt in den Klauen der Grossen Mutter.

Wenden wir uns nun dieser Grossen Verschlingerin zu, der Kinderfresserin.

Der Lamaschtû-Aspekt

Lamaschtû wird nachgesagt, dass sie es auf schwangere Frauen abgesehen hätte, ihnen das Kind aus dem Leibe herausreisse oder das neugeborene Kind an sich nehme. «Dann quält sie erst das Kind, bald mit Hitze und Feuer, bald mit Fieber und Kälteschauern.»[3] Lamaschtû soll ein furchtbarer Dämon sein und fällt, laut Fritz Perls, im Bewusstsein der Juden mit Lilith fast zusammen. Beide schädigen, rauben oder töten neugeborene Kinder.

In der griechischen Mythologie finden wir analog die Lamia, was so viel wie «Verschlingerin» bedeutet. Sie war eine wunderschöne Königin und wurde die Geliebte des Zeus. Von der eifersüchtigen Hera wurde Lamia verflucht und mit Wahnsinn geschlagen, so dass sie ihre eigenen Kinder umbrachte. Diese furchtbare Tat quälte sie und sie wurde vor Kummer abgrundtief hässlich. Der Neid auf andere Mütter trieb sie dazu, diesen ihre Kinder zu rauben. Lamia ist fähig, ihre Augen her auszunehmen, damit diese wach bleiben, während sie schläft. Sie überblickt und beobachtet alles und ist somit Symbol für die ständig kontrollierende, verschlingende Mutter.

Wie schon erwähnt, wird die furchtbare Mutter oft als Drache oder Ungeheuer dargestellt. Vom Ungeheuer verschlungen zu sein, heisst, unbewusst zu bleiben. Im Bauch des Ungeheuers können wir den Feind nicht sehen, den es zu bekämpfen gilt. Es müsste uns schon ausspeien. Dies erlebt ein schwaches Ich jedoch nicht als Befreiung, sondern als Ausgestossensein aus dem «unverantwortlichen Paradies». Die Parole lautet: «Lieber unfrei und apathisch im Bauch des Drachen als ihm frei und lebendig gegenüber zu stehen.» Das Ausspeien des Ungeheuers wird als Krise erlebt, der Schutz und die Abhängigkeit des Bauches werden wieder aufgesucht, um sich letztlich in ihm zu verlieren. Die Erfahrung des Kampfes wird so umgangen und es entsteht eine kraft- und saftlose Persönlichkeit ohne Interessen, Selbstvertrauen und Zielstrebigkeit. Aus der Suche des Helden werden die Süchte des Helden, um Langeweile und Sinnlosigkeit zu betäuben.

Doch da alles wachsen will, erscheint dem trägen Helden die Ver-Führerin, die ihn aufrüttelt. Sie lockt, verspricht neue Erfahrungen und vermag es so, ihn zu initiieren.

Der Ischtar-Aspekt

Ischtar, die grosse babylonische Göttin der Liebe und der Sterne ist ein Urbild der grossen Verführerin. Sie ist die Schutzgöttin der heiligen Prostituierten, die manchmal auch als kultische Tempeldirnen bezeichnet werden. Lilith wird in einem babylonischen Text als Tempeldirne der Ischtar erwähnt.

Für Ischtar wurden orgiastische Feste abgehalten, bei denen sich Mädchen einem fremden Mann hingeben und ihre Jungfräulichkeit opfern mussten. Der Fremde stand stellvertretend für einen Gott, und das Mädchen wurde somit symbolisch zur Gattin des Gottes geweiht.[4]

Lilith gilt ebenfalls als grosse Verführerin, die die Männer in der Nacht aufsucht, in ihren Träumen erscheint und die auch für ihre nächtlichen Ergüsse verantwortlich gemacht wird. Es heisst, sie bedient sich des männlichen Samens und zeugt mit ihm Dämonen.

Die nächtliche Pollution bei Männern galt als verwerflich, wurde sowohl im Judentum als auch im Christentum als schlecht angesehen und sollte unbedingt vermieden werden. Seit Jahrhunderten singen Priester, Mönche und auch Nonnen in ihrem Nachtgebet: «... *Und unseren Feind unterdrücke, damit (unsere) Leiber nicht pollieren.»[5]*

Passierte es doch, so war es Lilith. Diese Geschichte macht sie zum Sündenbock und gibt Zeugnis dafür, wie Sexualität abgewertet und der sexuelle Trieb auf die Frau projiziert wurde. Die Frau wird in vielen Kulturen abgewertet und unterdrückt, da sie mit ihrer Fruchtbarkeit das Rad der Wiedergeburt in Gang hält. Doch sie wird genauso abgewertet, wenn sie unfruchtbar ist. Ihre Sexualität in Lust zu leben, losgelöst von Zeugung und Schwangerschaft, galt bis in die jüngste Zeit geradezu als Frevel. Eva hat sich diesem Wertsystem unterworfen. Sie braucht Lilith, um das Recht auf ihre Sexualität wieder zu entdecken. Lilith ist all das, was Eva nicht ist; faszinierend und schrecklich, mächtig und gewaltig, eng mit Sexualität und schöpferischer Kraft verbunden.

Gewalt und Sexualität sind eng verknüpft, Sexualität ist eine gewaltige Erfahrung. Im Krieg wird der Feind sexuell gedemütigt, indem man seine Frauen vergewaltigt. Beobachtungen zeigen, dass es auch im Augenblick des Todes beim Deliquenten bei der Hinrichtung zu Samenergüssen kommt. Bilder, wo Tod und Sexualität, also der grosse Tod und der kleine Tod, zusammentreffen, sind faszinierend und üben eine Anziehung auf den Menschen aus. Sie sind enorm angstauslösend. Erinnert dies nicht an Lilith, an die Faszination und die Angst, die ihr entgegengebracht wird?

Lilith im Ischtar-Aspekt verführt uns zu unseren Leidenschaften, rüttelt an unserer Apathie. Ob wir ihr über die Pornographie begegnen oder ob wir sie als Hohepriesterin, als heilige Prostituierte in uns entdecken, bestimmen letztlich wir selbst.

Wie? Hier hat jeder sein Rätsel zu lösen. Lilith stellt, genauso wie die Sphinx, Rätsel. Oder wie die Prinzessin im Märchen. Wer ihr Rätsel nicht löste, war des Todes. (Hier finden wir wieder den Aspekt der Würgerin, der Verschlingerin). Wurde es gelöst, schenkte sie sich dem Helden, der «sie erraten» hatte. Dem wurde sie Schatz, Muse, Führerin.

Die Grosse Göttin

Die Grosse Göttin steht für Einssein und Transzendenz, repräsentiert Göttlichkeit. Sie fordert den Menschen/Helden auf, eine Prüfung zu bestehen. Dabei tritt sie ihm nicht nur feindlich entgegen, sondern auch lockend und stimulierend. Sie zeigt sich auch in der Prinzessin, die es zu gewinnen gilt. Ken Wilber führt aus, dass es sich bei der Grossen Mutter und der Grossen Göttin nicht nur um zwei völlig verschiedene Gestalten handelt, sondern dass sie in verschiedenen Bewusstseinsstrukturen bestehen. «Sie existieren innerhalb der grossen Kette des Seins auf verschiedenen Ebenen.»

«Die Grosse Mutter fordert Blut, die Grosse Göttin Bewusstsein.»[6] Hier liegt auch der Unterschied zwischen der exoterischen und der esoterischen Bedeutung der Symbole. Wir schlachten nicht jedes Jahr zu Ostern einen Menschen, sondern wir gebrauchen einen Ritus, um einen symbolischen Ich-Tod nachzuvollziehen. Es ist eine Frage des Bewusstseins, wie wir Zeichen und Symbole erkennen, ob wir sie profanisieren und «buchstabengetreu» übersetzen oder ob wir sie zu durch-*schauen*, zu begreifen vermögen.

Was teuflisch oder göttlich ist, böse oder gut, wir prägen es ständig über unser Bewusstsein. Lilith, die Grosse Göttin, fordert Bewusstsein. Im Bereich der Grossen Göttin steigt die Schlange auf.[7] Unter anderem in Form von aufsteigender sexueller Energie, welche eine Veränderung unseres Bewusstseins bewirkt.

Die Tiefe

Lilith wird auch eine chthonische Göttin genannt oder als Göttin der Unterwelt bezeichnet. Es erscheint wichtig, das Wort «Unterwelt» *(chthón)* näher zu definieren und vor allem auf den Unterschied zu «Untergrund» *(gé)* einzugehen (vgl. Tabelle auf dieser Seite).

James Hillman erwähnt drei unterschiedliche Formen, die als Ebenen von Erde angesehen werden. Eine erdhafte Imagination, vorhanden in Ge-ologie, Ge-ographie usw. Weiters Ge als greifbarer Boden, grünes Flachland voller Wachstum, die Welt der Demeter. Hier dient Ge als Grundlage des Menschen, der abhängig ist von Nahrung und Fruchtbarkeit, hier herrscht das mütterliche Prinzip, «das die stoffliche Fruchtbarkeit erst möglich macht und ihr geistiger Urgrund ist». Und da gibt es die dritte Ebene, Chthón, der Abgrund, die Welt der Toten.[8] Hillman schreibt: *«Chthón mit seinen Ableitungen bezieht sich ursprünglich auf die kalte, tote Tiefe und hat nichts zu tun mit Fruchtbarkeit. Diese Art von Tiefengrund ist nicht gleichzusetzen mit der dunklen Erde; und die Grosse Herrin (pótnia chthón), die* DUNKEL GEFLÜGELTE TRÄUME *sendet und auch Erinnye genannt werden kann, darf nicht einfach in der einzigartigen Figur der Grossen Mutter Erde aufgehen.»*

Lilith ist also nicht einfach Grosse Mutter und doch brauchen wir deren Hintergrund, um sie greifbarer zu machen. Wenn wir Lilith Demeter gegenüberstellen, wird auch der Unterschied zwischen *chthón* und *gé* plastischer. Bei Bezugnahme auf die Grosse Mutter wird viel verwischt, da, wie Hillman es ausdrückt, *«der Grosse-Mutter-Komplex der Psychologie selbst ihre eigenen Differenzierungen verschluckt hat».* Es erscheint auch nicht verwunderlich, bedeutet doch «uroborisches Bewusstsein» auch Undifferenziertheit. So gesehen verliert sich das Chthonische oftmals in primitiver Erdhaftigkeit, verschwimmt es in Undifferenziertheit. Hier finden wir ei-

erdhaft (gé)	**chthonisch**
Untergrund	Unterwelt
greifbarer Boden	unsichtbarer Grund
Schwärze der Erde	Dunkelheit der Seele
physische Tiefe	seelische Tiefe
Fruchtbarkeitsritus	Initiationsmysterium
Blutopfer	symbolisches Ich-Opfer
Grosse Mutter	**Grosse Göttin**
Schlange* / Uroboros	Schlange* / aufsteigend
	Entwicklung / Bewusstsein

* Schlange: findet sich sowohl in der sogenannt weiblichen wie in der männlichen Symbolik (Uroboros und Phallus)

DIE GROSSE MUTTER FORDERT BLUT, DIE GROSSE GÖTTIN BEWUSSTSEIN

LE MIROIR DE LA VIE, ET DE LA MORT

Mondains qui faictes cas des beautez d'un visage,
Scachez que les aymer ce n'est pas estre Sage,
Puis que le temps enfin les doibt faire perir,
Nous n'auons icy bas chose aucune asseurée,
Tout change et nostre vie a si peu de durée,
Qu'en commencent a viure on commence a mourir.

DER SPIEGEL DES LEBENS UND DES TODES

ne Parallele zu Lilith. Einst stand sie dem Menschen zur Seite, und er hat sie verloren. Sie ging auf den Grund des Roten Meeres, tauchte ein in Ungeformtes. Heute drängt sie in unser Bewusstsein, und doch be-greifen wir sie (noch) nicht ganz. Viele fürchten sie, da sie auch Botin aus unseren Abgründen ist.

Wir verbinden Lilith jedoch nicht nur mit dem Chthonischen, sondern sie ist für uns auch erdhafte und fruchtbare Göttin. Die drei Ebenen sind auch nicht wirklich streng voneinander zu trennen, deshalb gehen *Demeter/gé/chthón* in Namensgebung und Kult häufig ineinander über.[9] Persephone, die Tochter von Demeter und die Frau von Hades/Pluto, liefert hierzu ein Bild. Sie ist jene Göttin, die beiden Bereichen zugehörig ist. Astrologisch gesehen ist dies die Achse Stier/Skorpion, deren Dynamik und Inhalte stark mit den Werten von Lilith korrespondieren.

Greifen wir noch einmal die Grosse Göttin auf und erinnern wir uns, dass sie Bewusstsein fordert, wo die Grosse Mutter Körperliches verlangt. Der Mensch hat es geschafft, Körper zu transzendieren, das heisst, wenn er vom Baum spricht, bedingt dies nicht, dass er da stehen muss. Ein Primitiver, eingebettet in die Welt der Grossen Mutter, konnte sich nicht vorstellen, dass dies möglich sei. Uns ist es selbstverständlich. Der nächste Schritt für den heutigen Menschen könnte sein, Bewusstsein zu transzendieren. Haben Sie eine Vorstellung davon, wie das gehen könnte? Lilith jedenfalls bietet sich als Mittlerin an, verlangt sie uns doch dies Schritt für Schritt ab, um sie zu begreifen.

Lilith birgt eine magische Dimension, und sie ist Wissen, verlorengegangenes Wissen. Wie schon erwähnt, weiss sie auch um die Androgynität des Menschen. Auch sie selbst ist nicht nur von «weiblicher», sondern auch von «androgyner» Symbolik umgeben. Dies wird anschaulich durch den Polysymbolismus der Schlange, mit der Lilith oft gleichgesetzt wird.

Viele setzen das Chthonische ausschliesslich mit dem Weiblichen gleich. Hillman schreibt dazu: *«Der Grosse-Mutter-Komplex beklebt Landwirtschaft und Fruchtbarkeit ebenso wie Erde, Körper, Instinkt und Tiefe mit dem Etikett des Weiblichen. Dabei wird übersehen, dass chthonisch als Beiname ebenso Hermes, Dionysos oder selbst Zeus zugeordnet ist.»* Das Chthonische begleitet also nicht nur das Weibliche. Bei dem Drang, Unterwelt, Tod, Vergänglichkeit usw. immer mit dem Weiblichen gleichzusetzen, wird dessen Dämonisierung weiterhin kreiert. Wir haben Angst vor diesen Inhalten, und so gesehen ist verständlich, dass wir uns mit Amuletten behängen, um das Reich unserer Schatten zu bannen.

In Astrologiekreisen besteht eine starke Tendenz, Diskussionen Raum zu geben, ob Pluto und Saturn weiblich oder männlich sind. Die Symbole und Mythen sagen, sie sind beides und es ist beliebig, welcher Ansatz genommen wird, um einen Standpunkt zu untermauern. Es stellt sich eine Frage: «Warum ist es so wichtig, die repräsentierten Qualitäten in diese Zuordnungen zu pressen?» Diese Auseinandersetzung erinnert an den Kampf zwischen Lilith und Adam. Derlei Kämpfe um Zuordnungen, was jetzt zum Männlichen und zum Weiblichen gehört, finden sich natürlich nicht nur bei den Astrologen. Ich habe jedoch festgestellt, dass viele «geschlechtlich» denken, wenn sie vom Männlichen und vom Weiblichen hören. Aus dieser Perspektive werden Rollenklischees gestützt. Und da unpopuläre Inhalte wie Vergänglichkeit, Tod, Opfer und Verlust in die Symbolkette des Weiblichen fallen, wird mit dieser Sichtweise – oft unbewusst – weiterhin die Frau dafür verantwortlich erklärt.

Kehren wir nach diesem kleinen Exkurs wieder zurück zu Lilith und ihrem Bezug zum Chthonischen. Ihr wird nachgesagt, dass sie sich mit Samael, dem Herrn der Unterwelt, verband und so selbst Herrin über das Dunkle wurde. Im Judentum gilt Lilith als Wüsten- und Todesdämon schlechthin. Etymologische Untersuchungen zu dem Wort «Todesdämon» zeigen, dass es eigentlich «Verberger(in)» bedeutet. Folgen wir nun diesem Wort und schauen wir uns den Inhalt des Wortes «verborgen» genau an. Ich möchte dazu eine Auflistung aus dem Buch *Am Anfang war das Bild* von James Hillman übernehmen (siehe unten). Ich wurde hellwach, als mir dieser Text in die Hände fiel. Er hat mich inspiriert und bei meinen Forschungen zum Schwarzen Mond ständig begleitet.

Metaphern zum Wort «verborgen»

1. Begraben, verhüllt, dem Blick entzogen, sei es ein Körper oder ein *Mysterium*.

2. Okkult, esoterisch, verborgen im Sinne von geheim.

3. Das, was per se nicht sichtbar ist; nicht-sichtbar als nicht-räumlich, nicht ausgedehnt.

4. Ohne Licht, dunkel, schwarz.

5. Das, was nicht sichtbar wird bei einer Prüfung, das heisst, was blockiert, zensiert, verboten oder unklar ist.

6. Das, was verborgen ist, «innen einbehalten» (interior) oder «unten einbehalten» (inferior), dort, wo die lateinische *cella* (unterirdisches Lager) verwandt ist mit dem altirischen *cuile* (Keller) und *cel* (Tod), die wiederum verwandt sind mit unserer «Hölle».

7. Das, was mit Furcht und Schrecken erfahren wird, ein Vakuum, ein Nichts.

8. Das, was als Sich-Verstecken, das heisst als Rückzug, Abwendung vom Leben, erfahren wird.

9. Heimlichkeit, Unrechtmässigkeit, Täuschung, wie beispielsweise die verborgenen Motive oder unsichtbaren Verbindungen des Hermes.

Die «Verbergerin» bzw. die damit verbundenen Themen finden wir häufig dort, wo wir die Achse des Schwarzen Mondes im Horoskop haben. Auch Priapos (Dionysos), wie wir das Visavis des Schwarzen Mondes genannt haben, führt in die Tiefe. Wir sind natürlich auch ständig an Hades erinnert, den Herren im Schattenreich. Hades/Pluto in Verbindung mit Lilith wird später unter dem Titel «Der Schwarze Mond in Skorpion oder im Aspekt zu Pluto» abgehandelt.

Fassen wir zusammen. Wir haben Lilith in den Kontext der Grossen Mutter gesetzt; sie wird hier auch mit dem Stempel der Verschlingerin und des Ungeheuers versehen. Und Lilith ist Psychopompos. Sie ist Mittlerin zu unserer Unterwelt, zum Reich unserer Schatten. Sie «bringt ans Licht» und ist uns so Hilfe, unsere Abgründe auszuloten und uns zu befreien. Lilith ist auch Mittlerin zwischen den Menschen und dem Göttlichen. Und wir haben Lilith mit der Grossen Göttin gleichgesetzt.

Eine weitere Perspektive heisst: Lilith ist Wissen. Wir werden diesen Faden aber erst im übernächsten Kapitel «Die Schlange» wieder aufgreifen, da diese Thematik über die Symbolik der Schlange anschaulicher wird.

Doch Lilith ist auch «Wissen um die Androgynität des Menschen», dem wir uns im folgenden zuwenden werden.

Androgynie

Hermaphroditos, der wunderschöne Sohn von Hermes und Aphrodite, badete im Quellteich der Nymphe Salmakis. Diese verliebte sich in den badenden Jüngling und umwarb ihn leidenschaftlich. Hermaphroditos wies sie zurück. Daraufhin umschlang Salmakis den Jüngling und bat die Götter, sie für immer als Liebespaar zu vereinen. Die Götter erhörten ihren Wunsch; die beiden verschmolzen zu einem Zwitterwesen und wurden für immer zum untrennbaren HERMAPHRODITEN.

Der Begriff der Androgynie wurde in den letzten Jahren stark strapaziert. Einige sehen androgyne Konzepte als verzweifelten Versuch, einen Ausweg aus der Geschlechterproblematik zu finden. Andere wieder sehen darin das anzustrebende Ideal des «ganzen Menschen». Für manche wiederum ist es «Emanzipationsmodell», welches der Auflösung von Geschlechtergrenzen dient. Androgynie – die Hilfskonstruktion? Androgynie – die Lösung!? Wir werden auch hier diese Fragen nicht beantworten, können jedoch das Thema nicht übergehen.

Nach traditioneller Deutungsweise ist Androgynie eine Synthese von männlich *(andro)* und weiblich *(gyn)*. Achim Aurnhammer[1] regt an, Androgynie nicht nur auf «Mannweiblichkeit» zu beschränken, sondern umfassender zu definieren. «Androgynie» ist jene Relation zweier komplementärer Elemente, die eins waren, eins sind oder eins sein möchten. Dies bezieht sich nicht nur auf gegengeschlechtliche, sondern auch auf gleichgeschlechtliche Kombinationen.

Betrachten wir dies vor dem Hintergrund von Platons Androgynie-Mythos, aufgespannt in *Symposion*. Er lässt Aristophanes von mythischer Vorzeit erzählen, in der es drei gottähnliche Geschlechter gab: männlich, weiblich und mannweiblich. Die Doppelmänner stammten von der Sonne, die Mannweiber vom Mond und die Doppelweiber von der Erde ab. Es waren «Kugelmenschen», zylindrische Doppelwesen mit Januskopf, vier Armen und Beinen und zwei Geschlechtsteilen. Kreisform und Geschlechtsmischung kennzeichnen diese Urmenschen als mikrokosmische Entitäten. Die Götter fürchteten diese vollkommene Spezies. Daher beschlossen sie, sie entzweizuschneiden.[2]

Wenn wir nun den Schwarzen Mond astronomisch betrachten, so fusst er auf einer «Beziehung zwischen Mond und Erde». Setzen wir dies in Beziehung zu dem Gleichnis von Platon, so rücken hier folgende Arten von Kugelmenschen in den Vordergrund. Die Mannweiber vom Mond (geteilt Mann und Frau) und die Doppelweiber von der Erde (getrennt in Frau und Frau). Der Schwarze Mond symbolisiert also Themen, wo es um Beziehung zwischen Mann und Frau geht, genauso aber um Beziehung von Frau zu Frau (dem Frausein). Wir können auch sagen, es geht um das grundsätzlich Weibliche und seine Beziehung zum Männlichen. Mit diesen Ausführungen sind wir auch im Zentrum der Thematik um Lilith, im Brennpunkt sozusagen.

Lilith ist Symbolträgerin für das Weibliche. Lilith mit ihrer Beziehung zu Adam gibt uns ein Bild für den Geschlechterkampf und die Trennung der Geschlechter. Die Aktualität des Mythos zeugt aber auch von unserer Sehnsucht und der Notwendigkeit, die Rollen neu zu definieren bzw. dieses Trennende überwinden zu können. Androgynie steht also auch für die Sehnsucht nach Vereinigung, sie ist ein Thema der Liebe. Eros ist es, der uns ständig antreibt, uns zu vereinen. Es gibt auch Bilder vom «androgynen Eros». Nach frühgriechischer Mythologie erschuf Eros das Leben auf der Erde, war er Schöpfer der Erde. Eros wird, wie Dionysos, oftmals der Erde zugeordnet. Damit haben wir ein weiteres Gleichnis für die Achse des Schwarzen Mondes, «die Beziehung von Mond und Erde», für den Dialog von Lilith und Eros (Dionysos/Priapos).

Platon sagt, seit die Götter die Urmenschen entzweit haben, ist ihnen auch die Liebe eingepflanzt. Liebe wird sich immer an dem Bild einer imaginären Ganzheit orientieren. Wir werden durch die Liebe zum Leben hingezogen. Dieser Drang, seine «andere Hälfte» zu finden, diese Sehnsucht nach dem ursprünglichen Wesen des Menschen, heisst Eros (vgl. Farbtafeln «Wind und Welle» und «Der Ozean»). Die «Menschen vom Mond», um bei unserem Gleichnis zu bleiben, würden demnach die gegengeschlechtliche Ergänzung suchen, während die «Menschen von Erde und Sonne» eine gleichgeschlechtliche Vereinigung anstreben. Konsequenterweise heisst dies, eine Frau kann durch eine Frau, ein Mann durch einen Mann und wie gewohnt –

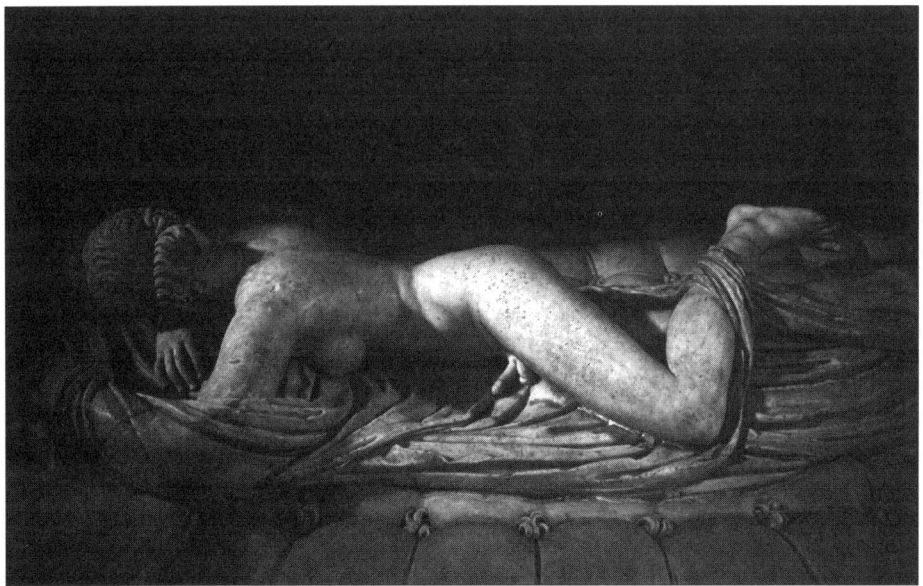

SCHLAFENDER HERMAPHRODIT

eine Frau durch einen Mann (und umgekehrt) «ganz» werden. Das Animus und Anima-Konzept birgt somit eine Limitierung und scheint renovierungsbedürftig. Das Konzept schreibt und legt geschlechtsspezifisches Rollenverhalten fest und «steht somit einem ganzheitlichen Lebensentwurf beider Geschlechter entgegen», schreibt Ursula Baumgardt. Das ist auch der Grund, warum ich mich bisher geweigert habe, Lilith in den Kontext dieses Modells zu stellen.

Die Erfahrung hat auch gezeigt, dass uns Lilith (bei Auslösungen im Horoskop) über beide Geschlechter entgegentritt, auch wenn sie primär noch immer auf eine Frau projiziert wird. Es ist interessant, dass Lilith im Horoskop von Homosexuellen immer an prominenter Stelle steht und – speziell homosexuelle Männer – markant zum Träger ihrer Werte werden. Lilith ist Eros, ist Mittlerin und Psychopompos, sie begegnet uns in Bildern, Mythen, Träumen und über Menschen – jenseits unserer Rollenklischees.

In der Liebe wird ein inneres Paar belebt. Wir tragen in uns Bilder des Paares, was aber nicht heisst, dass wir das Du nicht mehr brauchen. Wir brauchen den anderen, um dieses Paar zu beleben. Wir können auch ein gleichgeschlechtliches Paar in uns beleben, *«das sich durchaus aus beiden Geschlechtern zusammensetzt, das vor allem aber diese Gefühle von Liebe und Ganzheit auslösen kann»*, schreibt Verena Kast.[3] *«Dies hiesse zugleich auch, vom Archetypus des Androgynen ergriffen zu sein.»*

Die androgyne Gottheit

Im Mythos haben wir die Androgynität Gottes und des Menschen, der nach seinem Bild geschaffen wurde, aufgegriffen. Und doch nähren wir das Bild vom «Vater-Gott», erscheint uns «die Göttin» fern und abstrakt.

Kurt Lüthi schreibt: *«Zahlreiche biblische Aussagen verwenden eher geschlechtsneutrale als männliche Metaphern und Symbole, wenn es um Gott geht. Gott steht jenseits mann-weiblicher Unterscheidungen, bzw. es wird seine Transzendenz von der Unterscheidung der Geschlechter nicht berührt; er ist ja auch der Gott, der das Bildermachen von sich verbietet. Dieser jenseitige und transzendente Charakter Gottes kann aber auch bedeuten, dass einmal männliche und einmal weibliche Bilder auf ihn angewandt werden. Gott ist dann Vater und Mutter, Er und Sie. Damit entsteht ein INKLUSIVER MONOTHEISMUS.»*[4]

Hat nun das Weggehen von Lilith ermöglicht, dass der Vater-Gott Jahwe und Adam/Mann festlegten, was zukünftig «göttlich» ist? Entstand so das männlich-geprägte Gottesbild, der exklusive Jahwismus, nachdem die Göttin im Exil verschwand? Bestimmten sie fortan, was als das «Männliche» und das «Weibliche» zu gelten hat und welcher Wert ihm jeweils beigemessen wird? «Gott Vater», die männliche Symbolik und in der Folge der Mann gingen jedenfalls in die Dominanz, während das Weibliche und die Frau unterdrückt, dämonisiert und für «unrein» erklärt wurden. Der Mann war also auf der Seite des Heiligen und die Frau auf der Seite des «Unreinen», des Teufels. Lilith wurde Dämonin und die Frau von Samael, dem Höllenfürsten.

HERMAPHRODIT ALS SINNBILD VOLLKOMMENER
EHE: «PICTA POESIS» *(Barthélemy Aneau)*

Heute sind die Bestrebungen dicht, das Gottesbild von der exklusiven Männlichkeit wieder wegzuführen und die «Weiblichkeit» Gottes hervorzukehren. Zum Teil geschieht dies so, dass ich an den alten Kampf von Lilith und Adam erinnert bin, an das «Wer ist jetzt oben, und wer ist unten?» Dies findet Ausdruck in Streitgesprächen, ob nun Gott ein Er oder eine Sie sei, oder in der Frage: «Wer war zuerst da bzw. wer ist der Urgrund des anderen?» Ist es die Henne oder das Ei?

Das schon erwähnte «inklusive Gottesbild» bzw. «androgyne Gottesbild» macht diesen Streit überflüssig. «Androgynität Gottes bedeutet jedoch ein Angebot eines neuen Gottesbildes an Frauen, ein Bild, mit dem sie sich auch identifizieren können», schreibt Lüthi. «Die Androgynität Gottes erlaubt, Gott als Vater und Mutter, Mann und Frau, Partner und Partnerin, Bruder und Schwester, Freund und Freundin zu verstehen; es geht hier überall um Polaritäten, die in eine Ganzheit gehören.»[5]

Die Theologin Elisabeth Behr-Sigel formulierte: *«Zeige mir deinen Gott, und ich werde dir sagen, zu welchem Menschen du berufen bist.»*[6]

Androgyne Bilder fördern und stützen die Gleichwertigkeit der Geschlechter. Die «Wiederkehr der Lilith» mit ihrem Wissen um Androgynie ist unterstützendes Symbol für diese notwendigen Schritte. Doch wie können wir die setzen?

Wir können neue Bilder, neue Gedanken, neue Vorstellungen, neue Erfahrungen, neue Haltungen zulassen. Das eine prägt jeweils das andere, nur – irgendwo müssen wir beginnen. Vielleicht finden wir eine neue Sprache, eine, die von den alten Wertungen befreit ist. Es geht um Verwirklichung von Qualitäten. Männer und Frauen können gleichermassen aggressiv, weich, vernünftig, intuitiv, willensstark, mitfühlend usw. sein. Warum diese Qualitäten weiterhin in Etikettierungen pressen, die geschlechtliche Assoziationen nach sich ziehen. Es bleibt letztendlich abstrakt, einen Mann aufzufordern, «seine Weiblichkeit zuzulassen». Er ist ein Mann. Doch er wird begreifen, was es heisst, einen Zugang zu seinen Gefühlen zu finden. Sind Gefühle weiblich? Wir haben es einmal so festgelegt, und nun ist es so. Die Frau wiederum wird sich letztendlich abgewertet fühlen, wenn man sie als «männlich» bezeichnet, nur weil sie ihren Willen direkt zum Ausdruck bringt. Ist Wille männlich? – Wir haben es einmal so festgelegt, und nun ist es so.

Wenn wir von androgyn sprechen, geht es um den «ganzen Menschen». Und es gibt Männer und Frauen. «Der kleine Unterschied» ist auch wichtig, ist er doch Quelle für unser Begehren. Die androgyne Symbolik in die Körperlichkeit bzw. den androgynen Gedanken in die Geschlechtlichkeit zu zerren, führt zu grossen Missverständnissen. Es hiesse, Symbole der Grossen Göttin in den Bereich der Grossen Mutter einzukleiden, auf eine Bewusstseinsfrage «blutig» zu antworten. Dieses Missverstehen ist auch die Geburtsstunde des Unisex-Mythos, welcher schlussendlich unser Begehren lähmt. Lilith und Unisex? Das kann es wohl kaum sein. Auch Priapos, Eros und Dionysos würden sich hier aufbäumen.

Dionysos ist der göttliche Androgyne, der das sogenannte Männliche und Weibliche vollkommen in sich vereint. So gesehen werden wir runder (kugelmenschlicher?), wenn wir die dionysische Energie in uns wieder zulassen und leben. Erinnern wir uns, Dionysos wird «mannweiblich» genannt, wird als wunderschöner Mann und manchmal auch als schöne Göttin dargestellt. Männlich geboren, wurde er als Mädchen grossgezogen und – in die weiblichen Mysterien eingeweiht. Er trug Männer- und Frauenkleider und ist schon allein durch diese Tatsache ein Gegenspieler vom Vater-Gott Jahwe. Der verbietet den Kleidertausch zwischen Mann und Frau: *«Männerzeug darf nicht auf einer Frau sein und ein Mann darf nicht das Gewand einer Frau anziehen. Denn jeder, der dies tut, ist ein Greuel für Jahwe, deinen El.»* (*Deuteronomium* 39. und 40.).

Kleidertausch und Transvestismus

In einigen Kulturen ist es bei Initiationszeremonien üblich, dass Jugendliche, kurz vor oder bei ihrer Geschlechtsreife die Kleider des anderen Geschlechts anziehen. Mädchen tragen dabei Tabaksbeutel, Waffen oder männlichen Körperschmuck, während junge Männer Schmuck und Kleidung von Frauen tragen und durch Ausstopfen auch körperliche Rundungen vortäuschen. Manchmal wird auch die Stimme des anderen Geschlechts nachgeahmt, Haare ausgetauscht oder gegengeschlechtliche Masken getragen. Dieser Brauch stellt einen letzten Versuch dar, eine andere soziale oder sexuelle Rolle zu geniessen, meint Bruno Bettelheim. Auf der Schwelle zum Erwachsensein haben sie so eine letzte Chance, beide Geschlechtsrollen zu spielen.[7]

Sowohl bei Männern als auch bei Frauen scheint Transvestismus ein Anzeichen für den starken Wunsch zu sein, an der Sexualfunktion oder der sozialen Rolle des anderen Geschlechts teilzuhaben. Da dies meist geringe gesellschaftliche Billigung erfährt, beschränken sich die meisten darauf, diesem Drang nur im Fasching nachzugeben. Oder diese Sehnsucht wird auf die Bühne verbannt und so stellvertretend oder in der Projektion «ausgelebt». Filme wie «Ein Käfig voller Narren» oder «Viktor, Viktoria» zeugen von der Beliebtheit dieser Thematik.

In «Viktor, Viktoria» verkleidet sich eine Frau (die keinen Job bekommt) als Mann und bewirbt sich so um eine Bühnenrolle als Transvestit. Kurz, eine Frau verkleidet sich als Mann, um eine Frau zu spielen. Als Transvestit Viktoria ist sie auf der Bühne so hinreissend, dass ein Mann im Publikum sie augenblicklich begehrt, was wiederum seine danebensitzende Freundin vor Eifersucht kochen lässt. Nachdem sich am Ende ihres Auftritts Viktoria die Perücke vom Kopf reisst und sich als «Mann» Viktor präsentiert, verhöhnt die Freundin ihren Partner und ihre Eifersucht ist augenblicklich verflogen.

Ähnliches erlebte ich, nachdem ich einer Frau verraten hatte, dass die schönen, leichtgeschürzten «Frauen» in einem Videoclip, die ihr Mann mit begehrlichen Augen verschlang, Männer waren. Sie, die bisher mit Eifersucht reagiert hat, schnalzte daraufhin vor Freude mit der Zunge. Es stellt sich nun eine Frage. Worauf bezog sich die Eifersucht? Das Bild des Begehrens blieb ja gleich. Gab das Tabu einer gleichgeschlechtlichen Vereinigung, das sie bei ihren Partnern vermuteten, Sicherheit? War das Verhöhnen eine Rache für die kurze Zeit der Verunsicherung?

Weiblichkeit und Männlichkeit sind Merkmale eines Hauptordnungsprinzips. (Ich habe meine Perspektive auf den «ganzen» Menschen dargelegt, werde aber, um gewisse Inhalte aufgreifen zu können, die Symbolik männlich/weiblich in der bisherigen Gültigkeit einsetzen.)

Wir unterteilen Menschen in weibliche und männliche Wesen und orientieren uns dabei an Kleidung, Haaren, Bewegung usw., um den Unterschied festzustellen. Mit dem Wechsel unseres Outfits übertreten wir eine Grenze – doch wir lösen sie nicht auf. Es mag dem eine Sehnsucht nach Ergänzung zugrunde liegen, doch oftmals habe ich erlebt, dass es eher hilfloser Ersatz war. Ich kenne Transvestiten, die extrem beziehungsschwach sind und, nach ihren eigenen Aussagen, diese Schwäche kompensieren, indem sie mit ihrer «Grenzgängerschaft» Beziehung zum anderen (Geschlecht) aufnehmen. Ist diese Grenzgängerschaft über Kleidung Ersatz? Wird so der Mangel überspielt, wirkliche Beziehung zu einem Du herzustellen? Oder ist die Sehnsucht nach Ganzheit so gross, dass man auch gleich der andere (Teil) werden möchte? Dies wäre eine Perspektive – auch auf (und für) Transsexuelle.

Im Horoskop von Männern, die Transvestiten oder Transsexuelle sind, fand ich immer eine Verbindung von Lilith/Mond, manchmal auch Lilith/Venus. Ist dies nun Ausdruck einer Dominanz des Weiblichen? Kann so ein Mann der Macht und der Beherrschung des Weiblichen und des Weibes entgehen, indem er sich mit ihrer Macht identifiziert und zur Frau wird? Oder tritt hier der Archetyp des Androgynen so sehr in den Vordergrund, und er findet – geprägt vom Entweder-Oder – keine andere Lösung als «zum anderen Geschlecht zu werden»? Einige Transvestiten, die sich mit dem Mythos und den verschiedenen Perspektiven von Lilith auseinandergesetzt haben, schlossen nach und nach Frieden mit ihrem Geschlecht. Einer erklärte: «Jetzt bin ich gern Mann (ein androgyner Mann?). Es macht mir manchmal noch Spass, in der Kleidung und der Ästhetik einer Frau zu erscheinen. Doch ich brauche jetzt keine Frau zu sein, um ihre Vorrechte zu leben.» Er machte sich auch bewusst, dass es Neid auf die Frau war, der ihn von klein auf so erfüllte, dass er sich von einem Mysterium ausgegrenzt und ausgeschlossen fühlte.

Es ist viel über die Ausgrenzung und die Verbannung der Frau geschrieben worden, lassen wir einmal Adam/Mann zu Wort kommen. Er ist genauso verunsichert und verwirrt, leidet unter den herkömmlichen Klischees ebenso wie die Frau. Ich möchte diese Verwirrung anhand eines Briefes von einem Mann (mit Lilith/ Mond/Venus auf der Mondknotenachse) anschaulich machen. Es ist ein Mann, der (noch) nicht von Robert Bly oder Sam Keen gehört hat, der seine Initiation im «Reich der Männer» noch nicht gesucht und erfahren hat. Doch nach einer Sitzung, in der ich ihn mit Lilith bekannt gemacht habe, schrieb er mir einen Brief, den ich Ihnen nicht vorenthalten möchte. Ich habe daran nichts verändert oder ergänzt und möchte diese Zeilen auch nicht interpretieren.

Für mich wurden schon als kleiner Bub Sehnsüchte wach, wenn ich schön gekleidete Frauen erleben konnte, die sich adrett gestylt selbstbewusst in Szene zu setzen wussten. Dieses Gefühl und diese Ausstrahlung, attraktiv zu sein und Begehrlichkeit zu wecken, drang bis zu mir und ich spürte, dass auch ich solche Emotionen in meinem Leben nicht missen wollte. Aber nicht als passiver Zuseher, der den Glanz anderer einatmet, sondern als selbstdarstellender Aktivist. In der üblichen männlichen Welt konnte ich diese spezielle Form in meinen Beobachtungen und Wahrnehmungen nicht finden. Schon damals erlebte ich dies als einen tiefschürfenden Verlust an Lebenslust, der mich sehr beschäftigte.

Ich kann mich gut daran erinnern, dass ich gerne die Nylonstrümpfe meiner Mutter anprobierte und diese einfach schicker fand, als meine langweiligen kratzigen Socken und Stutzen. Sie gaben meinen Beinen eine schönere und interessantere Form und fühlten sich auf der Haut wohlig schmeichelnd, schmiegsam und glatt an – eben einfach sinnlicher und erotischer. Wenn ich mir überlege, welche Vielfalt heute auf dem Strumpfsektor herrscht, welche Ausdrucksmöglichkeiten hier vorhanden sind, dann lässt das die Herrensocken und -stutzen ganz schön alt aussehen.

Ich stehe dazu: Das, was oft den Frauen in der Werbung bei Kleidung vermittelt wird (angenehm zu tragen, verführerisch, kuschelig, weich, anschmiegsam … oder auch aus dem Werbeslogan für die neue Wolford-Strumpfhose «Fatal» zitiert: «Das Gefühl, nackt angezogen zu sein») stellt auch eine Form von Erlebensqualität dar, die ich nicht missen, sondern mitgeniessen möchte. Auch ich habe einen Körper, den ich gerne verwöhne und dem es behagt, in angenehmen Stoffen zu stecken. Oder sollte ich darauf verzichten, nur weil ich als Mann auf die Welt gekommen bin? Das, was für Frauen selbstverständlich und alltäglich ist, hat der Mann in den gesellschaftlichen Regeln tunlichst zu unterlassen und zu verdrängen. Kleidung für den Mann hat wohl kaum jene Ausstrahlung, die letztlich auch Prickeln und Knistern erzeugen kann – Gefühle dieser Art sind den Frauen vorbehalten und als Männersache nicht zugelassen.

Hier denke ich, dass ich meinen eigenen Weg gehe. Ich nehme die Vielfalt der Angebote wahr, die das Leben bietet und hole mir das für mich, was mir Spass macht. Die Geschlechtergrenzen haben für mich nicht die dogmatische Dominanz, ich löse sie auf, wenn mir danach ist. Auch ich kann es geniessen, wenn meine Umwelt meine Beine wahrnimmt und wenn Frauen mir dazu Komplimente machen. Ein Bein kann Ästhetik und Erotik ausstrahlen – dabei ist es eigentlich zweitrangig, ob es sich um ein weibliches oder ein männliches Bein handelt – die Wirkung wird nicht zuletzt durch die Form dieses Körperteiles und die Bekleidung erzielt und unterstrichen. Und, was meine Beine betrifft, da habe ich oft genug erfahren, dass ich mich jederzeit mit Frauen messen kann. Und genau da komme ich in den Genuss, Aufmerksamkeit zu erfahren und mit Frauen in Konkurrenz zu treten: Ich weiss, hier gibt es in einem Bereich, in dem die Frau Überlegenheit signalisiert (gegenüber Männern signalisieren kann), für mich diese Überlegenheit nicht: Ich habe wohl noch keine Frau kennengelernt, bei der ich meine Beine verstecken hätte müssen. Die Unterschiede zwischen Frau und Mann, welche durch die Kleidung gegeben sind, entspringen für mich nur durch ganz bestimmte «Bilder», die unsere Gesellschaft für Frauen und Männer entwirft – ich bediene und eigne mir nur gerne das «weibliche» Bild an – in meiner Freiheit, die ich mir als Mann nehme.

Frauen werden auch schon früher und intensiver dazu angeleitet, auf ihren Körper zu achten, sich auch zu schmücken. Während sich die Mütter bemühen, ihre Töchter herauszuputzen, um sie «weiblich» aussehen zu lassen (Haarschmuck usw.) und es manchmal auch bei ganz kleinen Mädchen schon recht eilig haben, ihnen Ohrringe stechen zu lassen (ein in unseren Breiten sehr übliches Ritual – um damit die geschlechtliche Zugehörigkeit anschaulich darzustellen), wird der kleine Mann auf diesem Sektor sicherlich nicht diese Form der Zuwendung (er erfährt und erlebt hier kein vergleichbares Ritual, das ihn als jungen Mann auszeichnet) und Verschönerung kennenlernen. So erfährt die junge Frau schon bald, dass auf «hübsch» sein seitens der Umwelt reagiert wird und man damit Aufmerksamkeit auf sich zieht.

Ich kann mich noch an eine Begegnung erinnern, ich war mit meiner Mutter unterwegs, so etwa 5 Jahre alt, und ihr begegnete eine andere Frau mit einem Kinderwagen – stolz zeigte sie uns ihre Tochter, die etwa ein halbes Jahr alt war und im Kinderwagen lag: An beiden Ohren klebte blutige Watte, in den frisch durchstochenen Ohrläppchen hingen kleine goldene Kreolen, und die Kleine war noch etwas unruhig, heulte und wusste wohl noch nicht so recht, was da jetzt gerade mit ihren Ohren auf Mutters Wunsch passiert war.

Irgendwie war das so eine Art Schlüsselerlebnis für mich – es war nicht nachvollziehbar für mich, warum dem kleinen Mädchen, das sich offenbar dazu noch gar nicht äussern oder entscheiden konnte, Schmerz zugefügt, dies aber von allen Erwachsenen begeistert gutgeheissen und begrüsst wurde. Und auf der anderen Seite war da auch gleich das Verlangen, selbst auch Zuwendung in dieser Form zu bekommen und dafür natürlich auch den kleinen schmerzhaften Eingriff stattfinden, über mich ergehen zu lassen. Das heisst, einerseits war da eine gewisse Lust auf das Ritual, andererseits haben mir Ohrringe aber auch immer recht gut gefallen. Ich habe mir dann jahrelang heimlich für mich immer Ohrringe gewünscht, was in der damaligen Zeit für einen 5- bis 14jährigen Knaben vermutlich eine Unmöglichkeit darstellte – ich habe das auch realisiert und nie mit jemandem darüber gesprochen. Doch langsam wurde Ohrschmuck auch für Männer aktuell, und mit 15 Jahren habe ich dann begonnen, selbst welchen zu tragen – zumindest wenn mir danach zumute war, und habe mir die Löcher dazu fallweise auch mal selbst gestochen; nachdem ich auch wieder monatelang keine trage, wachsen sie auch wieder zu, deshalb ist es öfter dazu gekommen, dass ich meine Ohren durchbohrt habe. (Anmerkung: Das ist mir zu Deiner Frage, wie ich zu Blut stehe und ob ich mir selber Narben beibringe, noch eingefallen.)

Es hat mich schon in früher Kindheit immer irgendwie berührt, wenn ich gleichaltrige Mädchen, die sehr «aufgemascherlt» waren, erlebt habe. Da war damals schon immer eine Spannung da und so ein Anflug von Neid, da habe ich intuitiv gespürt, dass es da etwas gibt, was mir vorenthalten wird, etwas, das ich eigentlich nicht missen möchte.

Während also die geschlechtliche Kennzeichnung der jungen Frau nach aussen hin in Form von Verschönerung und damit auch irgendwie Bereicherung einhergeht, habe ich bereits mit knapp drei Jahren die einprägsame und schmerzhafte Erfahrung der geschlechtlichen Kennzeichnung des jungen Mannes erleben müssen, die für mich keine sinnlichen und ästhetischen Formen hatte, sondern schlichtweg die Bedeutung eines massiven Verlustes inne hatte und für mich einer Degradierung meines Selbstwertes gleichkam: Meine Mutter hatte mir bis dahin meine Haare wachsen lassen, dunkle Locken fielen mir bis auf die Schultern – ich denke, ich war damit ein recht niedliches und ansehnliches Kind. Meine Grossmutter litt darunter immer wieder – wenn sie mit mir in der Öffentlichkeit sichtbar war –, die auf Grund meiner dunklen Locken vermutete Geschlechtszugehörigkeit dementieren zu müssen. Eines Tages, während meine Mutter an der Arbeit war, packte sie mich ein und brachte mich mit der Erklärung, «Buben müssen kurze Haare haben», zu einem Friseur. Noch heute kann ich mich an meine gellenden Schreie erinnern und daran, dass ich mich mit Händen und Füssen gegen diese «Vergewaltigung» gewehrt habe. Friseur und Oma waren stärker, und unter ihren starken Händen, die mich festhielten und zur Ruhe zwangen, beraubte mich eine surrende elektrische Haarschneidemaschine meiner Lockenpracht und machte mich zum Skinhead. Ich war todunglücklich über mein neues Aussehen und habe mich an diesem Abend in den Schlaf geweint. Selbst meine Mutter war mit der erzwungenen optischen Veränderung meiner Person nicht recht glücklich, meiner Grossmutter habe ich diesen Gewaltakt lange nicht verziehen – sie war jedenfalls glücklich darüber, endlich einen «Mann» aus mir gemacht zu haben –, bis heute (sie ist inzwischen 89 Jahre alt) ist sie mit meinen Haaren, die ich nun seit meinem 13. Lebensjahr nie wieder kurz getragen habe, nicht zufrieden und teilt mir immer wieder mit, ich sei doch kein «richtiger Mann».

Immer wieder erlebte ich es im Laufe meines Lebens, dass sich Leute durch meine Haarlänge provoziert fühlten und mich auf Grund dieses Normverstosses mit abfälligen Äusserungen konfrontierten. Dies führte auch zu beruflichen Nachteilen, wo ich oft zurückgesetzt wurde, weil ich «wie ein Mädchen aussehe».

Damit möchte ich aufzeigen, welchen Abwertungen man ausgesetzt ist (war), wenn man nicht geneigt ist, sich vorbehaltlos den gängigen Rollenbildern und Klischeevorstellungen anzuschliessen, sondern darauf bedacht ist, ehrlich zu sich zu stehen und seine Individualität ausleben möchte.

Ich lächle manchmal über meine Geschlechtsgenossen – ihr Beharren auf dem Vorgegebenen lässt ihnen auch wenig Spielraum, das Wesen von Frauen wirklich zu erfassen. Sie lassen es zu, als deren Gegenpol durchs Leben stolpern zu müssen, unfähig, die vielen gegebenen Gemeinsamkeiten zu erfassen und echten Austausch mit ihnen zu erleben. Die ursprüngliche natürliche Nähe zueinander wird uns schon in unserer Kindheit genommen, indem gewisse Bereiche einfach tabuisiert werden.

So vermute ich, dass bei typisch männlichen Reaktionen auf auffallend körperbetont gekleidete Frauen zuerst einmal Emotionen freigesetzt werden, die von Verunsicherung gekennzeichnet sind. Der männliche Mensch wird mit einem weiblichen Menschen konfrontiert, der offensichtlich ein ganz anderes Gefühl zu seinem Körper hat als er es je kennengelernt hat, da es ja nicht kennenlernen durfte. Das Selbstbewusstsein der Frau, die kokettierend und spielerisch ihren Körper einsetzt und sich dabei sichtlich wohl fühlt, hinterlässt im Mann ein Gefühl des Ausgeschlossenseins, der Verletztheit und des Bruches mit einem Tabu, welches ihm von Kindheit an auferlegt ist. Dass sich Frauen hier so viel Freiheit nehmen, erregt Bewunderung, Verklärtheit und Magie – hier bekommt er vorgesetzt und vorgezeigt, wie eine Frau sich ausleben kann – der verstohlene Blick auf die eigenen kaum vorhandenen legalen Möglichkeiten führt dann zum Gefühl der Unterlegenheit. Die verbale Reaktion, das Nachpfeifen usw. ist ein Schutz gegen diese Verwundung: Nicht Anerkennung des beeindruckenden Äusseren ist die Folge: Der zutiefst verunsicherte Mann reduziert die stolze, freiheitsbewusste Frau, die lustvoll in innerer Harmonie durchs Leben schreitet, nur auf das Sexuelle und will sie zerstören. Er erträgt es nicht, dass hier Überlegenheit intuitiv abläuft – eine Überlegenheit, die mit dem Bezug zum eigenen Körper zu tun hat. Mit seinem Körper hat sich keine Mutter und auch kein Vater in der Form auseinandergesetzt, dass er «verschönert» und gestaltet wurde, niemand war stolz darauf, wenn die Mühe dieser Verschönerung ihre gesellschaftliche Anerkennung gefunden hat.

Dem Mann fehlt hier die Erfahrung von Sinnlichkeit, er kennt nicht das sanfte und zarte Gefühl, welches das Überziehen eines hauchdünnen Strumpfes auf glattrasierten und gepflegten Beinen verursacht. Pflegende Cremes, das Auftragen von Make-up und Rouge, das Schminken der Augen und der Lippen, das kühlende Gefühl von frisch aufgetragenem Nagellack, das Anlegen von Schmuck – das Erfahren und Experimentieren in bezug auf die eigene Körperlichkeit bleiben ihm fremd und gesellschaftlich untersagt.

Ich denke, dass hier ein Gefälle besteht, welches sich zwischen die Geschlechter stellt. Hier die Frau, die zu Sinnlichkeit, Ästhetik und Erotik in vielen Bereichen unseres Alltages aufgefordert wird, dort der Mann, der hier nur bescheidene Bruchteile in beschnittener, vermeintlich «vermännlichter» Form ausleben kann.

Dieses Fehlen von Sinnlichkeit und ästhetischen Erfahrungen ist ein Handicap, welches das Leben des Mannes prägt. Er tut sich oft schwer mit den Frauen, ist doch im männlichen Alltag alles darauf ausgerichtet, nichts vermeintlich Weibliches zuzulassen, sondern ganz Mann zu sein. Wie soll nun dieses beschnittene, ins Eck gedrängte Wesen die Frau, seine Freundin oder Partnerin erfassen und verstehen, wenn er seine weiblichen Anteile amputiert hat? Ich möchte hier weiter gehen und behaupten, dass es neben dem Sichtbaren auch eine metaphysische Ebene gibt, auf welcher der Mann sich auch gegen alles «Weibliche» in ihm zur Wehr setzt, sich nicht getraut es auszuleben, es ausmerzt und zuletzt vernichtet.

Einen entscheidenden Hinweis gibt es für mich dafür auch im sexuellen Bereich: So ist er oft völlig damit überfordert, mit den diversen Körperteilen der Frau etwas anzufangen und konzentriert sich zuletzt eben auf das, was halt das Wesentlichste für ihn ist: Sein Penis und die Vagina. Ich möchte nicht wissen, wie viele Frauen das Sexualspiel mit ihren männlichen Partnern eindimensional finden, sich mehr Zärtlichkeit, Geborgenheit und Wärme wünschen. Die streng gesellschaftliche Norm, das Aufteilen von Gefühlen, Regungen, Emotionen … in weiblich/männlich und eben auch die Vorgabe unseres Äusseren, das auch Inneres prägt, spielen für mich sicherlich in die oft klischeehaften Verhaltensweisen von Frau und Mann mit hinein.

Und als mir unlängst eine Kollegin ein Buch über Sexualpraktiken vorgelegt hat, war doch tatsächlich eine Situation beschrieben, in der der Vorschlag gemacht wurde, auch der Mann sollte sein Vergnügen haben können und man solle die «Reizwäsche» tauschen. Gar nicht so blöde, habe ich mir gedacht – aber warum erst im Bett (und vor allem: allein wegen der meist unterschiedlichen Körpergrössen wär's doch praktischer, wenn er selber welche besitzen würde).

Alles in allem bin ich gerne Mann und finde mein Mannsein auch sehr spannend. Hätte ich aber nicht Zugang zu sogenanntem «Weiblichen» gefunden, dann wäre ich ein gutes Stück ärmer dran. Und als Mann, der mit weiblichen Elementen kokettiert, ist man rasch jemand, der aus der grauen optischen männlichen Alltagsmasse herausragt und dem es leicht fällt, auf sich aufmerksam zu machen. Viele Kontakte positiver Art sind auch daraus entstanden, weil ich auffiel und Leute (vor allem auch Frauen) deshalb neugierig auf mich machte. In unserer Gesellschaft beurteilt man viel nach Äusserlichkeiten – oft hat mir das Spiel im Wissen um dieses Kriterium immer wieder viel Neues an Lebenserfahrung gebracht.

Haare

Haare sind nach volkstümlicher Vorstellung Träger der Vitalkraft; sie wachsen auch nach dem Tod des Menschen weiter. Starke Behaarung ist nicht nur bei Männern, sondern auch bei bestimmten Frauengestalten ein Zeichen von Macht und Stärke. Denken wir an Simson, dem Delila seine Körperkraft entriss, indem sie ihm die Haare abschnitt. Haare symbolisieren Starkes und Stolzes, Macht und sexuelle Potenz, Begehrenswertes und vor allem Freiheit. Der Verlust des Haares steht für den Verlust von Freiheit. Sklaven wurden die Haare kurz geschnitten, Gefangene wurden regelrecht geschoren und Frauen, die sich ihre sexuelle Freiheit nahmen, wurden mit gestutztem Haupthaar an den Pranger gestellt. Nonnen und Mönche opferten ihr Haar und verzichteten damit auf weltliche Freiheiten.

Langes Haar war Zeichen und Privileg aristokratisch-männlicher Lebensweise; im Mittelalter wurde streng darüber gewacht, welche Haarlänge dem Menschen jeweils geziemte. Haare symbolisieren auch immer etwas Magisches und Mystisches und folglich auch etwas Gefährliches. Sie sind Symbol schwelgerischer Wollust und verführen den Mann, «in die Abgründe der Frau» einzutauchen. Das Schamhaar verbirgt diese Abgründe, und doch ahnt und weiss er sie dahinter. Einige trauen sich

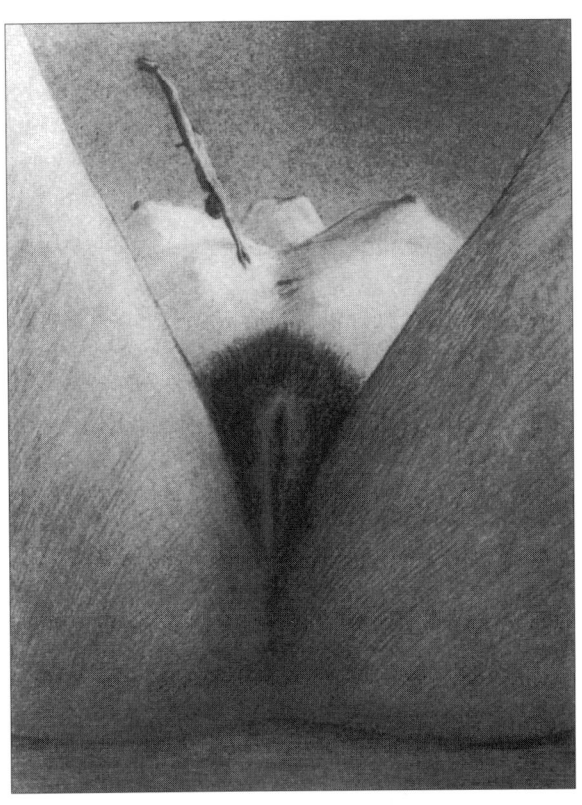

«TODESSPRUNG» *(Alfred Kubin)*

nur an «glattrasierte Abgründe», vielleicht, weil sie überschaubarer sind, vielleicht aber auch, weil es an das Geschlecht des jungen Mädchens erinnert, welchem man wahrlich mutiger begegnen kann als einer reifen Frau.

Ein weiteres Bild für den Sog in die Abgründe liefert Loreley, die am Rheinfelsen ihr voluminöses Haar kämmt, dabei singt und eine einzige Verführung und Gefahr für die Fischer darstellt. Haare dienen also auch der sinnlichen Anziehungskraft, sind Mittel der Lockung.

Haare haben auch dämonischen Charakter. Der «Hexenbart», das «Schlangenhaar» werden primär Frauen zugeordnet. Im Volksmund wird eine Frau, die sich die Freiheit nimmt, das zu sagen, was sie denkt, abgewertet, indem man sagt, sie hätte «Haare auf den Zähnen». Kurz gesagt, der dämonische Nimbus der Haare trifft primär die Frau. Dies ist Ausdruck dafür, dass ihr Macht, sexuelle Selbstbestimmung, Potenz und Freiheit nicht zugestanden werden.

Eva lässt dies mit sich geschehen. Dem Schönheitsideal gemäss hat der weibliche Körper haarlos zu sein, die Kosmetikindustrie erfährt über Enthaarungsmittel geradezu einen Boom. Interessant sind die Nebenwirkungen dieser chemischen Mittel. Beobachtet wurden Antriebsschwäche, Müdigkeit, Libidoverlust, Blutungsstörungen, Kopfschmerzen/Migräne und depressive Verstimmungen.[8] Nach astrologischen Zuordnungen ist dies die körperliche Anfälligkeit bei einem Defizit von Mars und Sonne. Eva unterdrückt also diese Qualitäten und demonstriert dies, indem sie sich der Enthaarungscreme bedient, was heisst, dass sie sich dem patriarchalen Schönheitsideal unterwirft.

Lilith, oftmals dargestellt mit wunderschönem wildem, langem Haar und mit Flügeln (ein Zeichen der Engel und der Dämonen), scheint gegen diese Vorgabe zu protestieren. Sie lässt sich nicht entmachten. Machen wir dies anschaulich über die Königin von Saba.

53

Die Königin von Saba

In der jüdischen Legende wurde die Königin von Saba mit Lilith, der Wüstendämonin, identifiziert; auch nach aramäischer Übersetzung des Buches Hiob wird sie mit Lilith gleichgesetzt. Die Rabbis stempelten sie ebenfalls zur dämonischen Gestalt. Als *Königin von Smaragd* wird manchmal Lilith und manchmal die Königin von Saba genannt. Der Smaragd war ein wichtiges Requisit bei magischen Praktiken; er soll aus der Stirn Luzifers herausgefallen sein. Lilith und die Königin von Saba gelten als haarige Dämonen. Eine jüdische Legende erzählt von der hässlichen Fussbehaarung der Königin. Ihre Waden sollen stark behaart gewesen sein, was als Zeichen dämonischer Abstammung gesehen wurde.

Salomon, auf die Königin neugierig geworden, lud sie nach Jerusalem ein. Er hat vom «Makel» der Königin gehört und ersann eine List, um ihre Waden in Augenschein zu nehmen. Er liess ein Prunkgemach aus Glas machen und hiess die Königin, darin einzutreten. Da der Boden so weiss wie Wasser war, dachte die Königin, es sei ein kleiner See, hob ihr Kleid und wollte durchwaten. Das Glas spiegelte Salomon die Waden der Königin, und er sah, dass sie von einem dichten Haarkleid bedeckt waren. Salomon bediente sich also der «Spiegeldiagnostik», um das Dämonische der Königin zu entlarven.[9] Dämonen haben kein Spiegelbild (wie uns Filme über Vampire lehren). Und doch konnte Salomon die Beine der Königin im Spiegelbild sehen, was ihn für sie einnahm. Die Königin wiederum dachte nicht daran, ihre Beine zu rasieren, hätte sie sich doch sonst ihrer Instinkte, ihrer Macht und ihrer Potenz beraubt. Wohlan, die Kunde ihrer Weisheit erreicht uns bis heute!

Dieser kleine Exkurs zeigt uns, wie sehr die Königin von Saba, gleichgesetzt mit Lilith, den Gegentypus zu Eva darstellt. Sie besteht auf ihrer Freiheit und ihrer Eigenständigkeit, sie weigert sich, zu unterliegen.

Wenden wir uns nun einem noch offensichtlicheren Machtsymbol, dem Gesichtsbart, zu. Der Patriarchenbart demonstriert seine Herrschaft, indem er schon in kindlichen Vorstellungen Gott-Vater schmückt (was nicht verwundert, füttern wir doch auch unsere Kinder mit diesem Bild). Er ist Symbol für kraftvolle Männlichkeit, Überlegenheit und Würde. Vollbart ist gleich Vollmacht! Eine Frau mit Gesichtsbart konnte bisher nur auf Jahrmärkten ihr Dasein fristen. Was gerne übersehen wird, auch die grosse Ischtar zeigt sich manchmal als bärtige Göttin, da ihr ebenfalls androgyner Charakter zuerkannt wird. Und Aphroditos, die zypriotische Form der Aphrodite, wird als bärtige Statue mit weiblichen Kleidern dargestellt.

Diese Abhandlung soll nun kein Aufruf an Frauen sein, sich Bärte wachsen zu lassen. (Es soll sie auch nicht daran hindern.) Es kann eher als Anregung dienen, sich zu hinterfragen, ob sie in bezug auf ihre Eigenständigkeit, sexuelle Freiheit und Selbstbestimmung Eva oder Lilith sein will. Eva gehorcht und Lilith wählt. Vielleicht «Androgynie» statt Antiandrogene!

Die Schlange

Wer im Traum der Schlange begegnet, der trifft auf Kräfte aus ich-fremder See-
lentiefe, so alt, möchte man sagen, wie dieses Tier der Vorzeit selbst ist.
ERNST AEPPLI

Folgen wir nun dem Polysymbolismus der Schlange, um Lilith anschaulicher zu machen – *denn Lilith wird mit der Schlange gleichgesetzt.*

Die Schlange als Symbol des Bösen

Das Prinzip des Bösen findet sich meist in kriechendem Getier, wie Schlangen und Würmern, verkörpert. Die Schlange, oftmals mit dem Drachen gleichgesetzt, ist Symbol für das Ungeteilte und Unbewusste. Der Uroboros, die Schlange, die sich in den Schwanz beisst, steht hier für unbewusstes Eingebettetsein, ist ein Symbolträger für die Welt der Grossen Mutter. Die verschlingende Mutter wird oft durch einen Drachen oder eine Schlange dargestellt. Von einem Ungeheuer gefressen und verschlungen zu werden ist gleichbedeutend mit Regress, mit Bindung an die Welt der Triebe und Affekte; im Bauch eines Drachen zu sitzen steht für Überwältigtsein durch das Unbewusste. Aus dieser Perspektive ist nachvollziehbar, warum Bilder von Drachen und Schlangen für das bewusste Ich angstauslösend sind. Bei Initiationsriten wird der Übergang des Initianden vom Tod zur Wiedergeburt symbolisch dadurch dargestellt, dass ein Ungeheuer den Initianden verschlingt und dann wieder ausspeit; dabei muss sich der Initiand durch eine enge Öffnung hindurchschlängeln.

Würmer erinnern uns an Tod und Verwesung. Wir überlassen ihnen unseren Körper, wenn wir ihn der Erde zurückgeben. Die Paradiesschlange brachte dem Menschen das Wissen um den Tod. Erinnert uns also der Anblick einer Schlange an unsere Sterblichkeit?

Schlangen sind oft Begleittier von Unterweltdämonen. Manchmal haben diese Dämonen Schlangenkörper oder – wie die Gorgonen – Schlangenhaar. Alles Andersartige, Unheimliche und Bedrohende erscheint in Begleitung der Schlange. Selbst der Teufel bedient sich der Schlange und ihrer Doppelzüngigkeit. «Sie verspricht das Leben – und schon lauert der Tod.» Hat hier der Mythos von der falschen Schlange begonnen?

UROBOROS

55

Die Schlange hat den Ruf, doppelzüngig, falsch, verführerisch zu sein. Sie führt in die Verzweiflung, dient dem Teufel und ist Todesbote. Sie ist also böse!

Die Schlange als Symbol für Wandlung

Wir haben gerade festgestellt, dass die Schlange böse ist. Doch vielleicht sind wir böse – auf sie, weil sie uns sagt, dass das einzig Sichere der Wandel ist.

Die Schlange gibt uns ein markantes Bild für Wandel. Sie häutet sich, streift ihre Haut ab, lässt ihre alte Form zurück, um neu zu werden. Abgestossene Dinge verzaubern sich manchmal in Schlangen. Nach altem Aberglauben verwandeln sich ausgerissene Haare einer Frau, die sich unter dem «Einfluss des Mondes» befindet, also menstruiert, in Schlangen, wenn man sie vergräbt. Auch das Haar von Hexen verwandelt sich bisweilen in Schlangen. Nach alten Legenden hat die Frau, welche unter dem «Einfluss des Mondes» steht, an der «Magie der Umwandlung» teil. Eliade schreibt: *«Für die Chinesen beginnt jede magische Macht bei der Schlange, die hebräischen und arabischen Bezeichnungen der Magie sind von denen der Schlange abgeleitet.»* Er streicht auch den lunaren Charakter der Schlange hervor, das heisst ihre Fähigkeit zu Fruchtbarkeit, Regeneration und Unsterblichkeit durch Metamorphose. Die Kreisschlange zeigt dieses Sinnbild der ewigen Wiederkehr in zyklischer Form. Zyklisches Geschehen ist der Prozess von «Stirb und Werde». Eine alte Form muss zurückgelassen werden, um einer neuen Platz zu machen. Transformation ist ohne Opfer nicht möglich, egal ob es sich um ein materielles Opfer oder ein Ich-Opfer handelt.

SCHLANGENNIMBUS *(Odilon Redon)*

Schlangen wiederum bewachen die Pforten, durch die wir von einer Form in die andere übertreten. Der Held muss sich oftmals dem Kampf mit einer Schlange oder einem Drachen stellen, um einen Durchgang passieren zu können. Wenn wir von einem Bewusstsein ins andere gehen, die Schlange steht an der Schwelle. Dies hat sie uns schon im Paradies gezeigt. Wir haben gesagt, der Bauch der Schlange steht für das Unbewusste. Können wir uns beim Einschlafen der

Schlange überlassen oder kämpfen wir mit ihr? Glauben wir beim Aufwachen jedesmal, das Paradies verlassen zu müssen?

Betrachten wir den Sexualaspekt der Schlange, so können wir einen weiteren Bezug herstellen; der «kleine Tod» spricht hier für sich.

Die Schlange als Sexualsymbol

… und sie erkannten, dass sie nackt waren. Sie hefteten Feigenblätter zusammen und machten sich einen Schurz.[1]

Das semitische Verbum *jadá* = erkennen steht sowohl für die Funktion des sexuellen als auch des intellektuellen Triebes. Sowohl die Schlange als auch die Baumfrucht sind Symbol für Sexualität. Die Schlange war auch Initiatorin, Verführerin, und Eva liess sich verführen. Jüdisches und christliches Patriarchat, welches Sexualität abwertet, fand in der Schlange und in Eva den klassischen Sündenbock. Sexualität wurde mit der Frau gleichgesetzt, die Verführung ging also nur von der Frau und der Schlange (und Lilith) aus. Sexualität bindet an den Teufel, die Frau verkehrt mit dem Teufel – indem beide sich der Schlange bedienten. Der Trieb wurde auf die Frau projiziert, sie war also «lasterhaft und ständige Verführerin». Selbst für die nächtlichen Samenergüsse ist Lilith zuständig. Diese Thematik fand einen Höhepunkt in den Hexenverbrennungen des Mittelalters.

Schlange und Sexualität scheinen untrennbar miteinander verbunden zu sein. Die Schlangenbewegung zeigt sich in der Beischlafbewegung, dem Kopulieren. *Schlingen* ist hin- und herbewegen und hat sich auch in den Worten *schlenkern* und *Schlange* erhalten. Georg Groddeck dazu: «*Die Sinnesverwandtschaft mit dem Leben gebenden Verkehr von Mann und Weib wird noch deutlicher, wenn man, wie es allgemein geschieht, dem Wort schlingen den Sinn von schlendern beilegt und das alte Phallussymbol Schlange dazunimmt.*» Umschlingen wird auch mit umwinden, umwickeln, umhüllen gleichgesetzt. Das Spiel des Ver- und Enthüllens ist wesentlicher Bestandteil des erotischen Tanzes, den Körper wie eine Schlange zu bewegen, gilt als sexuell einladend.

Die Schlange ist also mit der Sexualität des Menschen verbündet. Dabei liefert sie nicht nur ein Bild für das Kopulieren zwischen Mann und Frau, also für den sexuellen Akt. Die sexuelle Symbolik der Schlange finden wir sowohl beim Mann als auch bei der Frau. Der Schlangenkörper als Symbol für den Penis hat durch die Psychoanalyse Berühmtheit erlangt. Schlangenträume werden hier als sexuelle Träume gedeutet. Die Verführungskraft der Schlange, die primär der Frau zugeschrieben wird, tritt über Worte wie *umschlingen* (im Sinn von umarmen) auf und genauso über den verschlingenden Schoss. Das Schamdreieck der Frau wird häufig mit dem dreieckigen Kopf der Schlange gleichgesetzt.

Wie bereits erwähnt, ist die Schlange ein altes Phallussymbol. Der Phallus hat nicht nur sexuellen Charakter, sondern auch geistigen – wie die Schlange. Der Phallus ist ein Symbol für Einheit. Und der Uroboros, das «in sich kreisend Lebendige», steht für Ruhendes und Absolutes. Wir haben demnach zwei Symbole, Phallus und Kreis, die wir mit der Schlange assoziieren. Wenn wir beide vereinen, können wir wiederum «das älteste Spiel der Welt» kreieren.

Die Schlange als Symbol für Weisheit

Der Sündenfall – als das gefährliche Ja des Menschen zur Schlange – brachte dem Menschen, der vom Baum der Erkenntnis ass, die recht eigentliche Menschwerdung. Homo sapiens wurde er, einer, der sich mit der Weisheit, einer, mit dem sich die Weisheit eingelassen hatte.[2]

Gnostiker verehrten die Schlange als Symbol für Weisheit und Erleuchtung und nannten sich selbst Schlangenbrüder. Für einige war die Schlange Sinnbild und Gleichnis der Weltseele, die gezwungen ist, sich in Windungen und Biegungen ihren Weg durch alle Gegensätze des Lebens zu suchen.[3] Diese diskursive Bewegung ist Symbol für Erkenntnis. Oskar Adler dazu: *«Alles Merkurdenken ist wie der ewige Diskurs zwischen den Gegensätzen der Analyse und der Synthese, der Schlangenweg der diskursiven Erkenntnis oder der Erkenntnis durch Bilder und Begriffe.»*

Merkur/Hermes, der Pate für Sprache und Schrift, ist verantwortlich für Unterscheidung und Verbindung. Er ist zuständig, zwischen dem Oben und dem Unten zu vermitteln und Verbindungen herzustellen. Er trägt als Symbol den Schlangenstab. Mit Merkur können wir benennen. Erinnern wir uns: Inhalte, denen wir einen Namen geben können, kennen wir. Beim Namen zu nennen, heisst, zu entmachten. Denken wir nur an Rumpelstilzchen. In der Magie ist die Anrufung des Namens eminent wichtig, um sich eine Kraft dienstbar zu machen. Der Name macht lebendig. Die Schlange im Paradies hat keinen Namen. Einige munkeln, sie heisst Lilith. Doch kaum einer spricht die Schlange direkt an, denn wer will sie schon lebendig machen? Einige Maler haben der Schlange jedenfalls einen weiblichen Kopf gegeben.

Die Schlange hat mit Eva gesprochen und verführte sie, von der Frucht des verbotenen Baumes zu essen. Sie versprach: *«Sobald ihr davon esst, gehen euch die Augen auf; ihr werdet wie Gott und erkennt Gut und Böse.»*[4] Sie versprach ihnen Erkenntnis und – die Schlange hat Wort gehalten. *«… und sie erkannten, dass sie nackt waren.»*[5] Im Hebräischen sind die Worte «nackt» und «klug» fast identisch.[6] Der Mensch hat also seine Klugheit entdeckt und die Schlange war Initiatorin. Der Mensch liess sich initiieren und ging in die Bewusstheit. Er verlor das Paradies der undifferenzierten Einheit und ging in die Vielheit, in die Polarität.

In der Genesis heisst es: *«Die Schlange war schlauer als alle Tiere des Feldes, die Gott, der Herr, gemacht hatte.»* Hatte sie also schon im Paradies ein höheres Bewusstsein? Nach einer mittelalterlich-jüdischen Legende sprach Samael, mit dem Lilith vermählt war, durch die Schlange. Wie auch immer, die Schlange wusste vom Geheimnis der Schöpfung, vom Baum der Mitte und seinen Früchten. Auch Lilith war wissend; sie demonstrierte dies, indem sie den verbotenen Namen Gottes intonierte, bevor sie aus dem Paradies verschwand. Wählte Lilith deshalb die Gestalt der Schlange, um mit Eva zu sprechen?

Das Sprechen mit der Schlange ist seit jeher ein Motiv, Weisheit zu erlangen. Im Märchen *Die weisse Schlange* aus der Sammlung der Gebrüder Grimm wird einem König jeden Tag ein Stück einer Schlange serviert und er isst es. Wer von der Schlange isst, erlangt Kenntnis der Tier-, besonders der Vogelsprache. Der König versteht so die Sprache der Tiere; da ihm diese dienen und ihm von seinem Reich berichten, weiss er um viele Zusammenhänge und fällt weise Entscheidungen. Sein Diener kostet heimlich ein Stück von der Schlange; mit neuem Wissen und Möglichkeiten ausgestattet, treibt es ihn in die Welt. Er hört auf die Tiere und kann mit ihrer Hilfe viele Abenteuer bestehen. Zum Schluss erobert er eine Prinzessin, wird König und erhält ein Reich.

Wir können sagen, dass sich diese Männer durch das Einverleiben der Schlange einen guten Zugang zu ihrem Unbewussten und zu ihren Instinkten sicherten. Sie «hörten zu», integrierten das Gehörte und fanden so zu instinktiver Weisheit. Die Vogelsprache ist auch ein Symbol mit einem metaphysischen Sinn: Zugang zur transzendenten Realität.

Die Schlange als Symbol für Heil und Ganzheit

Gott schickte den Israeliten zur Strafe Feuerschlangen (hebräisch SARAPH = brennen).[7] «SIE BISSEN DAS VOLK UND VIELE AUS ISRAEL STARBEN.» Daraufhin befahl Gott Mose, eine eherne Schlange anzufertigen und sie auf einer hohen Stange zu errichten. «JEDER, DER GEBISSEN IST, SOLL DANN ZU IHR AUFBLICKEN; ER WIRD AM LEBEN BLEIBEN.»[8]

Die Schlange ist nicht nur Todes-, sondern auch Lebenssymbol. Das homöopathische Prinzip tritt hier in den Vordergrund. Das, was fehlt, macht krank. Wird Ähnliches zugeführt, werden wir heil. Gott gab uns die Schlange, damit wir an ihr kranken, und er gab sie uns, damit wir an ihr heil werden.

Die Schlange steigt ab und auf. Das Symbol der aufsteigenden Schlange kennen wir vom Äskulapstab. Jede Apotheke schmückt sich damit. Seelengeleiter tragen den Caduceus, jenen Stab, auf dem symmetrisch zwei Schlangen mit einander zugewandten Köpfen aufsteigen. Hermes trägt ihn, genauso Menschen und Götter, die um die Ganzheit wissen, oder «ganz» sind, wie beispielsweise Merlin. Die Schlange ist also Symbolträger für Ganzheit, für Heilung, für Integration von Schatten, für Leben.

In vielen Kulturen ist die Schlange heilig. Und sie ist Wächter von Heiligtümern. Das hebräische Wort für Schlange (nachasch) besitzt den gleichen Zahlenwert wie das Wort Messias (Maschiach). Die eherne Schlange auf der Stange tritt somit in Verbindung mit dem Messias auf dem Kreuz, ist so Sinnbild für Erlösung. «Und wie Moses in der Wüste eine Schlange erhöht hat, muss des Menschen Sohn als Schlangen-Simile ebenfalls erhöht werden.»[9]

Hydra

Das trügerische Moor von Lerna war die Heimat von Hydra, einer ungeheuren Schlange. Sie lag in einer stinkenden Höhle verborgen und zeigte sich selten. Herkules war ausgezogen, um die Hydra zu töten; er schoss Pfeile mit brennendem Pech in die Höhle, um die Bestie herauszulocken. Die Hydra kam hervor. Sie war entsetzlich anzusehen; sie hatte neun flammenspeiende Häupter und mit dem Schwanz wühlte sie derart kräftig den Schlamm auf, dass Herkules von oben bis unten besudelt war. Sie versuchte die Füsse des Helden zu umschlingen, um ihn in den Sumpf zu ziehen. Herkules sprang zur Seite und hieb der Hydra einen Kopf ab. Kaum war dies geschehen, wuchsen zwei Köpfe an derselben Stelle nach. Je mehr der Held das Ungeheuer bekämpfte, um so stärker wurde es.

Da erinnerte sich Herkules an die Worte eines Lehrers: «Wir erheben uns, indem wir niederknien.» Daraufhin warf Herkules seine Waffen weg, umfasste das Ungeheuer mit blossen Händen und hob es aus dem Sumpf. Er hielt die Hydra kniend über sich empor und setzte sie dem Licht aus. Das Ungeheuer verlor in der Sonne seine Macht und wurde schwächer und schwächer. Die Häupter sanken herab und fielen zu Boden. Ein Haupt war unsterblich und Herkules schlug es der Hydra ab. Er erkannte, dass es ein Juwel war und vergrub es. In das Gift, mit dem der Leib der Schlange gefüllt war, tunkte er seine Pfeile. Von ihnen getroffen, blieb eine lebenslange Wunde.

Solange Herkules die Hydra bekämpfte, stärkte er sie. Sowie er sie aus dem Sumpf hob, verlor sie ihre Kraft und lag leblos da.

Wir können das nahtlos übersetzen und sagen, solange wir unsere Dämonen bekämpfen, stärken wir sie, sobald wir sie ins Licht heben, schwächen wir sie. Herkules erkannte das – und damit auch das Besondere der Hydra; einerseits das Gift, das er sich dienstbar machen konnte, andererseits den Kopf, den er als Juwel erkannte und wie einen Schatz vergrub. Es geht nicht darum, unsere Dämonen zu bekämpfen oder zu töten, sondern mit ihnen leben zu lernen, mit ihnen zu kooperieren. So können wir auch zu ihren Schätzen Zugang finden.

Dazu die Geschichte einer Frau: Sie hat sehr schmerzhafte Erfahrungen in ihrer Kindheit gemacht, sich oft vernichtet und ohnmächtig gefühlt. Damit sich diese Erfahrungen nicht wiederholen, hat sie sich mit viel Aufwand abgesichert, war vorsichtig und kontrolliert. Ab und zu rastete sie aus und reagierte unproportional zu den Ereignissen. Eines Tages konnte sie in einer Selbsterfahrungsgruppe ihre mörderische Wut kanalisieren; sie tobte, schrie, war erleichtert und – geschwächt. Der Prozess wiederholte sich mehrere Male; «ihre Wunde füllte sich immer wieder erneut mit Eiter». Zuletzt war sie nur mehr geschwächt, die Erleichterung blieb aus. Sie begann eine Therapie. Bei einer Sitzung spürte sie wieder ihre mörderische Wut, liess sie zu und – entliess sie nicht. Sie hielt sie (sich) aus, spürte, fühlte, wich nicht aus, nahm diese mörderische Wut voll in ihr Bewusstsein. Sie war entsetzt, wie gross diese Wut war. Irgendwann wich dieses Entsetzen einem Staunen, und auf einmal fühlte sie Freude – ob ihrer Kraft. Es war, als hätte sich ihre Wut in Kraft verwandelt und sie hatte das Gefühl, «sie könne damit die Welt aus den Angeln heben». Sie konnte einen Dämon umarmen und fühlte sich auf einmal himmlisch.

Heute kooperiert sie mit diesem Dämon. Vor Herausforderungen oder grossen Anstrengungen erinnert sie sich an ihre grosse Wut und lädt sie ein, aufzutauchen. So herzlich eingeladen, kommt sie auch und die Frau schafft es zu ihrer Freude immer wieder, diese Wut in Kraft zu verwandeln.

Lachesis

Lachesis ist eine der drei griechischen Moiren. Sie teilt den Menschen ihre Lebenszeit zu. Diese Schicksalsgöttin scheint Patin für eine brasilianische Buschmeisterschlange zu sein, die denselben Namen trägt. Buschmeister bedeutet soviel wie «Herrscherin des Urwalds». Sie ist eine der wenigen Schlangen, die nicht nur beisst, wenn sie gereizt wird, sie verfolgt auch den Angreifer. Das Gift dieser Schlange ist wertvolle Substanz für die Homöopathie. Edward C. Whitmont schreibt:

Das Hauptthema der Schlangen-Pathologie ist die Unterdrückung der vitalen Kräfte und die Abspaltung bzw. das Sich-Abschneiden von ihnen als Preis für die Entwicklung der Person und der Persönlichkeit. (…) Es ist so etwas wie ein schwerer Geruch von unterdrücktem Gefühlsleben und unterdrückter Sinnlichkeit, was mich an Lachesis denken lässt.

Mich lässt es auch an Lilith denken. Die Leitsymptome von Lachesis korrespondieren mit Inhalten, die zur Symbolik von Lilith gehören. Da wäre die Linksseitigkeit. Die linke Seite ist die *sinistre*, die «finstere, bedrohliche Seite» und wird nach gängiger Interpretation dem «Weiblichen» und Emotionalen zugeordnet. Ein weiteres Symptom ist das Gefühl des Zusammengeschnürtseins, besonders des Halses. Erinnert das nicht an Lilith, die Würgerin? Weiters gibt es die Störung bzw. das Versagen der Blutbildung. Wenn wir Blut mit Leben gleichsetzen, wird es hier unterdrückt.

Die Zusammenschnürung des Blutes, der Lebenskraft, ist eine Zusammenschnürung auf der physischen Ebene, die dem psychologischen Bild des abgeschnittenen Affektes analog ist. Man denke an die anämischen jungen Frauen des viktorianischen Zeitalters, deren Tugendhaftigkeit ihnen ein vollblütiges Leben nicht gestattete, schreibt Whitmont.

Dieses viktorianische Zeitalter liefert auch ein herrliches Bild für unterdrückte Sexualität. Lachesis hat gewöhnlich einen stark ausgeprägten Sexualtrieb, lebt diesen intensiv aus oder unterdrückt ihn total. Diese Tendenz fand ich immer bei Lilith/Pluto; ich werde das Thema über die Symbolik der Enthauptung, der Trennung zwischen Kopf und Rumpf, im dazugehörigen Kapitel abhandeln. Der Kopf ist Zentrum des Ichbewusstseins, ist «kontrollierendes Organ». Lilith und Pluto fördern Extreme, das Entweder-Oder wird über massive Kontrolle oder völlige Entgrenzung erlebt, dies bevorzugt im Bereich der Sexualität. Hier bestimmt nur der Kopf oder er wird geopfert. Die Schnittstelle liegt am Hals – der empfindlichsten Stelle der Schlange. Die Schlange am Hals zu greifen, entmachtet sie.

Greifen wir noch ein paar Leitsymptome von Lachesis auf. Whitmont schreibt, die Lachesis-Persönlichkeit verberge manchmal Hass, Bösartigkeit und sogar Grausamkeit – als Rache für unterdrücktes Leben. Hinter einer scheinbaren Scheu verbirgt sich oft eine böse Zunge, die ihr Gift versprizt. Auch hier möchte ich den Bezug herstellen zu Lilith/Pluto und dem, was in dem dazugehörigen Kapitel über «Verleumdung» steht. Die Verleumdungen drehen sich bevorzugt um sexuelle Themen. Generell redet Lachesis viel, meist um sexuelle Impulse nicht wahrzunehmen. Das «Höhere» kämpft mit dem «Niederen», die Schlange wird mit Worten zertreten.

Sexualität und höheres Wissen, beides der Schlange zugeordnet, wollen hier verbunden werden. Sexualität kann religiöse Dimensionen annehmen, in der sexuellen Leidenschaft wird das Mysterium gesucht. Die Grenzen zwischen Religion und Sexualität verschwimmen, die Ekstase wird so gefunden. Die Lachesis-Persönlichkeit hat auch eine Anfälligkeit für halluzinatorische und ekstatische Zustände. Es erscheint mir unmöglich, hier nicht über Lilith und Eros zu stolpern. Und wo die Leidenschaften brodeln, wo wir brennen, tritt ein Thema immer auf – Eifersucht.

Extreme Eifersucht wird ebenfalls Lachesis zugeordnet. Ich möchte hier an die Feuerschlangen (hebräisch *saraph* = brennen) erinnern, die Gott den Israeliten schickte. Brennen bringt uns immer in Verbindung mit Leidenschaft und Verstrickung. Wie schon gesagt, Eifersucht, von *eibar* = brennen und *suht* = Krankheit, bedeutet die «brennende Krankheit».

Whitmont schreibt: *«Lachesis ist die Strafe des ungelebten Lebens.»* Wir können aus dieser Sicht den Schluss zulassen, dass dort, wo wir Leben unterdrücken, wo Inhalte verdrängt oder abgespalten werden, dass wir dort unsere Dämonen zeugen. Begegnet uns dieses Verdrängte im Aussen, unser Dämon über ein Du, haben wir Angst, hinterfragt und entmachtet zu werden. Wir begegnen diesem Du mit einer Mischung aus Faszination und Ablehnung, verstricken uns, lieben und hassen hier brennend, kurz – wir schaffen den besten Nährboden für Eifersucht. Letztendlich – es begegnet uns das, was wir verzaubert haben; es begegnet uns das, was uns fehlt. Bei Auslösungen von Lilith begegnen wir oft Menschen, die uns unsere Verzauberung und unseren Mangel spiegeln. Lilith ist Initiatorin, Vermittlerin! In dieser Zeit haben wir die Chance, einen Blick auf die aufgerichtete Schlange zu werfen, zu erkennen und ein Stück heiler zu werden. Zumindest heller zu werden. Wir bezeichnen jemand, der sehr klug ist und Dinge schaut, die wenige sehen, als «helles Köpfchen». Wir sagen auch, jemand ist klug wie eine Schlange. «Weil sie lunarisch, das heisst *ewig* ist und unter der Erde lebt und, unter vielem anderen, die Geister der Toten verkörpert, weiss die Schlange alle Geheimnisse, ist sie die Quelle der Weisheit, schaut in die Zukunft» schreibt Eliade. Von der Lachesis-Persönlichkeit heisst es, dass sie eine fast prophetische Wahrnehmung hat oder auch Hellsichtigkeit besitzen kann, zumindest jedoch die Fähigkeit hat, die wahren Motive und Gefühle anderer zu durchschauen. Sie sieht voraus, wie andere handeln und reagieren werden und weiss instinktsicher die Schritte zu setzen bzw. vorwegzunehmen, um zum gewünschten Ergebnis zu gelangen. Dies geschieht so schnell, dass der andere dem nicht folgen und die Handlungsweise (noch) nicht verstehen kann.

Mit diesem Unverständnis stehen wir Lilith oftmals gegenüber.

Schlange und Adler

Göttliche und dämonische Mächte können über das Tier Einfluss über den Menschen gewinnen. So gesehen kann das Tier Offenbarungsträger des Oben und Unten werden.[10]

Nach dem biblischen Schöpfungsbericht schwebte Gottes Geist über den Wassern. Schweben verbinden wir naheliegenderweise mit Vögeln; der Vogel ist also vielfach Sinnbild für das Göttliche.[11] Die Schlange wiederum liegt im Patriarchat buchstäblich im Staub und wird mit Füssen getreten. Ihr stehen so gesehen die «himmlischen Vögel», Symbol für Höheres und Reines, gegenüber. Grosse Schlangen- oder Drachentöter werden oft mit Flügeln dargestellt, wie beispielsweise der Engel Michael. Doch auch Lilith wird häufig geflügelt dargestellt, genauso wie Dämonen und Teufel.

Jedes Symbol hat «eine lichte und eine dunkle Seite». Wir haben das bei unserem Rundgang durch die Symbolik der Schlange festgestellt. Genauso könnten wir die Symbolik des Adlers umkreisen und seine Licht- und Schattenaspekte entdecken. Schlange und Adler sind Urbilder für Erde und Himmel. So wie wir die Schlange mit dem an Materie gebundenes Leben (bios) gleichsetzen, so verbinden wir mit dem Adler das an die Sphäre des Geistigen verhaftete Wort (logos).[12] Der Schlange wird «Nacht, Tod und das Böse», dem Adler «Tag, Leben und das Gute» zuge-

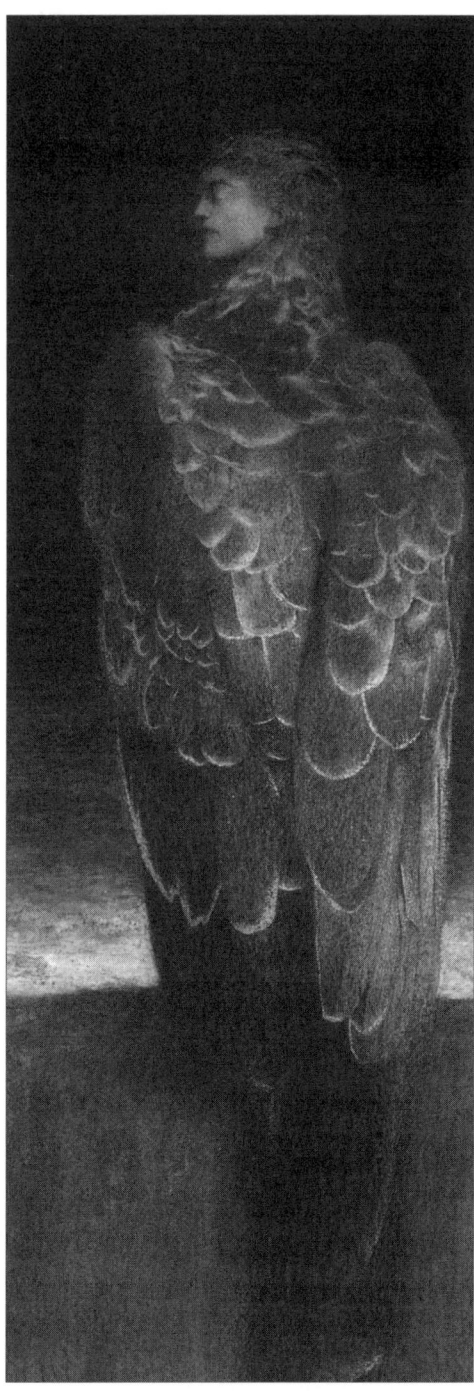

«SLEEPING MEDUSA» *(Fernand Khnopff)*

ordnet. Die Schlange ist Symbolträger für das sogenannte «Weibliche», der Adler für das sogenannte «Männliche».

Eine der ersten Tätigkeiten Gottes wird nicht nur mit Schweben, sondern auch mit Brüten charakterisiert; die Analogie zum Vogel drängt sich also nochmals auf. Auch Jahwe wird mit dem Adler in Verbindung gebracht, und mittelalterliche «Bestiarien» vergleichen den Adler mit dem Urvater Adam. Vater-Gott Jahwe, der Adler, bestimmte über Lilith, die Schlange. Die Welt des Geistes hat so der Mann für sich proklamiert, die Welt der Triebe wird auf die Frau projiziert. Jahwe fordert Gehorsam und verbietet das Gespräch mit der Schlange. Wenn wir uns den Polysymbolismus der Schlange in Erinnerung rufen, können wir Sätze prägen wie: «Gehorsam kontra Sexualität!» oder «Gehorsam kontra Weisheit!» Lilith gehorchte nicht. Wir gehorchen schon lange – ohne wirklich hinzuhorchen. Vielleicht ist es an der Zeit, wieder auf die Schlange zu hören.

Dem Skorpionzeichen sind sowohl Schlange als auch Adler zugeordnet. Die Aufgabe dieses Zeichens ist, die Schlange zu transformieren, um wie ein Adler aufsteigen zu können. Der Phönix aus der Asche liefert hierzu ein Bild. Im syrischen Palmyra war der Adler dem Sonnengott geweiht. Es wurde ihm nachgesagt, sich wie ein Phönix verjüngen zu können; dies war nach dreimaligem Eintauchen ins Wasser möglich. Fand er also das Wissen um die Unsterblichkeit in den Wassern?

Warum spannen wir diesen Bogen? Es geht nicht darum, die Perspektive zu zerstören, dass die Transformation von der Schlange zum Adler Sinnbild für den Weg in die Einheit ist. Es geht lediglich darum, die Achtsamkeit dafür zu wecken, dass die Schlange wie auch der Adler/Phönix sowohl Symbol für Männliches als auch für Weibliches sind – und genauso für Androgynes. Es heisst, der Phönix wäre gar nicht in die Spaltung gegangen und hätte von der Frucht des verbotenen Baumes nicht gegessen. Er ist also Symbol für Einheit, genauso wie der Adler und die Schlange.

Die Schlange ist in Mann und Frau. Sie weiss um den androgynen Menschen. Genau wie Lilith. Doch im Patriarchat spiegelt sich ihre Dämonisierung lediglich in der Frau; den Adler beansprucht der Mann für sich.

Jahwes Kampf mit der Schlange

Der Name einer phönizischen Schlangengöttin, «Hawa», der Name der Schlange im Syrischen «Häwja», der Name der «Mutter alles Lebendigen», «Chawwa», sowie der Name einer palästinensischen Liebesgöttin mit Phallusschlange, «Jehwa» – erinnern sie nicht alle an Jahwe?

Jahwe als Erbe einer Schlangengöttin? Es ist nichts dagegen einzuwenden, eine Erbschaft anzutreten. Den Beerbten, in diesem Fall die Beerbten, zu denunzieren, zu verleugnen, zu entmachten und zu unterdrücken, heisst: undankbar zu sein und Dämonen zu kreieren. Je grösser die Angst vor ihnen, um so intensiver die Unterdrückung. Das Patriarchat hat es nicht verstanden, die Werte des Matriarchats zu übernehmen, zu schätzen und zu integrieren. Die magische Welt wurde profanisiert, entseelt. Dies ist die Tragik des patriarchalen Bewusstseins. In der Konsequenz pendeln wir heute suchend bzw. süchtig in Entweder-Oder-Haltungen hin und her. Erich Neumann schrieb über das matriarchale Bewusstsein:

Seine Weisheit ist eine der Paradoxie, welche die Gegensätze nicht in der klaren Trennung des patriarchalen Bewusstseins auseinanderlöst und gegeneinanderstellt, sondern in einem Sowohl-Als-auch miteinander verbindet.

Die Göttin wurde verdrängt, Jahwe übernahm die Herrschaft. Gott hat uns verboten, sich ein Bild von ihm zu machen. Wir haben das auf der einen Seite zu gründlich befolgt, denn wir haben verlernt, in den Erscheinungen das Göttliche zu sehen. Die Bilder gingen verloren, Gott konnte nicht mehr «geschaut» werden und damit ging auch die direkte Erfahrung des Göttlichen verloren. Wir glauben nur mehr, was wir sehen, und wir haben verlernt, zu sehen. Der Mensch hat sich so abgeschnitten von Gott, der immer mehr in die Ferne gerückt und zum abstrakten Begriff geworden ist. Erscheinungen und Formen wurden entheiligt und da der Mensch auch an die Form, das heisst seinen Körper, gebunden ist, vergass er das Göttliche in sich. Derart entseelt, ist es naheliegend, dass das Heil nur im Aussen gesucht wird, ist nachzuvollziehen, warum wir immer mehr von uns fortschritten. Fortschritt wurde der Götze unserer Zeit.

Auf der anderen Seite haben wir dieses «Du sollst dir kein Bild von mir machen!» nicht konsequent genug befolgt. Der «alte Herr mit Rauschebart», Ehrwürdigkeit verstrahlend, durchzieht schon vom Kleinkinderalter weg die Religionsbücher. Das Gottesbild, gebunden an «männliche Erhabenheit», ist für unsere Kultur prägend. Wir internalisieren es vorerst mit «staunenden Kinderaugen» und können dies später – wenn überhaupt – nur mit abstrakten Begriffen korrigieren. Wie im Abschnitt «Das Weibliche und die Rückkehr der Lilith» schon ausgeführt, wird die Zweitrangigkeit der Frau durch dieses Bild zementiert. Jahwes Herrschaft als richtender Vater-Gott ist gesichert.

Und doch – er fühlt sich nicht sicher. Er erinnert sich an Lilith, an ihre Weigerung und ihren Protest. Er weiss um ihr Wissen. Ihre Rückkehr könnte bedeuten, dass sie seine Macht bedroht und andere initiiert, ihm Gehorsam zu verweigern. Einst hat sie als Schlange mit Eva Kontakt aufgenommen. Eva hat Lilith gehorcht und von der Frucht des Baumes gegessen. Blind gehorchen kann Eva; es ist genau das, was der Vater-Gott sie gelehrt hat. Doch eines hat Eva nicht getan; sie hat die Verantwortung für ihren Schritt nicht übernommen. Jahwe und das Patriarchat sprachen sie schuldig. Schuld ist ein Defizit an Verantwortung. Eva gab der Schlange die Verantwortung und entschuldigte sich bei Jahwe mit den Worten: «Die Schlange hat mich verführt, und so habe ich gegessen.» Damit gab sie der Schlange die Macht, dämonisierte sie aber auch und verlor letztendlich den Zugang zu ihr. Sie hat die Schlangenkraft und damit ihre Instinkte verraten.

Mit dieser Haltung gab sie auch Jahwe die Macht, über sie zu richten. Sie hätte genausogut sagen können: «Ja, ich habe von den Früchten des Baumes gegessen, denn ich *will* klug werden. Ich glaube der Schlange, dass ich eines Tages wie Gott sein werde.» Dies würde sowohl ihre Achtung vor dem Göttlichen und ihr Vertrauen, einmal *bewusst* in die göttliche Einheit zu gehen, zeigen.

Adam hätte das genauso sagen können. Er sagte jedoch: «Die Frau, die du mir beigestellt hast, sie hat mir von dem Baum gegeben, und so habe ich gegessen.» Auch er gab Jahwe die Macht, doch trafen ihn die Konsequenzen nicht so hart, da er sich mit der Macht des Vater-Gottes identifizierte. Der Frau gab er die Verantwortung für seinen Schritt, verriet und dämonisierte sie. Doch mit dieser Verantwortung gab er ihr folglich auch Macht, die er seither ständig fürchtet und unterdrückt. Er verbündete sich mit Jahwe in seinem Kampf gegen die Schlange bzw. gegen die Frau.

Ein Aspekt erscheint noch wichtig. Eva hat mit der Schlange gesprochen, hatte unmittelbaren Zugang zu ihr. Adam bekam die Botschaften nur aus zweiter Hand. Eva sprach aus der Erfahrung. Das hat sie Adam voraus; er muss erst lernen, mit der Schlange zu sprechen. Wie? Vielleicht zeigt und flüstert es ihm der Phönix, der dreimal ins Wasser eintaucht, bevor er verjüngt aufsteigt.

Systemische Psychotherapeuten würden Adam und Eva empfehlen, Lilith als die erste Frau von Adam anzuerkennen. Ansonsten haben die beiden in ihrer Beziehung geringe Chancen. Tun sie es, könnte beiden die Schlangenkraft wieder zufallen.

Und was ist jetzt mit Jahwe? Er ist letztendlich ein Erbe der Schlangenkraft, der dieses Erbe geleugnet oder, psychologisch ausgedrückt, abgespalten hat. Er hat die Beerbten zu Sündenböcken gestempelt und in die Wüste gejagt; Lilith und Asasel.[13] Doch die Sündenböcke kehren zurück, und Jahwe hat schliesslich denselben Prozess zu durchlaufen wie der Mensch, um ganz zu werden. Ich kann mir vorstellen, dass er die Sehnsucht des Menschen teilt, in das grosse Eine zurückzukehren.

Die Achse

Der Paradiesbaum

Der Baum ist ein Symbol des Lebens, der unerschöpflichen Fruchtbarkeit, der absoluten Realität, in Verbindung mit der Grossen Göttin oder der Wassersymbolik, identifiziert mit der Quelle der Unsterblichkeit. Der Baum ist Mittelpunkt der Welt und Stütze des Universums.

MIRCEA ELIADE

Wir haben die Schlange betrachtet; setzen wir uns nun mit dem Paradiesbaum auseinander. Der Kosmos wird oft in der Form eines Baumes gesehen. Heilige Bäume gibt es in vielen Kulturen. In zahlreichen Völkern gelten Bäume auch als Wohnstätte der Götter oder als bevorzugter Ort von Theophanie. Die Bäume wurden in Hinblick auf die durch sie repräsentierte Gottheit verehrt. Neben kosmischen Bäumen kennen wir auch Lebensbäume, Bäume der Unsterblichkeit, der Weisheit und der Jugend. Der Baum wird also dem religiösen Menschen zum Ausdruck für alles Reale und Heilige.[1]

In den Mythen wird die Suche nach Unsterblichkeit und ewiger Jugend durch einen Baum mit goldenen Früchten und wunderbaren Blättern repräsentiert, der von einem Ungeheuer bewacht wird. Wer von seiner Frucht essen will, muss das Ungeheuer bezwingen, also eine Initiationsprüfung bestehen. Der Sieger erreicht dadurch einen übermenschlichen, beinahe göttlichen Zustand.

Im Schöpfungsmythos steht in der Mitte des Paradieses der Baum des Lebens und der Baum der Erkenntnis von Gut und Böse. Gott hatte verboten, von den Früchten des Baumes der Erkenntnis zu essen. Der Baum des Lebens wird nicht erwähnt. Ist nun der Baum des Lebens im Baum der Erkenntnis verborgen?

Eliade schreibt:

Die Koexistenz dieser beiden Wunderbäume – des Baumes des Lebens und des Baumes der Weisheit – ist nicht so paradox, wie es auf den ersten Blick aussieht. Die Schlange verführt Adam und Eva, vom Baum des Wissens zu essen, indem sie ihnen versichert, dass dessen Früchte ihnen nicht den Tod bringen würden, sondern die Göttlichkeit. Wird der Mensch schon dadurch Gott ähnlich werden, dass er das Gute und das Böse erkennt, oder vielmehr weil er, allwissend geworden, sehen kann, wo sich der Baum des Lebens befindet, und wissen, wie man die Unsterblichkeit erwirbt?

Der Mensch kann Göttlichkeit nur erwerben, wenn er vom Baum der Unsterblichkeit isst. Doch er muss er-kennen können, um diesen Baum zu finden, muss also vorher vom Baum der Erkenntnis gegessen haben. Eliade spielt mit dem Gedanken, dass die Schlange Eva zwar initiierte, vom Baum des Wissens zu kosten, ihr jedoch den Weg zum Baum des Lebens nicht zeigte. Brauchte sie Adam und Eva, da diese durch ihr Wissen den Ort entdecken, wo sich der Baum des Lebens befindet? Wollte sie die Unsterblichkeit für sich selbst erwerben? Das sind inspirierende Hypothesen!

Wenn wir bedenken, dass der Mensch mit dem Essen der Baumesfrucht aus der Einheit in die Zweiheit ging, ist auch nachvollziehbar, dass aus dem Baum der Einheit ein Baum der Zweiheit wurde. Wollte die Schlange nicht in die Zweiheit gehen? Wie schon ausgeführt, ist die Schlange sowohl Symbol für das Diabolische, für Polarität als auch für Einheit. Der Mensch, der ja in der Polarität lebt, kann die Schlange folglich nur zum Teil nachvollziehen. Wesentliches bleibt ihm verschlossen. Er kann die Schlange nur in dem Moment begreifen, in dem er sie wird.

Machen wir einen Sprung zu Lilith. Bleiben wir unserer Analogie treu und setzen wir sie mit der Schlange gleich, so wird verständlich, was viele äussern: «Irgendwie begreife ich Lilith nicht. Jetzt habe ich schon zwei Bücher gelesen und einen Vortrag gehört und ich weiss immer noch nicht, was dieser Schwarze Mond soll!» Meiner Meinung nach ist es auch ein Ding der Unmöglichkeit, sie ausschliesslich intellektuell zu begreifen. Es ist klar, dass so primär der diabolische Aspekt in den Vordergrund tritt. Es mag hilfreich sein, Ahnungen nachzugehen, Bilder oder vielleicht eine Sehnsucht wahrzunehmen. Diese Sehnsucht kann initiierend sein, sich mit Lilith auseinanderzusetzen. Lilith zeigt sich, je mehr man in sie eintaucht.

Die Weltachse

Kehren wir zurück zum Baum. Er ist auch Symbolträger für den heiligen Pfahl, für die Weltsäule, die *axis mundi*. Der kosmische Pfahl trägt die Welt. Die Weltsäule trägt und verbindet Himmel, Erde und Unterwelt. Rund um die Weltachse erstreckt sich also die Welt. Folglich befindet sich die Achse in der Mitte, sie ist Zentrum, ist «Nabel der Erde». Eliade schreibt, das Paradies ist der «Nabel der Erde». Demnach wäre das Paradies Zentrum der Welt und der Paradies-Weltenbaum, auf dem die Schlange ab- und aufsteigt, die Vertikale, die die göttliche Welt mit dem Menschen und der Welt der Toten verbindet.

Ist dieser Baum nun im Himmel oder in der Hölle verankert? Es gibt eine Fülle von Mythen, die den «umgekehrten» Baum behandeln. Er ist im Himmel verwurzelt, seine Äste strecken sich nach unten. Genauso gibt es den Baum, der in der Unterwelt verankert ist, der seine Äste nach der Erde streckt und dessen Krone in den Himmel ragt. (Einem alten Sprichwort zum Trotz gibt es also doch Bäume, die in den Himmel wachsen.)

Spielen wir nun mit folgenden Bildern bzw. Fragen. Was ist wichtiger an einem Baum? Die Wurzeln, der Stamm oder die Krone? Ich stelle diese scheinbar sinnlose Frage, um das Wertsystem aufzugreifen, mit dem viele den drei kosmischen Ebenen begegnen. Da ist alles furchtbar, was unten ist und gut, was von oben kommt. Wenn wir vom Baum des Lebens essen, ist das nicht so wichtig, ob der Baum in der Unterwelt oder im Himmel wurzelt, da in dem Fall beide Orte eins sind/werden. Wir können den Pfahl hinaufklettern und im Himmel verschwinden; wir können den Pfahl hinabklettern und im Himmel verschwinden.

Nur wenn der Pfahl zerbricht, bedeutet dies eine Katastrophe. Wir verlieren unser Zentrum, verlieren uns im Chaos.[2] Eliade schreibt von einem Nomadenstamm, der den Stamm eines Gummibaums mit Blut salbte und ihn zum heiligen Pfahl erklärte. Dieser Pfosten stellte die Weltachse dar und bei ihren Wanderungen nahmen die Nomaden ihn ständig mit. Sie waren so immer im Zentrum der Welt und mit dem Göttlichen verbunden. Als der Pfahl brach, war der ganze Stamm von tödlicher Angst befallen; die Angehörigen irrten einige Zeit umher und setzten sich schliesslich hin, um zu sterben.

Wenn wir eine Achse zerbrechen, verlieren wir Leben, pervertieren wir, schaffen wir Chaos und das Infernalische. Wir brauchen den Pfahl und die Öffnung zum Transzendenten und wir brauchen den Zugang zu unserer Unterwelt.

Setzen wir das nun in den astrologischen Kontext. Neptun im Horoskop symbolisiert das Fenster zum Kosmos, die Öffnung zum Transzendenten. Pluto ist der Herr der Unterwelt, der Herrscher unserer Schatten. Spannen wir zwischen diesen beiden eine Achse und pflanzen wir einen Baum. Verankern wir ihn bei Pluto und lassen wir die Krone in Neptun entfalten. Wir könnten auch sagen, verwurzeln wir uns im Reich der Schatten und entfalten wir uns im Spirituellen.

Nun kappen wir die Achse, sägen wir den Baum in der Mitte durch. Es ist für jeden nachvollziehbar, dass nur die Krone stirbt, während die Wurzeln mit dem Strunk einigermassen überleben können. Doch es ist *sinnleeres* Leben, kastriertes Leben.

Nun drehen wir den Baum um, verankern ihn im Himmel und schneiden ihn ebenfalls durch. In dem Augenblick wird aus unserem Himmel eine Hölle, wird aus Neptun unser Schattenbereich. Es könnte bedeuten, dass wir uns im Chaos, im Numinosen verlieren und uns «irdisch» nicht entfalten können. Wir sind unfähig zu leben. Jeder spirituelle Weg wird ohne Auseinandersetzung mit unseren Schatten zur Flucht.

Die Schlange auf der Achse

Wir sind schon mehrmals darauf eingegangen, dass die Schlange Wächter ist, dass sie Pforten, Übergänge und Schätze bewacht. *Die Schlangen bewachen alle Wege zur Unsterblichkeit, also jedes Zentrum, den Ort, wo sich das Heilige konzentriert findet, die wahre Substanz.*[3]

Die Schlange bewacht den Baum des Lebens. Viele Initiationsmythen und -rituale zeugen vom Kampf und der Auseinandersetzung mit der Schlange. Herkules bezwang die Hydra, indem er sie umarmte und aus dem Sumpf hob, sie verlor ihre Macht und Herkules wurde das Juwel in der Hydra zugänglich. Er musste diese Probe bestehen, um «Heros» zu werden.

Fassen wir zusammen. Die absteigende Schlange ist Symbol für Verwicklung und für Involution, die aufsteigende für Entwicklung und Evolution. Der Stab mit der aufsteigenden Schlange ist Sinnbild für Heilung. Die Schlangenbewegung ist Symbol für diskursive Erkenntnis, der Stab die Verbindung der drei kosmischen Ebenen.

Der Caduceus, auch Merkurstab genannt, ist ein Stab, um den sich symmetrisch zwei Schlangen mit einander zugewandten Köpfen ringeln. Manchmal ist der Caduceus an der Spitze auch mit einem Flügelpaar ausgestattet. In der pragmatischen Symbolik ist der Caduceus Symbol für «Handel und Verkehr», in der Alchemie sind die beiden Schlangen Sinnbild für die im Gleichgewicht befindlichen Grundstoffe *Sulphur* und *Mercurius*. Diese wiederum repräsentieren ein Dualsystem der Prinzipien von Flüchtigkeit und von Brennendem. Unschwer können wir hier Bezüge zum astrologischen Prinzip Merkur herstellen.

Hermes/Merkur vermittelt zwischen den Göttern und den Menschen, zwischen dem Oben und Unten. Er ist Seelengeleiter, Psychopompos, geleitet die Seelen von Verstorbenen in die Unterwelt. Wie schon erwähnt, ist ein Psychopompos meist mit dem Caduceus ausgestattet.[4]

Lilith ist Psychopompos, ein weiblicher Mercurius, wie C. G. Jung sagte. Erinnern wir uns, was wir im Absatz «Schlange als Symbol für Weisheit» über die diskursive Bewegung bzw. über Merkurdenken gesagt haben, so wird dies nachvollziehbar. Ich möchte die beiden noch einmal in einer Graphik gegenüberstellen:

Lilith	**Hermes/Merkur**
Grund des Roten Meeres	chthonischer Hermes
Verbindung mit Samael	Tarnkappe/Verbindung mit Hades/Unterwelt
Psychopompos	Psychopompos
Schlange/Paradiesbaum	Schlange/Hermesstab
Vermittlerin oben und unten hinüber/herüber innen/aussen	Vermittler oben und unten hinüber/herüber innen/aussen
Kopula Sexueller Aspekt / Weisheits- aspekt der Schlange*	Kopula diskursive Erkenntnis

Schlange und Baumfrucht: beide Symbol für Sexualität und Wissen; semitisches Verbum JADÁ (erkennen) = Funktion des sexuellen und intellektuellen Triebes.

Und sie erkannten, dass sie Mann und Frau waren.

Die Achse des Schwarzen Mondes

Übertragen wir folgende Bilder ins Horoskop. Sagen wir, dass auf der Achse Lilith/Priapos ein Stab liegt, wo die Schlange ständig ab- und aufsteigt. Wir verstricken uns hier, kreieren unsere Dämonen und – auf dieser Achse liegt enormes Potential für Entwicklung und Wachstum. Hier gibt es eine direkte Verbindung von unserer Unterwelt zu unserem Himmel, hier leben unsere Teufelchen und hier «wachsen die Bäume in den Himmel». Vor allem aber, hier begegnen wir dem Wissen der Schlange. Sie ist bereit, uns von der Baumfrucht zu geben, hier führt sie uns in die Verzweiflung. Doch sie ist auch bereit, uns zum «Baum des Lebens» zu führen. Kurz, hier haben wir unseren individuellen Paradiesbaum, unsere Möglichkeit zur Kosmogonie. Auf dieser Achse können wir enorm schöpferisch und kreativ sein, indem wir den Weg der Schlange wiederholen. Wir können diesen Weg nur diskursiv gehen. Und Schritt für Schritt, das heisst die Baumfrucht essen, über geistige, seelische und körperliche (sexuelle) Prozesse erkennen und – wissend werden. Lilith ist Wissen, Hüterin von Wissen und sie ist Psychopompos.

Wichtig ist, die Achse nicht zu durchtrennen, nicht Leben abzuwürgen, Zyklen zu unterbrechen. Dann wird Lilith nämlich von Zeit zu Zeit zu einer leidvollen Erfahrung. So wird aus dem Himmelspfahl lediglich ein Opferpfahl. Der Schwarze Mond bedeutet Intensität, Leidenschaft, und wo wir dies unterdrücken, entsteht enorme Wucht. Lilith-Transite können wucht- und machtvoll sein. Im besten Sinne jedoch von einer Wucht, die uns über uns hinausträgt.

Wenn wir es schaffen, die Kräfte auf der Achse im Fluss zu halten, können wir aus Entweder-Oder-Haltungen aussteigen. Mit der Kraft der Schlange können wir das Charakteristische unserer patriarchalen Wertvorstellungen überwinden; dies bedeutet, dass wir in der Welt der Gegensatzpaare, wo jeweils der eine Teil begehrt, der andere aber abgelehnt wird, das Sowohl-als-auch entdecken. Adam und Lilith finden dann vielleicht eine gleichwertige Position, eine Lösung für ihr Oben und Unten.

Auf der Achse des Schwarzen Mondes tobt das Entweder-Oder enorm; hier benehmen wir uns wie das Urpaar. Suchtverhalten und Schattenspiele sind die Konsequenz und optimaler Nährboden für das Dämonische. Doch wie können wir unsere Teufel erlösen? Und was ist das Dämonische überhaupt?

Das Dämonische

Das Dämonische wurde in das Lateinische als genii (oder jinni) übersetzt. Dies ist ein Begriff in der römischen Religion, von dem unser Wort «Genius» abstammt und der ursprünglich eine beschützende Gottheit meinte, einen Schutzengel, der über das Schicksal eines Menschen wacht, und später die Bedeutung einer bestimmten geistigen Begabung bzw. eines Talents annahm. Da «Genius» das Schöpferische, die Zeugungskraft bedeutet (die lateinische Wurzel des Wortes ist genere), ist das Dämonische die Stimme der schöpferischen Prozesse im Individuum.

ROLLO MAY

Mit der «Dämonie» konfrontiert gibt es meist zwei Reaktionen. Für viele ist es angstauslösend und sie gehen in die Abwehr; andere wiederum verbinden damit saftige, verlockende Inhalte, sind vom Dämonischen angezogen und ihm sogar mit einer eigentümlichen Romantik zugetan. Häufig ist es eine Kombination von beidem, nach dem Motto: «Mein Gott, wie schaurig schön!» Kalt oder besser gesagt *lauwarm* lässt das Dämonische selten.

Das Dämonische erregt und lässt erschaudern. Wir haben schon festgestellt, dass die Schlange dem Menschen mit dem Wissen um seine Sterblichkeit auch das Schaudern brachte. Die Geburtsstunde des Dämonischen fällt mit dem Wissen um den Tod zusammen. Die Schlange war Patin dieser Stunde und ist somit auch Symbolträger für das Dämonische.

Das Dämonische hat kein Gewissen und wohnt jenseits der Moral. Es steht jenseits von Gut und Böse und seine *«Quelle liegt dort, wo das Selbst in natürlichen Kräften wurzelt, die über das Selbst hinausgehen und die wir als Zugriff des Schicksals auf uns empfinden»*, schreibt Rollo May. *«Das Dämonische erhebt sich aus dem Seinsgrund und nicht aus dem Selbst als solchem.»*

Wir können hier genauso von Lilith sprechen, die sich bei Auslösungen des Schwarzen Mondes ebenfalls aus dem Seinsgrund erhebt. In dieser Zeit kommen wir mit unserer Dämonie in Kontakt. Dies kann sowohl ein schöpferischer als auch zerstörerischer Prozess sein, manchmal ist es beides. Weinen und Lachen können sich hier zu einem kreativen Tanz begegnen. Das klingt gut – und optimistisch. Viele sind von ihren Dämonen derart gelähmt, dass sie zum Leben und zu ihrer Kreativität nur einen spärlichen Zugang finden. Sie verbrauchen einen Grossteil ihrer Lebensenergie, um ihre Dämonen in Schach zu halten. Andere wiederum ringen leidenschaftlich mit ihnen und verbrauchen dafür enorm viel Energie. Doch ihre Kreativität wurzelt in diesem Prozess. Viele Künstler kommunizieren so mit ihren

Dämonen und setzen sie mit ihren Werken in die Welt. Rilkes vielzitierter Ausspruch, den er am Ende einer Therapie tat: «*Wenn mich meine Teufel verlassen, dann, fürchte ich, werden auch meine Engel die Flucht ergreifen*», veranschaulicht dies.

Das Dämonische ist vorerst wertfrei. Es wird allerdings böse, wenn es vom gesamten Menschen Besitz ergreift, wenn es nicht integriert werden kann, sondern den Menschen verschlingt. So wird es zum Beherrschenden. Wird es verdrängt, so verschafft es sich von Zeit zu Zeit Durchbruch, bricht es geradezu explosiv hervor. Gewalt ist ein Ausbruch des Dämonischen. Diese destruktiven Kräfte können jedoch nur wirklich bewältigt werden, wenn wir sie in konstruktive Bahnen lenken. Ich möchte Sie an dieser Stelle an das Fallbeispiel im Abschnitt «Hydra» erinnern.

Unser Dämonisches will akzeptiert, bejaht werden. So zeigen sich auch unsere Engel, so kann unsere Liebe wieder fliessen. Dieser Blickwinkel birgt jedoch auch die Gefahr, dass wir das Dämonische verklären. Es gibt das Böse, und ich will es hier nicht verniedlichen. Es würde mir auch schwerfallen, Gilles de Rais oder Mengele zu umarmen. Doch wenden wir uns dem später zu und bleiben wir vorerst bei unseren «kleinen Teufelchen».

Ein Beispiel: Zwei kleine Geschwister streiten miteinander. Der Bub ist auf seine Schwester böse, findet sie blöd, hinterlistig, gemein. Es wird dem Buben kaum besser gehen, wenn er gezwungen wird, seine Schwester lieb zu finden nach dem Motto: «Seine Schwester muss man immer lieb haben. Nun streitet nicht länger und vertragt euch wieder.» («Knurr!»)

Es wäre auch möglich, dem Buben zu erlauben, böse zu sein, indem man ihm bestätigt: «Na ja, du magst halt deine Schwester nicht. Da kann man eben nichts machen.» Wenn seine Ablehnung Platz haben darf und akzeptiert wird, kann er auch liebevolle Gefühle für seine Schwester wieder zulassen.

In dem gleichen Mass, wie wir unsere negativen Gefühle unterdrücken, unterdrücken wir auch unsere Liebe. Wenn wir uns unseren Hass eingestehen können, können wir auch unsere Liebe wieder leben. Hass ist hartgepresste Liebe, andere sagen verirrte Liebe. Wir hassen den, der unsere Liebe zurückweist. Wir hassen das, was wir nicht lieben können/dürfen. Wenn wir davon ausgehen, dass im Negativen das Positive liegt (und umgekehrt), so kann sich das eine nicht zeigen, ohne dass das andere nicht auch da ist. Jeder Dämon ist ein gefallener Engel. Luzifer, der Lichtträger, war der strahlendste aller Engel, bevor er fiel. Je grösser das Licht, um so grösser der Schatten. Konsequenterweise wurde er auch der «Fürst der Hölle». Hölle entspricht Licht, umgewandelt in Feuer. Licht pervertiert in etwas anderes, als es ist, allein durch die Tatsache, dass man es nicht haben will. Wenn wir vor unseren Dämonen weglaufen, sichern wir ihre obsessive Macht. Eine psychologische Annahme besagt, dass wir ebensoviel Energie brauchen, um einen Inhalt zu verdrängen oder zu unterdrücken, wie um ihn zu leben. Wenn wir unsere Lebensenergie für Unterdrückung und Verdrängung verbrauchen, ist dies nicht der destruktivste Akt schlechthin? Dann töten wir nämlich Leben ab, dann «fressen wir unsere Kinder». Wir werden von unseren Dämonen verschlungen, werden rigide und apathisch.

Dann suchen wir Sündenböcke, die für unsere Armseligkeit zuständig sein müssen. Der abwesende Vater, die furchtbare Mutter und sogar die eigenen Kinder werden ein (langweiliges) Leben lang für unsere Mängel verantwortlich gemacht.

Allzu oft setzen wir unsere Dämonen über unsere Kinder wieder in die Welt. Ein Sprichwort besagt: «Kinder sind der Schatten einer Beziehung.» Sehr oft konfrontieren sie uns mit jenen «Feindbildern», die wir über sie lieben lernen können. Dort, wo wir uns dem Leben, unserer Beziehung zur Welt und speziell in der Partnerschaft nicht stellen, fordert Eros über das «Mysterium» der Elternschaft wieder Einlass.

Wenn wir den Dialog mit unseren Dämonen nicht aufnehmen, wenn wir uns mit unseren Abgründen nicht auseinandersetzen, projizieren wir sie auf andere. Wir kreieren Feindbilder und wir statten die anderen mit unseren eigenen dämonischen Tendenzen aus. Der Hexenwahn des Mittelalters mit seinen Greueltaten war eine schaurige Konsequenz, in der Verdrängung und Abwertung von Sexualität gipfelten. Die Frau als «Sexualdämonin», welche Unzucht mit dem Teufel trieb, wurde vernichtet. Dies erinnert an Lilith und Samael. Noch heute gibt es Rabbis, die angstvoll den Telefonhörer auflegen, wenn man sie zu Lilith befragen will.

Wir bekämpfen unsere Dämonen, ohne zu begreifen, dass wir damit uns selbst bekämpfen. Wir rechtfertigen uns, indem wir uns überhöhen; wir machen es also wie Luzifer. Wir agieren «teuflisch», machen es ihm gleich, sehen es jedoch nicht.

Rollo May schreibt: *«Sich von seinem Dämon leiten zu lassen, setzt eine grundlegende Bescheidenheit voraus. Den eigenen Überzeugungen haftet immer ein Element von Blindheit und Selbsttäuschung an; die grösste Illusion besteht darin, von der Einbildung auszugehen, frei von Illusionen zu sein.»*

Wir brauchen Bescheidenheit und Einsicht, um unsere «blinden Flecken» zu erhellen. Je blinder der Mensch seiner Dämonie gegenübersteht, desto ärmer ist sein Vorstellungsvermögen, desto karger ist seine Phantasie und seine Bilderwelt. Es wird dem Menschen so unmöglich, sich Lösungen auch nur vorzustellen. Er spürt auch die Kraft nicht in sich, Veränderungen vorzunehmen. Wenn wir unsere Dämonen akzeptieren und mit ihnen kooperieren, schenken sie uns die Bilder, die Er-Lösungen in sich tragen und sie geben uns die Energie, sie zu verwirklichen.

Wir haben schon darauf hingewiesen, wie wichtig die «Anrufung eines Namens» ist. Therapien zeigen, wie wichtig es ist, Dinge bzw. Sachverhalte beim Namen zu nennen und, wenn möglich, dies auszuhalten und zu sich zu nehmen. *«Auf diese Weise formt der Mensch eine persönliche Bedeutung aus dem, was zuvor lediglich ein bedrohliches, unpersönliches Chaos war»*, schreibt May. Oft kommt es dem Durchbrechen eines Verbotes gleich. Das Tabu ist eine Brutstätte unserer Dämonie. Es zu brechen heisst, «unseren Teufeln» Flügel zu geben, heisst, sie (uns) zu befreien. Wichtig ist, die Verantwortung für unsere Dämonen zu übernehmen, sie als zu uns gehörig zu erklären. Lilith konfrontiert, vermittelt zwischen uns und unseren «Teufeln» und kehrt von Zeit zu Zeit das Amulett um, mit dem wir sie bannen und ausgrenzen. So blicken wir in einen Spiegel, der uns unerbittlich Züge zeigt, die wir manchmal schwer ertragen und verantworten können. Dann leugnen wir diese Züge, projizieren sie auf die Welt und machen uns zum Opfer unserer eigenen Dämonie. Wir schützen uns, indem wir das Amulett wieder umdrehen und scheinbar unsere Teufel, doch letztendlich uns selbst in die Verbannung schicken.

Noch ein Wort zu den Gefahren. Machen wir diese mit einer Aussage von Herbert Fritsche anschaulich: *«Es ist nicht jeder Mensch geeignet, die grosse Kunst der Verwandlung auszuüben – die Welt ist weit, und für jedes Kind Gottes gibt es einen Platz darin, es muss ja nicht immer gerade zu Füssen der Sphinx sein.»* Psychotherapeuten bestätigen, dass es für manche Menschen besser ist, ihre Geister ruhen zu lassen. Es gibt Erfahrungen, die man nur überleben kann, indem man sich tot stellt. Es kann sein, dass man es nicht verkraftet und im Extremfall nicht überlebt, diese Situation wieder zu beleben bzw. sie erneut zu durchleben.

Der Umgang mit dem Dämonischen braucht Sorgfalt und es ist angemessen, ihm mit Achtung und Furcht zu begegnen. Wenn wir vom «Umarmen des Dämons» sprechen, soll dies nicht der Startschuss dafür sein, loszustürmen und alle Teufel zu küssen. Es könnte einer dabei sein, der nicht daran denkt, uns seinen Engel zu zeigen.

Eros ist ein Dämon

… wie könnte ich dann von jenem «kleinen Tod» sprechen, in dem ich, ohne wirklich zu sterben, triumphierend erlösche?

GEORGES BATAILLE

Sexuelle Aktivität und Erotik sind zweierlei; es unterscheidet den Menschen vom Tier. Bataille nennt Erotik «ein erstes Erschaudern vor dem Tode». Wir erschaudern vor der Schlange (vor Lilith), weil sie uns an den Tod, an das Dämonische und an das Erotische erinnert. Wir sind aus demselben Grund fasziniert von ihr. Es fällt schwer, sich Tod und Erotik als eine Einheit vorzustellen, auch wenn wir beide nach astrologischen Kriterien in die Analogiekette von Pluto einreihen. Das erotische Erlebnis und der Tod sind die Höhepunkte unseres Lebens.

Den Augenblick, wo sich zwei Wesen vereinen, mit grösster Kraft und Intensität, nennen wir auch den «kleinen Tod». Wir benutzen diesen «kleinen Tod», damit er uns fortträgt von den Schatten des «grossen Bruders». Wir wähnen uns machtvoller ihm gegenüber, wenn wir es schaffen, «triumphierend zu erlöschen». Der Tod ist Symbol endgültiger Impotenz, und Sexualität ist ein Mittel, unsere Furcht vor ihm zum Schweigen zu bringen.[1]

Doch genauso wie wir den Tod verdrängen, verdrängen wir auch Sexualität. Eros und Lilith tragen diese Werte – und sie sind Dämonen. Ersterem wagen wir oftmals nur zu begegnen, wenn er sich als pausbäckiges Engelchen zeigt, und Lilith haben wir ausgegrenzt und zum Nachtgespenst erklärt. Doch beide wollen uns zum Leben anstacheln. *Erotik ist die Zustimmung zum Leben bis in den Tod hinein.*[2]

Rollo May beschreibt in «Liebe und Wille» anschaulich, welch blasse, uninteressante Geschöpfe Engel sind; urlangweilig – bis sie fallen. Der gefallene Engel ist jemand, dem die Kraft des Dämonischen wieder zuströmt. Sexualität ist eine Möglichkeit, die Kraft des Dämonischen zu erlangen. Hier offenbart es sich.

Dazu die Aussage eines Mannes über eine Frau, die er absolut begehrt: «Da gibt es diesen Punkt, wenn ich mit ihr schlafe, wo sie völlig entäussert ist. Da habe ich das Gefühl, sie lässt mich all ihre Abgründe sehen, lässt mich das sehen, was sie niemandem zeigt. Vielleicht nicht einmal sich selbst. Ihr Gesicht wird so verzerrt, dass es fast hässlich erscheint, und dann liebe ich sie total. Dann ist sie wunderschön.»

Eigentlich ist damit das Wesentliche gesagt. Während diese Frau liebt, umarmen ihre Engel ihre Dämonen. Und der Mann ist fasziniert, dabei zu sein.

Über ein Du kann uns der Zauber begegnen, der uns Grenzen überschreiten lässt. Doch wehe, wenn wir es schaffen, diesen Partner unter Kontrolle zu bringen. Eros schrumpft zum kleinen Cupido, zum langweiligen Engelchen und unser Dämon wird zum starren Machtmonster. Faszination und Leidenschaften verschwinden und wir zerren an unserem Partner, damit er uns wieder mit dem erfüllt und ausstattet, was wir gerade erfolgreich abgetötet haben. Die Hölle ist hier grau und leer. Das Perverse daran ist, dass wir diese Hölle oft noch absichern und die Kontrollen verstärken.

Eros und das Religiöse

Deine Augen sind trunken des Gottes,
Meine trunken, dich zu sehen.
Ein Trunkener sorgt für den anderen.

RUMI, Offenes Geheimnis[3]

Das Juden- und das Christentum trugen wesentlich zur Verdammung der Erotik bei. Davon geprägt, haben wir in unserer Kultur einen verzerrten Zugang zu Eros – und zu Lilith. Wir verteufeln beide. Erotik und Sexualität gediehen nur im Schatten; Inquisition, Hexenverbrennung und die missionarische Zwangsbeglückung mit all ihren Greueln sind Ausdruck für die Pervertierung von Eros. Lust war gleich Sünde, und die galt es sofort zu bestrafen. Dies geschah oft mit Zufügung von Schmerzen, die, auf den Gipfel gesteigert, wieder zu Lustgefühlen führten. Eros wurde so zu einem sadistischen Teufel und – um an ihm teilzuhaben – schien der masochistische Gegenpart unbedenklicher. Die Kunst des Mittelalters, mit ihrer Darstellung der lustvollen Märtyrergesichter, gibt Zeugnis davon, wie verzerrt man sich Eros näherte. Gewalt und Sexualität wurden auf den Feind, die Heiden, Lilith oder den Teufel projiziert, und in dieser Form durften sie auch bildlich dargestellt werden. Es gibt unzählige geköpfte Holofernes oder Johannes, grauenhafte Darstellungen von gemarterten Christen und – um die sexuellen Phantasien zu beleben – wird Susanna im Bade zigfach beäugt.

Was bei den «Heiden» mit ihren dionysischen Praktiken verteufelt wurde – wie das Rasen der Mänaden und das Zerfleischen der Zicklein – fand so über die Hintertür wieder Einlass. Nur – das Bejahende, Lustvolle, Freudvolle fehlte. Wenn wir die Nachtseite unserer Seele schauen oder zum tiefsten Punkt unserer geschlechtlichen Erfahrungen vordringen, begegnen wir auch dem Göttlichen, sind wir dem Allerheiligsten nahe. So gesehen brauchen wir Lilith und Dionysos, um wieder einen *natürlichen* Zugang zum *Heiligen* zu finden, um zu erotischen Menschen zu werden. *Wer den religiösen Sinn der Erotik nicht sieht, dem entgeht ihr ganzes Wesen. Wer umgekehrt das Band nicht sieht, das die Religion mit der Erotik verknüpft, dem wird auch das Wesen der Religion entgehen.*[4]

Engellieder

Ich liess meinen Engel lange nicht los,
und er verarmte mir in den Armen
und wurde klein, und ich wurde gross:
Und auf einmal war ich das Erbarmen,
und er eine zitternde Bitte bloss.

Da hab ich ihm seine Himmel gegeben –
und er liess mir die leisesten Träume zum Pfand;
er lernte das Schweben, ich lernte das Leben,
und wir haben langsam einander erkannt.

Seit mich mein Engel nicht mehr bewacht,
kann er frei seine Flügel entfalten
und die Stille der Sterne durchspalten –
denn er muss meiner einsamen Nacht
nicht mehr die ängstlichen Hände halten –
seit mich mein Engel nicht mehr bewacht.

RAINER MARIA RILKE

«DANN ENTFALTETE DER VERIRRTE ENGEL SCHWARZE FLÜGEL» *(Odilon Redon)*

Der Sündenbock

Wir werden nun das Sündenbockritual, welches am Jom Kippur, dem jüdischen Versöhnungstag, vollzogen wird, aufgreifen. Das Wort *kipper* ist verwandt mit *kippurim,* dem babylonischen Wort für «Ausscheidungsprozesse». Der Ritus, *kuppuru* genannt, beinhaltet «Busse, Reinigung, Bekenntnis und Menschenopfer». Die ursprüngliche Bedeutung des babylonischen Wortes ist «säubern» oder «wegwischen». Daher: Blutopfer entfernt Sündenflecken. Nach einer arabischen Ableitung bedeutet es auch «verbergen, verhüllen». Das Wort «Verbergerin» wird wiederum gleichgesetzt mit dem Wort «Todesdämon». Lilith, die «Wüsten- und Todesdämonin», und «Sündenbock» haben also einen gemeinsamen Seinsgrund.

Lilith ist Sündenbock für alle «unreinen Attribute», ein «Vamp», der es mit Samael treibt. Damit wird sie mit den Hexen in Verbindung gebracht, welche auf Böcken durch die Luft zum Teufel (der Bocksfüsse hat) fliegen, um sich mit ihm zu paaren. Der Bock selbst ist Symbolträger und «Sündenbock» für Sexualität. Wir sprechen auch vom «geilen Bock», wenn bei einem Mann der Sexualtrieb stark ausgeprägt ist.

Der Bock trägt also Schuld. Im Tierkreis ist es der Stein-Bock oder Ziegen-Fisch, wie er auch genannt wird, welcher mit den Sünden beladen wird. Saturn und Schuld sind untrennbar miteinander verbunden; wir werden das im Kapitel über Steinbock/Saturn noch einmal aufgreifen. Werfen wir nun einen Blick auf den Ziegen-Fisch; die Ziege ist das weibliche Gegenstück zum Bock. (Saturn ist Symbolträger für sogenannte männliche und weibliche Werte.) Die Ziege (Dionysos) gepaart mit Fisch- bzw. Neptun-Inhalten ist Sinnbild für die Verbindung von Weiblichem und Spiritualität. Der Fisch ist auch Symbolträger für Christus, und das Christentum wird dem Fischezeichen zugeordnet. Zu Beginn des Christentums, das auf dem Alten Testament fusst, ist Lilith bereits im Exil. Das Weibliche und die Sexualität werden abgewertet, der Vater-Gott hat seine Abhandlung über das «Unreine» schon diktiert. Das Frauenbild wird getragen von Maria, der Unbefleckten. Die Reine bedingt jedoch die Existenz einer Unreinen; Maria braucht also Lilith für ihre Makellosigkeit. Lilith trägt ihre Ausscheidungen, ihre Sexualität, ihren Unterleib. Maria ist geteilt, abgeschnitten. Will sie wieder ganz werden, muss sie ihren Sündenbock heimholen. Maria braucht Lilith.

Erich Neumann setzt die Sündenbockrituale mit der Ablehnung der Ausscheidungen gleich. Sylvia Brinton Perera dazu:

Sowohl die Zurückweisung des Kotes als auch die Verdrängung des Schattens sind notwendig für die Festigung des Ichs. In einigen Kulturen wird Kot als wertvoller Dünger angesehen, in anderen als rituelles Reinigungsmittel. Nach Mary Douglas ist

Schmutz etwas, das sich in einem symbolischen Reinheitssystem nicht an seinem Platz befindet. Er ist etwas, das nicht dazugehören darf, wenn man ein bestimmtes Modell beibehalten will, denn er produziert den Status quo. Somit wird er rituell tabuisiert und mit dem Etikett verunreinigend belegt.

Wenden wir uns jetzt der schon erwähnten Jom Kippur-Zeremonie zu. Für diesen hebräischen Ritus benötigt man zwei Ziegenböcke; der eine ist Jahwe geweiht und wird als Sühneopfer getötet. Sein Blut ist notwendig, um die erzürnte Gottheit zu versöhnen und die «Unreinen» von ihren Übertretungen und Sünden reinzuwaschen. Der andere Ziegenbock wird nicht getötet, sondern ausgestossen. Vorher wird er noch mit der Schuld der Gemeinschaft beladen, alle Sünden werden ihm aufgebürdet, dann wird er in die Wüste gejagt. Er trägt die Vergehen der Gemeinschaft mit sich fort. Das Blut des geschlachteten Opfers sühnt und reinigt, der ins Exil verstossene Ziegenbock nimmt die Sündenschuld mit sich. Sylvia Brinton Perera schreibt:

Als Träger der Sünden befördert er die über ihm bekannten Missetaten hinweg vom Ort des kollektiven Bewusstseins. Er symbolisiert die Libido dessen, was zwar unvermeidlich ist, aber auch Schuld hervorruft und darum abgestossen und zu dem Ort getragen wird, der sich damit identifiziert – das heisst, rituell seinem Ursprungsort, dem Unbewussten, zurückgegeben wird. Er versinnbildlicht das, was Schuld heraufbeschwor und darum vom hebräischen Gesetz zurückgewiesen und unterdrückt wurde: Jene Instinktenergien und Bedürfnisse, die des Menschen Entwicklung nach Gottes Bild behinderten: Energien ungezügelter Impulse – besonders der Sexualität, Widerspenstigkeit, Aggression und Gier.

Man vermeint fast über Lilith zu lesen, der diese Inhalte aufgebürdet und die so in die Wüste geschickt wurde. Sie ist also ein umherschweifender, ins Exil verstossener Sündenbock. Im Jom Kippur-Ritual wird der verstossene Ziegenbock dem Unterweltgott Asasel geweiht, einem ursprünglichen Ziegengott vorhebräischer Hirten. Asasel ist nicht ein Gegner Jahwes, sondern die Abwandlung eines präjahwistischen Naturdämons. Er wird auch in Verbindung mit dem Weiblichen, mit sinnlicher Schönheit und Naturreligionen gebracht. Jüdische Patriarchen sagen ihm nach, dass er die Frauen zur Sünde verführt, indem er sie lehrt, Kosmetik herzustellen und dass er die Männer zum Krieg führt, indem er sie in Waffenkunde unterrichtet.[1] Ist nicht Priapos ein ähnlicher Lehrer? Verführt nicht auch Lilith zur Sünde? Asasel wird verbunden mit erotischer und aggressiver Triebkraft. Sein Name wird übersetzt mit «der verschwindende Ziegenbock».[2] Erinnert dies nicht auch an Dionysos? Er ist ebenfalls ein Ziegengott, wird jedoch dem geopferten Bock gleichgestellt. Doch bleiben wir vorerst bei Asasel. Die Sünden werden ihm gebracht, damit er sie trägt.

Sylvia Brinton Perera dazu: *Offensichtlich ist kein Mensch fähig dazu, diese zu tragen. (…) Die Hebräer kannten ihre instinkthaften Impulse ziemlich genau, so dass sie verantwortliche Unterdrückung erzwingen konnten. Somit brachten sie in dem Ritual bewusst und ehrerbietig jene Sünden ihrem Unterweltgott, welche die Menschen nicht selbst tragen konnten.*

81

Sie meint auch, dass auf Asasel eine Seite von Jahwe projiziert wurde und es in der Folge möglich war, Jahwe allmählich von den primitiven Naturdämonen zu unterscheiden. Asasel trug nach und nach Inhalte, die Jahwes Reaktion gegen die Welt des Weiblichen und die prä-hebräischen Naturdämonen darstellten. Der alte Gott wurde zum Dämon, wurde praktisch Jahwes Sündenbock. Asasel trägt ein ähnliches Schicksal wie Lilith – und wie Dionysos.

Es gibt einen wunderschönen Satz, von dem keiner weiss, woher er kommt: «Wenn eine Zeit sich wandeln will, kehren die Sündenböcke heim.» Robert A. Johnson greift diesen Satz in modifizierter Form auf.

In unserem Zeitalter kehren die Sündenböcke des Alten Testamentes nach Hause zurück. Angeführt werden sie vom ursprünglichen Sündenbock – Dionysos. (…) Sündenböcke kehren schliesslich zu denen zurück, die sie weggeschickt haben. Unsere Sündenböcke kehren heim und Dionysos ist derjenige, der sie anführt – er taucht wieder auf aus dem Meer des kollektiven Unbewussten, wird wiedergeboren in unsere Welt und bittet darum, vermenschlicht zu werden, bevor seine archetypische Energie Amok rennt.

Die Angst vor chaotischen, dionysischen Qualitäten ist gross, und das jüdische Volk verbannt diese Qualitäten mit Hilfe der koscheren Rituale. «Es ist verboten, ein Zicklein in der Milch eines Muttertieres zu sieden.» Fleisch und Milchprodukte werden streng getrennt, das Zicklein darf nie mehr mit der Muttermilch zusammenkommen. Erinnern wir uns, dass Dionysos, der die Ziege verkörpert, von den Titanen zerfleischt und in Milch gebraten wurde. Rhea, die Erdmutter, erweckte ihn wieder zum Leben. Dieses Ritual griffen die Griechen auf, indem sie eine Ziege zerschnitten und in der Milch des Muttertieres brieten. Sie assen davon, und diese Zeremonie sicherte für sie den Fortbestand des ekstatischen Prinzips. Wird das Zicklein von der Muttermilch getrennt, werden, der jüdischen Tradition folgend, dionysische Werte entmachtet. Dieses Ritual dient als Abwehrmittel, ähnlich dem Amulett, das Lilith entgegengehalten wird. Es scheint jedoch, als seien Lilith und Dionysos Sündenböcke, die in der Wüste, psychologisch gesehen in unserem Unbewussten, nicht dahinsiechen, sondern den Weg in die Gemeinschaft wieder zurückfinden.

Doch nicht nur die Wüste verbindet die beiden, sondern auch das Meer. Erinnern wir uns, dass Dionysos auf den Grund des Meeres sprang, um einer Verfolgung zu entgehen. Spielen wir nun mit folgenden Bildern. Mag er hier Lilith getroffen haben? Gab es ein Stelldichein von zwei Sündenböcken? Treffen sich ein geopferter und ein verstossener Ziegenbock? Das göttliche und das weltliche Opfer? Welch ungeheure Kraft und Qualität könnte aus der Verbindung der beiden entstehen. Wenn Dionysos auftaucht, liegt immer ein «Hauch von Wahnsinn in seinen Augen». Genie und Wahnsinn liegen nahe beisammen, *genii* ist auch die lateinische Übersetzung für Dämonie. Wenn wir Lilith und Dionysos, welche sich auf der Achse des Schwarzen Mondes im Horoskop gegenüberstehen, integrieren können, sind wir dann zu dieser Genialität fähig? Vielleicht gilt es, gerade auf der Achse Sündenböcke zu erlösen, unsere Dämonen zu umarmen und Schatten zu integrieren.

Doch wie umarmt man einen Dämon? Und wie können wir unsere Dämonen wirklich akzeptieren lernen? Zuerst müssen wir sie erkennen, müssen wir wissen, was wir verdrängt haben, wie wir unsere Ausgrenzungen bewerkstelligen und wie wir uns selbst betrügen. Wenn uns nun dieses Ausgestossene begegnet, verkrüppelt, sadistisch oder gar wahnsinnig; wie können wir es erlösen? Wie können wir Hilfsbereitschaft, Mitgefühl und Liebe gegenüber unseren Schwächen, unserer Blindheit und unseren Abgründen entwickeln?

Sich selbst zu lieben ist keine leichte Sache, da es bedeutet, dass wir alles an uns zu lieben haben, auch das, was wir minderwertig oder verdammenswürdig empfinden. Die Fürsorge, die man diesem demütigenden Teil zuwendet, initiiert zugleich Heilung, meint James Hillman. Er schreibt: «Wie die Heilung von der Fürsorge abhängt, so bedeutet Fürsorge manchmal nichts anderes als tragen.» So gesehen ist der erste und wesentliche Schritt zur Erlösung des Schattens die Fähigkeit, ihn mit sich zu tragen (uns zu ertragen). «Dieses Tragen und Sorgen darf aber nicht das Programm verfolgen, sich zu entwickeln, um das Minderwertige den Zielen des Ichs zu unterwerfen, denn das wäre kaum Liebe.»[3]

Wenn wir die Eigenschaften, die uns unerträglich sind, ertragen lernen, können wir auch Veränderungen vornehmen. Es ist ein Tanz durch ein Paradoxon. Dieser Tanz bedeutet einerseits Anstrengung, die wir für Wachstum, Entwicklung und Veränderung aufbringen müssen. Und zugleich brauchen wir Gelassenheit und Akzeptanz und das Bewusstsein, dass wir in Ordnung sind, wie wir sind. So kann «es passieren», dass wir das Abgewiesene zu uns nehmen, dass wir es auch nach und nach leben. Dies führt oft zu einer lachenden Einsicht, die uns erweitert, verwandelt und vielleicht ermuntert, die nächste Umarmung zu starten.

Der Sündenbock, den wir als Bruder oder Schwester umarmen, indem wir uns in ihm erkennen, wird auch unser Erlöser. Wenn wir Lilith und Dionysos wieder aufnehmen, kann sich Weibliches und Männliches neu begegnen, können wir uns verändern und neue Formen finden, welche ein Ja zu Eros, ein Ja zum Leben bedeuten.

ZWEITER TEIL

Der persönliche Spiegel

Der Blick auf die Achse

Bevor wir uns den Zeichen und Häusern zuwenden, möchte ich Sie anregen, «in Achsen zu denken». Der Schwarze Mond ist Pol einer Achse, und so gesehen ist sein Visavis, das wir Priapos nennen, genau so wesentlich. Erinnern wir uns an das Beispiel der Weltachse und an die Analogie des Weltenbaumes; Wurzeln und Krone zu trennen ist ein fragwürdiger Akt. Um aus Entweder-Oder-Haltungen aussteigen zu können, müssen wir die Dynamik, die auf einer Achse angelegt ist, in Fluss halten. Um ein Problem in seiner ganzen Tragweite erfassen zu können, müssen die Gegensätze auch in ihren Widersprüchen aufgelöst werden. Es muss auf ihnen aufgebaut werden und hieraus wird eine neue Ebene des Bewusstseins entstehen.[1] Dabei ist das Ringen und Mühen und vor allem die Reibung wichtig; es geht nicht darum, Instant-Lösungen zu finden.

Wenn Sie beispielsweise den Schwarzen Mond in Löwe haben, werden Sie die Themen, die der Schwarze Mond in Wassermann anzeigt, ebenso gut kennen. Vielleicht sogar besser. Wenn Sie den Schwarzen Mond im zweiten Haus haben, werden Ihnen auch die Themen des achten Hauses bekannt sein. Vielleicht sind Ihre Beziehungen sehr von der Dynamik dieser Achse geprägt. (Lilith ist von Beziehung nicht zu trennen.) Vielleicht blockieren Sie auch die Achse, was bedeuten könnte, dass heftige Polarisierungen in den jeweiligen Bereichen stattfinden. Dann finden Sie hier wahrscheinlich Ihre Lieblingsfeindbilder.

Ich habe der «Achse» ein eigenes Kapitel gewidmet, und es ist mir ein Anliegen, den Blick für die Achse zu schulen. Vielleicht kann es Sie anregen, mit diesem Blick den folgenden Teil des Buches zu betrachten.

Der Schwarze Mond in den Zeichen
oder im Aspekt zu Planeten

Der Schwarze Mond in Widder
oder im Aspekt zu Mars

Am Ufer des Schwarzen Meeres lebten die Amazonen, ein Volk, das nur aus kriegerischen Frauen bestand. Sie liessen von ihren Kindern nur die Mädchen aufwachsen. Die Amazonen schnitten sich die rechte Brust ab, damit sie sie beim Bogenschiessen nicht behindere, mit der linken nährten sie ihre Töchter. Ihre Königin hiess Hippolyta.

Die Amazonen verrichteten im Tempel des Mondes ihre Gebete und opferten Mars, dem Gott des Krieges. Hippolyta trug dabei den Gürtel der Venus, den die Göttin der Liebe ihr gegeben hatte.

Eine der Aufgaben des Herkules war es, den Gürtel der Amazonenkönigin zu rauben. Hippolyta hörte davon und sie war sogar geneigt, Herkules den Gürtel freiwillig zu geben. Sie wusste um ihre Kraft und Stärke und entschied, ihn (sich?) Herkules zu schenken. Sie ging in dieser Absicht auf den herannahenden Helden zu, doch der begann sofort mit der Königin zu kämpfen. Herkules wusste von ihrer Stärke und Dominanz und war, voll von diesen Bildern, auf Kampf eingestellt. So hörte er die schönen Worte nicht, die sie ihm sagen wollte. Den Gürtel der Einheit und der Liebe, den sie ihm mit den Händen bot, entriss er ihr und dann tötete er sie.

Herkules liess die um ihre Königin trauernden Amazonen zurück. Auf dem Heimweg sah er am Ufer des Meeres ein Ungeheuer in der Tiefe, das zwischen seinen Kiefern ein Mädchen – Hesione – festhielt. Ihre Schreie drangen zu ihm und er stürzte sich in die Flut und griff das Ungeheuer an. Er presste sich durch den Schlund in den Bauch und fand dort Hesione. Er packte sie mit der linken Hand, mit der rechten führte er sein Schwert und kämpfte sich aus dem Bauch des Drachens. So rettete er ein Mädchen, zum Ausgleich für den Tod der Amazonenkönigin.

Diese Geschichte spiegelt die Welt des Schwarzen Mondes in der Sphäre von Mars. Die Frau tritt dem Mann im Bewusstsein ihrer Stärke entgegen, er erlebt diese Begegnung als Entgegnung. Der Mann sucht die dominante, selbstbewusste Frau, die auch ihr Begehren zeigt. Dieses Begehren erlebt er jedoch als Forderung, es löst in ihm die Angst aus, «nicht genug zu sein». Ist er vom patriarchalen Rollenverhalten stark geprägt, wünscht er die Frau zwar begehrlich, jedoch nicht zuviel. Fühlt er sich überfordert, wertet er die Frau ab, indem er sie entweder erniedrigt und zum Objekt degradiert, oder indem er sich ihr verweigert. Sehr oft findet dies über Sexualität Ausdruck. Ein Bild hierzu ist der Drachentöter, der sich vor dem Drachen aufpflanzt und letztendlich sein «Schwert nicht zieht». «Ich töte dich, indem ich dich nicht nehme.» Seine Verweigerung drückt sich durch Erektionsstörungen oder Impotenz aus, für die er letztlich die Frau verantwortlich macht. Die Eigengesetzlichkeit des Phallus nimmt überhand, die Verweigerung, sich aufzurichten, lässt beide ohnmächtig zurück. Solange der Mann mit Lilith/Mars in traditionellen Rollenklischees, speziell auch in der Sexualität, verhaftet ist, kreiert er zwingend seine Kastration. Er sucht in der Frau jenen Aspekt von Lilith, der nicht mehr «unterliegen» will und hat, wie Adam, noch keine Lösung für das Oben und Unten gefunden. So wird ein Dauerkampf inszeniert und aufrechterhalten; die eigene Stärke wird am Ringen gemessen, der andere wird gebraucht, da mit seinem Weggehen eine substantielle Kraftlosigkeit und Leere einsetzt. Eros spannt hier seinen Bogen von leidenschaftlichen, intensiven bis zu destruktiven Begegnungen. Und – nicht jeder ist ein Herkules! Dies könnte heissen, dass der Mann den Kampf mit der Amazonenkönigin umgeht und sich gleich zum «Retter der kleinen Mädchen» aufschwingt.

Das Begehren ist bei diesem Schwarzen Mond ausserordentlich. Oftmals wird es delegiert und es stellt sich die Frage, wie weit man sich diesem Begehren öffnen kann, wenn es einem über den anderen entgegenkommt. Die Angst vor der Hingabe ist gross, die Angst, getötet zu werden wie die Amazonenkönigin. Herkules begehrte ihren Gürtel und sie war bereit, ihm den Gürtel der Liebe zu schenken. Doch er erlebte ihr Sosein, speziell ihre Stärke, derart bedrohlich, dass er ihr Entgegenkommen gar nicht wahrnahm. Er hatte kein Bild, wo Stärke und Hingabe nebeneinander stehen. Männer mit diesem Schwarzen Mond erleben ein einfaches Bedürfnis und eine Bitte ihrer Partnerin oft gleich als Forderung und Anklage. Sie sind in einer ständigen Haltung der Verteidigung. Um diesem Gefühl der Bedrohung auszuweichen, leben manche nach dem Motto: «Angriff ist die beste Verteidigung».

Wie geht es der Frau mit dieser Stellung? Wenn sie sich mit der tradierten Frauenrolle identifiziert, wertet sie sich selbst wegen ihrer Dominanz und Stärke ab. Diese Abwertung wird oft delegiert und es wird ein Partner gewählt, der sich ihrer Stärke bedient, sie als Frau jedoch «nicht nimmt». Sie stellt ihre Stärke quasi in den Dienst des Mannes. Tief in ihrem Inneren verachtet sie ihn «für seine Schwäche» und sehnt sich nach einem starken Mann, dem sie sich hingeben kann, der sie «durchdringt». Doch es fällt ihr schwer, den Gürtel der Venus anzubieten. «Ich gebe mich dir nicht hin, und ich strafe dich dafür, dass du mich nicht trotzdem nimmst», heisst die Konsequenz. In diesem Fall weicht sie in die Phantasie aus und kreiert einen leidenschaftlichen Aggressor, der sie «nimmt». Bei diesem Schwarzen Mond werden häufig sexuelle, aggressive Phantasien als Stimulans verwendet. Viele haben Vergewaltigungsphantasien, was das alte Klischee zu bestärken scheint: «Die Frau sei dem Manne untertan!» Doch der Unterschied, Vergewaltigungsphantasien zu haben oder vergewaltigt zu werden, ist genauso, wie einen Krimi zu lesen oder ermordet zu werden. Die Frau wählt ihre Phantasie und delegiert ihr Begehren an den Mann. Sie identifiziert sich sozusagen mit dem Vergewaltiger und raubt sich selbst ihre Hingabe. Germaine Greer dazu:

Frauen teilen offenbar beim Anschauen erotischer Vorlagen den männlichen Blick auf sich selbst. Sie identifizieren sich mit dem Objekt männlicher Begierde –

aber das ist nur eine Seite der Angelegenheit. Eigentlich sind sie Objekt und Subjekt dieses Blickes zugleich; sie schauen sich selbst an und präsentieren sich zugleich dem fremden Blick, der sie begehrt.

Und Herrad Schenk schreibt:

Möglicherweise ist das aggressive Element in einer leidenschaftlichen Begegnung um so ausgeprägter, je grösser die Sehnsucht nach symbiotischer Verschmelzung und zugleich die Angst davor ist.

Das aggressive Element wird beim Schwarzen Mond mit Mars oft zum destruktiven Kleister einer Beziehung – oder völlig verdrängt. Im ersteren Fall ist die Beziehung geprägt vom klassischen Machtkampf zwischen Lilith und Adam. Wer ist oben und wer unten? Genau wie bei dem mythischen Urpaar gipfelt diese Thematik im sexuellen Bereich. Wer besteigt wen? Falls überhaupt! Eros trägt hier Lederstiefel oder die Tarnkappe, das heisst er unterwirft oder er zeigt sich gar nicht.

Dazu die Geschichte eines Paars, die beide diesen Schwarzen Mond haben. Sie erleben Sexualität nur lustvoll, «wenn sie ihn besteigt und unterwirft». Sie sind fixiert darauf, dass sie immer oben ist, wenn nicht, haben beide Probleme mit Lust

LILITH – WIDDER/MARS: «VERWUNDETE AMAZONE» *(Franz von Stuck)*

bzw. Potenz. Sie erlebt jede andere Stellung als Unterwerfung, er als lustlos. Ansonsten tobt in ihrer Beziehung der Kampf von Forderung und Verweigerung, Anklage und Verteidigung. Es scheint, als hätten sie einen Pakt geschlossen, dies aus dem sexuellen Bereich auszuklammern.

Liebe ohne Streit mündet rasch in Langeweile; Frauen mit diesem Schwarzen Mond sehen sich instinktiv häufig gedrängt, Streit zu entfachen, weil sie meist feinfühliger für das Verlangen und Wirken des Eros sind und den Funken am Leben erhalten möchten.[1] Begreift dies der Mann nicht, wähnt er sich im Teufelsrad der Furie, die ihn beherrscht, kastriert und unterwirft.

Stellen wir uns Lilith mit Mars vor. Wenn sie ihre Kraft gegeneinander richten, sprühen die Funken. Doch wenn sie ihre Kraft gemeinsam ausrichten, wächst Eros ins Unermessliche. Wenn nun einem Mann diese Kraft über eine Frau entgegenkommt, ist seine Faszination und auch seine Angst verständlich. Kann er sich in ihr erkennen, fliesst ihm die Kraft des Dämonischen zu und er wird letztendlich von sich selbst fasziniert sein (oder sich vor sich selbst fürchten). Die Frau wiederum muss – wie Lilith – rollenklischierte Normen zurücklassen, um diese Kraft in sich annehmen zu können. So kann sie konstruktive und schöpferische Kanäle dafür finden.

Viele Homosexuelle haben diesen Schwarzen Mond in Verbindung mit Mars – und mit Venus. Ist es bei Lilith/Venus mehr die Sucht nach Verschmelzung mit dem eigenen Spiegelbild? Ist es bei Lilith/Mars die Flucht vor dem Drachen, die Verbündung mit dem gleich leidenden Helden? Gehören zu Venus die symbiotischen Beziehungen und zu Mars die extreme Tendenz zum One-Night-Stand? Letzteres mag auch eine Entwicklung der jahrelangen Diskriminierung und Ausgrenzung sein. Im Verborgenen, rasch, schnell und ohne Verbindlichkeit. Ein Teil der homosexuellen Szene ist jedenfalls sehr von dieser Dynamik und von Beziehungslosigkeit geprägt. Ist das der Weg, dem Drachen zu entfliehen? Viele Lesben wiederum identifizieren sich mit den Amazonen. Haben sie sich zusammengetan, weil ihnen die Welt der Männer zu aggressiv war oder weil sie ihnen zu wenig aggressiv war? Die Antwort auf Macho und Softie? Ist es Protest, Flucht oder androgyne Sehnsucht? Wie auch immer, Lilith ist Patin für alle diese Inhalte.

Generell ist die Verwirrung und die Pattstellung zwischen den Geschlechtern offensichtlich. Der Mann mit diesem Schwarzen Mond erfährt dies deutlicher; er wird im patriarchalen Rollenspiel massiv hinterfragt und in seiner «Männlichkeit» verunsichert. Die Frau wird sich ihrer Stärke bewusst; setzt sie sie ein, erfährt sie wie Lilith oft Einsamkeit und Ausgrenzung. Wollen Mann und Frau hier nicht im Machtkampf von Adam und Lilith erstarren, müssen sie ihr «Entweder Oben – oder Unten» in ein Sowohl-Als-auch verwandeln. Dazu ist es notwendig, neue Bilder zuzulassen, Inhalte neu zu besetzen. Bei diesem Schwarzen Mond gilt es zu lernen, dass Stärke neben Sanftheit, Harmonie neben Aggression existieren können. Abschliessend Edward C. Whitmont:

Aggression zielt auf Trennung, führt aber letztlich durch das Verlangen, vom anderen gespürt zu werden, zu einer Annäherung. Vom Impuls her möchten wir zuschlagen, verletzen, sogar vernichten. Das Endergebnis ist jedoch, dass Verbindung

entsteht. Der Trieb des Eros andererseits will sich vereinigen, will die eigenen Bedürf-
nisse oder die der anderen befriedigen, eindringen oder durchdrungen werden – wie
dem auch sei.

Der Schwarze Mond in Waage
oder im Aspekt zu Venus

Narkissos war ein schöner junger Mann, der von der Liebe nichts wissen wollte. Er
wies herzlos die Liebe aller zurück und war von einem trotzigen Stolz auf seine Schön-
heit erfüllt. Auch die Nymphe Echo verliebte sich in ihn. Echo hatte ihre Sprache verlo-
ren. Sie hatte Hera mit einer langen Geschichte unterhalten, während Zeus wieder ein-
mal fremdging. Hera verwünschte sie wegen ihrer Beihilfe zum Seitensprung, so dass
sie nur noch die letzten Worte von dem wiederholen konnte, was ein anderer sagte.

Echo suchte Narkissos auf, konnte sich jedoch nicht erklären, sondern wiederhol-
te ständig seine letzten Worte. Narkissos stiess sie von sich und Echo verbrachte den
Rest ihres Lebens in einer einsamen Schlucht, wo sie vor Liebeskummer dahinsiechte.

Artemis verwünschte Narkissos und strafte ihn mit unerfüllbarer Selbstliebe. Als
er in der Wasseroberfläche einer Quelle zum ersten Mal sein Gesicht sah, verliebte er
sich unsterblich in sein eigenes Spiegelbild. Er versuchte sich im Wasser zu umarmen
und zu küssen. Bald erkannte er sich selbst und die Aussichtslosigkeit seines Verlan-
gens. Erst war er entzückt, seine Liebe zu besitzen und doch nicht zu besitzen. Doch
dann überfielen ihn Kummer und Qual. Er verschmachtete in dem Verlangen nach
sich selbst, und zuletzt tötete er sich aus unerfüllter Liebe. An der Stelle, wo sein Blut
in die Erde sickerte, wuchs eine Blume, welche den Namen Narzisse erhielt (narke =
Betäubung).

Beim Schwarzen Mond im Bereich der Venus wird der Dialog von Begehren mit
gleichzeitiger Verweigerung besonders sichtbar. Zwei Extreme bestimmen hier das
Lebensgefühl. Der leidenschaftliche Drang nach Verschmelzung, nach dem Absoluten und die strikte Weigerung, sich auf ein Du einzulassen. Echo und Narziss liefern
hier ein klassisches Bild. Da ist einerseits die Sehnsucht, über ein Du vollständig zu
werden. Und da ist andererseits dieser Wunsch, sich im anderen selbst zu begegnen.
«Ich will mich in dir spiegeln, um zu sehen, wie faszinierend ich bin». Das Du wird so
zu einem anderen Ich, von dem alles erwartet wird.

Das Begehren kann hier so übermächtig werden, dass es für den anderen bedrohlich wird. Diesem masslosen Verlangen wird Ablehnung entgegengesetzt, Distanz wird hergestellt. Und diese Distanz schürt wieder das Verlangen. Die Angst
vor Zurückweisung ist enorm, und um dieser Erfahrung aus dem Weg zu gehen,
flüchten einige vorher – in die Arme eines neuen Partners. «Ich habe den, nach dem
ich mich immer gesehnt habe, und ich vergehe vor Verlangen neben ihm», erklärte
mir eine Frau. «Ich ertrage nicht, dass er mich nicht so verlangt wie ich ihn, also habe ich immer einen Mann im Hintergrund, der mich absolut begehrt. Doch ich gebe
mich ihm nicht hin, da sonst sein Verlangen gestillt wäre und das könnte ich nicht er-

tragen.» In der Erwartung und im unstillbaren Verlangen liegt der Lustgewinn – und zugleich eine unglaubliche Leere.

Das Begehren des Menschen ist es, begehrt zu werden. Dieser Satz bekommt beim Schwarzen Mond in Verbindung mit Venus vorrangig Bedeutung; hier wird er zur elementaren Triebfeder, bei manchen sogar zum Lebenselexier. «Wenn ich mich nicht begehrt fühle, bin ich tot, spüre ich mich nicht mehr. Dann versiegt meine

LILITH – WAAGE / VENUS: «VON EINST WEINT MEIN HERZ»
(Fernand Khnopff und Gregoire Le Roy)

Kreativität, meine Lust, meine Freude. Ich bin abhängig davon, bin geradezu süchtig, dass mir immer jemand sein Begehren zeigt. Das initiiert mich, macht mich lebendig, spornt mich an zu leben», meinte eine Frau mit dieser Stellung. Zu ihrer Sexualität befragt meinte sie: «Ich bin unfähig, mich selbst zu begehren. Ich kann es mir nicht selbst machen. Ich glaube, ich bin der einzige Mensch, der nicht masturbieren kann. Wenn ich mich streichle, fühle ich nichts. Doch kaum sieht mir mein Partner zu und ich sehe sein Begehren, erwacht in mir die Lust. Dann habe ich Freude an mir und meinem Körper, dann kann ich sogar gierig auf mich werden.» Es scheint, als bräuchte sie den anderen als Katalysator, um sich selbst (körperlich) lieben zu können. Folgende Fragen drängen sich auf. Hat sie eine Liebesaffäre mit sich selbst und der andere ist notwendiger Spiegel für das eigene Verlangen? Kann sie ihr Begehren nur über diese Spiegelung wahrnehmen? Narziss brauchte diesen Spiegel, um sein Entzücken über sich selbst zu entdecken. Er ist nur leider in diesem Stadium erstarrt. Wäre er wirklich fähig geworden, (sich) zu lieben, hätte er auch andere lieben können.

Betrachten wir jetzt die Geschichte dieser Frau im Blickwinkel auf Echo. Echo ist verzaubert, abhängig vom Visavis und letztendlich ist sie in eine Schlucht verbannt. Es ist ihre Hölle, dass sie nur mehr Kontakt hat über «das Echo» (soweit das überhaupt Kontakt ist). Die Frau zeigt uns ebenfalls eine Hilflosigkeit, sich und ihrem Körper gegenüber. Es ist ihre persönliche Hölle, sich von einem Du sexuell so abhängig zu wissen. Dabei ist diese Abhängigkeit Spiegel für ihre grundsätzliche Verzauberung, die sie oftmals in extrem symbiotische Beziehungsansprüche drängt. Letztlich lebt sie in einer eigentümlichen Ambivalenz. Sie pendelt zwischen eifersüchtigem Inbesitznehmen und Angst vor Nähe, was sich oft über Distanziertheit und Unbeteiligtsein ausdrückt. Narziss wird wieder wach und Echo wird in die Schlucht verbannt, um dort sehnsüchtig zu verharren.

Wir haben mit diesem Fallbeispiel eine Grunddynamik über eine speziell seelisch-körperliche Abhängigkeit aufgegriffen. Wir könnten dafür auch jede andere Ebene einsetzen. Generell steht Echo für die Angst vor Selbstwerdung und Narziss für die Angst vor Selbsthingabe.[2] Sie hat Angst vor Ungeborgenheit und Isolierung, er hat Angst vor Ich-Verlust und Abhängigkeit. «Sie konnten zusammen nicht kommen ... die Sehnsucht ist viel zu schön!» Menschen mit diesem Schwarzen Mond sind häufig in das Begehren verliebt. Sie begehren das Begehren leidenschaftlich.

Die Stellung dieses Schwarzen Mondes bringt ein Beziehungsverhalten mit sich, welches wir auch von Venus/Pluto und Venus/Neptun kennen. Denken wir an das Amulett und den Schleier, also Tabu und Verdrängung, so werden die Parallelen verständlich. Wo ein Tabu oder ein Geheimnis existiert, wächst unser Verlangen. Kaum wird ein Verbot ausgesprochen, entsteht das Begehren, es zu übertreten. Allein der Vorsatz «Heute werde ich nichts essen, ich möchte ein Kilo abnehmen» treibt die Phantasie in Schokoladenberge. Und der Anblick einer Pasta lässt erbeben. Menschen, die eine «verbotene Frucht» für uns darstellen, begegnen wir ähnlich. Kaum etwas entfacht Leidenschaft so sehr wie die letzte Nacht, das letzte Ma(h)l, «wo wir es noch einmal tun» und dann ist es zu Ende. «Spiel's noch einmal,

Sam!»; Sehnsuchtsgefühle sind gesichert. «Es darf nicht sein» – ein eminent starkes Aphrodisiakum.

Absolutes Begehren bei gleichzeitiger Verweigerung bedeutet, Beziehung zu vermeiden. Hier wird Eros kränkeln oder zu einem destruktiven Dämon aufgebläht werden. Dieses Spiel kann aber auch die Leidenschaft erzeugen, die Eros braucht bzw. wir brauchen, um zu wachsen. Denken wir an das klassische Spiel zwischen Eros und Anteros.

Wir verlieben uns oft in Menschen, die (schon) etwas in uns sehen, was wir gerne wären oder haben würden. Ich spreche von den unverwirklichten persönlichen Möglichkeiten. Wenn dieser andere in uns nun etwas sieht, was ihm wunderbar und begehrenswert erscheint und wir haben zu diesem Teil noch wenig Kontakt oder glauben sogar, diese Qualität nicht zu besitzen, entsteht eine ambivalente Haltung. Einerseits sind wir hingerissen und geschmeichelt, andererseits ist da eine Angst, Erwartungen nicht zu erfüllen oder den anderen zu enttäuschen. «Hoffentlich entdeckt sie nicht, dass ich gar nicht so loyal, leidenschaftlich, sensibel, durchsetzungsfähig, risikofreudig … bin.» Es besteht jetzt die Möglichkeit, sich angstvoll zu tarnen, um nicht aufgedeckt zu werden. Eine andere Möglichkeit wäre, zu lernen und zu entwickeln, was der andere in mir sieht. Definieren wir das Du als Spiegel, so muss die Qualität da sein, wenn er mir dieses Bild zurückwirft. Der andere initiiert mich, hilft mir mein Potential zu entdecken, vermittelt mir einen neuen Zugang zu mir selbst. Werden jene Faktoren im Horoskop, die wir mit Beziehung verbinden, durch Lilith ausgelöst, treffen wir oft auf Menschen, die wegweisend für uns sein können. Doch bei diesem Schwarzen Mond sind wir ständig auf der Suche nach diesen Menschen. Und manchmal sind wir dieser Mensch für andere, sind sozusagen Initiator/in. Und/oder Dämon! In diesem Fall ist die Beziehungsthematik geprägt von Besessenheit, Hörigkeit und ohn/machtsvollen Verstrickungen. Um diesen Erfahrungen aus dem Weg zu gehen oder sie nicht mehr zu wiederholen, finden wir bei diesem Schwarzen Mond genauso eine peinsame Vermeidung jeglicher Leidenschaften. Oder sie werden verlagert, um jene auszuschalten, die einem anderen Menschen gelten und an ihn binden.

Viele Künstler haben diesen Schwarzen Mond und setzen ihre Beziehungsdämonie leidenschaftlich um. Die Erotik des leeren Blattes, die Faszination der weissen Leinwand und die Lust, einen Inhalt geistig zu durchglühen, zeugen davon. Auch viele Homosexuelle haben diesen Schwarzen Mond. Warum dieser nahtlose Übergang? Vielleicht, weil ich hier die Legende aufgreife, männliche Homosexuelle seien mit sogenannten «weiblichen Inhalten» überversorgt und aufgrund ihrer Sensibilität, angeborener künstlerischer Talente und «spezifischer Intelligenz» automatisch in Berufsgruppen angesiedelt, die als «unmännlich» gelten. Dazu aus der Studie von Michael Pollak:

Homosexualität scheint das Karrierestreben eher zu bremsen. Gezwungen, ihre Neigungen mit einem gesellschaftlichen Leben zu versöhnen, die ihrerseits nicht mit der sexuellen Marginalität in Einklang zu bringen ist, und angesichts der Gefahr von Erpressungen oder der Notwendigkeit, eine Scheinehe einzugehen, ziehen es die Söh-

ne aus dem Bürgertum häufig vor, ihre Karriere in geistigen oder künstlerischen Berufen zu machen statt in Wirtschaft und Politik. (…) Die homosexuelle Sensibilität ist zunächst einmal der Reflex einer Hellsichtigkeit, die aus der beständigen Schauspielerei und aus der Distanz zu sich selbst, ihrerseits eine Antwort auf die stets empfundene, aber nie zur Sprache gebrachte Ausschliessung, erwächst. Die Ausschliessung ist zumindest allein dem Ausgeschlossenen bewusst, der sich gegen eine stillschweigende Diskriminierung nicht wehren kann oder will und der es lernt, sich der Situation und dem Spiel anzupassen.

Die Inhalte um Lilith wehen einem förmlich entgegen; das Thema des Ausgegrenztseins, die sexuelle Diskriminierung, die Abwehr und Amulette, die Homosexuellen ebenfalls entgegengehalten werden. Es ist bezeichnend, dass die Abwertung den Partner in der «weiblichen» Rolle noch härter trifft. Einige Kulturen geben hier treffend Auskunft. Männer, die sich koitieren liessen, also die Rolle der «Frau» einnahmen, galten als Abschaum. Die Rolle des «Mannes» wurde gerade noch verziehen. Im antiken Rom wurde Homophilie prinzipiell abgelehnt. Es galt bei den strengsten Sittenrichtern jedoch als unbedenklich, seinen Sklaven zu koitieren. Die Umkehr hätte absolute Verachtung bedeutet.

Generell hat Homosexualität in den letzten Jahren (wieder) ein *coming out* erfahren – vielleicht finden diese Schritte analog einer «Rückkehr der Lilith» statt. Von der Geisel AIDS besonders heimgesucht, treffen wir hier über diese «Sündenböcke» auf unsere Dämonen, die integriert und umarmt werden wollen.

Ich habe das Thema der Homosexualität bei Lilith/Venus angeschnitten, genauso wie bei Lilith/Mars, da ich bei gleichgeschlechtlichen Beziehungen diesen Schwarzen Mond sehr oft vorfand. Menschen mit homosexuellen Erfahrungen, die diese Lilithstellung bzw. Aspektierung nicht haben, begannen ihre Beziehung meist, wenn die transitierende Lilith das «klassische Liebespaar» im Horoskop auslöste. Lilith bringt das mit sich, was wir «die Umkehr der Werte» nennen. Sozusagen das Umpolen. Manchmal auch die Wiederkehr des Verdrängten, ein abgewerteter Inhalt, der anklopft und entzaubert werden will. Das Spiegelbild zu lieben findet hier eben einen körperlichen Ausdruck.

Aphrodite ist die Mutter des Eros. Mit Venus verbinden wir Liebe und wenn wir Lilith dazugesellen, ist das Ungewöhnliche und das Erotische geradezu vorprogrammiert. Leidenschaftliche Beziehungen wechseln mit Phasen der Abgeschnittenheit und Einsamkeit; heftiges Begehren wächst an der Zurückweisung und an der Ablehnung; Lebendigkeit prallt auf Apathie. Diese Dialoge werden bei diesem Schwarzen Mond zwingend gesucht.

Der Schwarze Mond in Stier oder im Aspekt zu Venus

Tannhäuser, ein deutscher Ritter, hatte viele Länder durchreist, ehe er zum Berg von Frau Venus gelangte. Der Berg öffnete sich vor ihm, er betrat das üppige, kostbare Reich von Venus und der Berg schloss sich hinter ihm. Tannhäuser wurde der Lieb-

haber von Venus und lebte lange Zeit in völliger Versenkung, verlor sich in Schönheit, Üppigkeit und Genüssen. Der Berg barg alles, was seine Sinne brauchten. Doch eines Tages fehlte ihm etwas. Er begann sein bequemes Leben zu verachten und sein Gewissen trieb ihn wieder hinaus in die Welt. Venus bot alles auf, um ihn zu halten, sie wollte ihm sogar zusätzlich eine Gespielin schenken. Doch Tannhäuser veliess sie und pilgerte zum Papst nach Rom, um dort für sein Leben Vergebung zu erlangen. Doch der Papst brachte kein Verständnis für seine Jahre im Venusberg auf und meinte, ihm würde erst vergeben, wenn der Stab in seiner Hand auszutreiben und zu grünen beginne.

Es gibt zwei Versionen, wie die Geschichte endet.

Tannhäuser verliess in einem trostlosen Zustand den Papst, resignierte und kehrte in den Venusberg zurück, wo ihn Venus mit Freuden wieder aufnahm. Der Stab des Papstes begann zu grünen und er schickte einen Boten aus, um Tannhäuser seine Vergebung mitzuteilen. Doch die Boten fanden ihn nicht mehr.

Nach einer anderen Version pilgerte Tannhäuser zurück und unterwegs begann sein Wanderstab Zweige auszutreiben. Er sank in Dankbarkeit auf die Knie, in dem Bewusstsein, frei und gerettet zu sein.

Das Stierzeichen ist eine Sonne mit einer Mondsichel darauf. Wir können sagen, das Lunare dominiert das Solare, das Stierzeichen ist ein Fruchtbarkeitssymbol. Das Wurzelwort *gé,* dem wir bei der Grossen Mutter schon begegnet sind, bedeutet nicht nur Erde, sondern auch Stier. Die griechischen Wörter *gea* und *genos* bedeuten Erde, Geburt, Ursprung und Nahrung. Die grossen Fruchtbarkeits- und Erdmuttergöttinnen, wie Kybele oder Demeter, und auch die sinnlichen Göttinnen, wie Innana oder Ischtar, treten bei diesem Schwarzen Mond in Erscheinung. Und auch das Reich der Venus, mit aller Sinnlichkeit und Üppigkeit. Erinnern wir uns an das, was wir über den Ischtar-Aspekt von Lilith gesagt haben; beim Schwarzen Mond in Stier kann er sich voll entfalten.

Wir könnten bei diesem Schwarzen Mond die Geschichten der Grossen Göttinnen und ihrer phallischen Gefährten, wie beispielsweise Dionysos-Pan anführen; ich habe die Geschichte von Venus und Tannhäuser gewählt. Sie liefert nämlich einen Blickwinkel, der eine wesentliche Dynamik dieses Schwarzen Mondes spiegelt: Sinnlichkeit, Fülle und Genuss als führendes Lebensprinzip und/oder die absolute Ablehnung desselben. Tannhäuser im Venusberg, der mit Wonne Verschlungene, und Venus, die verschlingende Geliebte, die mit Freuden Überhäufende; wer findet diese Bilder nicht einladend. Wichtig ist, den Berg wieder verlassen zu können. Dies ist genau der springende Punkt. Hänsel im Käfig wird ebenfalls verwöhnt; von einer Hexe. Und er sitzt im Käfig. Letztlich wird er gemästet, mit dem Ziel, gefressen zu werden. Er kann sein Essen also nur geniessen, wenn er Zeit ausschaltet, nicht eine Minute an die Zukunft denkt.

Die Kreisschlange, das unbewusste Eingebettetsein in die Natur und Lilith im Kontext der Grossen Mutter treten hier in den Vordergrund. Denken wir an das, was wir über die Grosse Mutter und das Opfer gesagt haben; bei ihr findet es materiellen, körperlichen Ausdruck. So gesehen ist nachvollziehbar, warum der Schwarze Mond in Stier häufig materielle Opfer fordert. Besonders, wenn der Aufenthalt im Venusberg zum Dauerzustand wird. «Bequemlichkeit» heisst einer der Dämonen bei dieser Stellung. Wie schon erwähnt, können wir einen Dämon nicht erkennen, können wir ihn weder bekämpfen noch umarmen, wenn er uns verschlungen hat und wir in seinem Bauch sitzen. Den Trost in dieser Dunkelheit suchen wir häufig bei «Milch und Honig», und die Haltung «Nur nicht an morgen denken» lässt dies erträglich erscheinen.

LILITH – STIER/VENUS: «MÄDCHEN IM GLAS» (Leo Putz)

97

Doch Lilith ist auch Grosse Göttin und fordert Bewusstheit. Menschen mit dieser Stellung weigern sich jedoch häufig, höheren Zielen zu folgen und bewusster zu werden. Sie dienen lieber der Grossen Mutter, und die fordert bekanntlich Blut bzw. ein materielles Opfer. Die Angst vor Verlust und Armut ist bei diesem Schwarzen Mond demgemäss gross. Um dieser Angst zu entgehen, häufen einige prophylaktisch Substanz an nach dem Motto: «Ich spare für das Opfer.» Eine neue Perspektive auf den «Notgroschen». Und damit die Welt nicht zu profan wird, wird sie von vielen verfeinert. Die Genüsse werden immer subtiler, raffinierter. Denken wir daran, wie Venus es anstellt, um den ersten Zweifel von Tannhäuser zu zerstreuen. Sie steigert seine Wonnen. Und doch – eines Tages zieht er aus.

Damit sind wir beim Asketen gelandet. Genuss und Sinnlichkeit werden bei diesem Schwarzen Mond manchmal radikal abgelehnt, Sexualität wird verneint. Lilith/Ischtar, die grosse Geliebte wird nun zur Hure und Dirne gestempelt. Körper, Nahrung und Materie werden abgewertet und total verneint und jeder, der diesen weltlichen Dingen anhaftet, wird mit Verachtung bestraft. Das «höhere Geistige» und Spiritualität werden gefordert.

Einige mit diesem Schwarzen Mond leben beide Extreme abwechselnd. Dazu die Geschichte einer Frau: Kaum dem Venusberg entwichen, verachtet sie ihren Mann beim Genuss eines saftigen Stücks Steak und möchte ihn – selbstverständlich zu seinem Heil – von einer Meditationsgruppe in die andere schleppen. Damit er aufwacht! Sie beklagt sich über seine Bequemlichkeit und über seinen Mangel an «höheren Interessen». Er zu ihr: «Du stellst neuerdings Regeln auf wie der Papst.» Beide haben Lilith in Stier, und wie ich diese Geschichte gehört habe, fiel mir schmunzelnd «Tannhäuser» ein.

Bei diesem Schwarzen Mond sind derartige Dialoge häufig. Manchmal wird der bequeme Teil projiziert und die Verzweiflung über den statischen Partner ist gross. Andererseits können die Geniesser nicht verstehen, warum sie immer bei einem derart unbequemen Antreiber landen, oder warum sie sich immer mit einem spirituellen Top-dog paaren. Letztendlich prallen hier zwei Achsen aufeinander, die ihr «Kreuz» miteinander haben. Die horizontale Achse, welche unsere Beziehung zum Weltlichen darstellt, und die vertikale Achse, welche unser Wachstum auf der spirituellen Ebene symbolisiert. Der Schwarze Mond im Stier charakterisiert eine starke innere Spannung zwischen den beiden Welten, er verkörpert sozusagen das «notwendige Opfer», welches am Schnittpunkt dieser Achse liegt. Wir haben gesagt, ohne Opfer gibt es keinen Zugang zur Transzendenz. Lassen wir dazu Roberto Sicuteri sprechen: *Der Stier als Hüter der Weltenachse hat ein transzendentales Schicksal.*

Durchkreuzen wir nun die senkrechte Achse mit einem profanen Thema, hinter welchem eigentlich eine spirituelle Sehnsucht liegt: Essstörungen! Sie sind eine weitere Entsprechung, die Thematik dieses Schwarzen Mondes auszuleben. «Ich weigere mich, Nahrung zu mir zu nehmen oder ich nehme mir zu viel, überfresse mich geradezu, um es wieder auszuspeien.» Anorexie und Bulimie sind häufige Erscheinungen unserer Zeit. Die Ablehnung des sogenannten «Weiblichen», des Körpers und auch der Sexualität gehen damit Hand in Hand. Marion Woodman hat in ihrem Buch «Heilung und Erfüllung durch die Grosse Mutter» die Problematik sehr gut aufgegriffen und auch den Bezug hergestellt zwischen Essverhalten, Sucht und Spiritualität. Ihr Buch zu lesen ist ein Eintauchen in die Welt dieses Schwarzen Mondes, selbst die darin abgedruckten Bilder sind reich mit seiner Symbolik.

Greifen wir noch einmal die Geschichte von Tannhäuser auf. Er bittet den Papst um Vergebung und – in einer Version – erreicht ihn diese Vergebung nicht mehr, worauf er resigniert und sich in sein altes Leben zurückzieht. In der zweiten Version grünt sein «karger» Wanderstock und er weiss, dass ihm vergeben ist. Er hat unmittelbare Vergebung erlangt, kann sich jetzt auch selbst verzeihen. Er sank auf die Knie, in dem Bewusstsein, frei und gerettet zu sein. Doch was hat er dann gemacht? Wir wissen es nicht. Es ist letztlich egal, ob er Mönch wurde oder wieder in den Venusberg ging; er hatte ein neues Bewusstsein.

Wenn wir frei sind, können wir wählen. Dazu die Aussage eines Mannes: «Ich habe in meinem Leben immer wieder die Erfahrung gemacht, dass ich das, was ich lassen kann, auch haben kann.» Wenn wir opfern lernen, können wir viele Entweder-Oder-Haltungen in Sowohl-Als-auch-Erfahrungen umwandeln. Bei diesem Schwarzen Mond könnte das heissen: «In einem gesunden (geliebten) Körper wohnt ein gesunder Geist!» Oder: «Ich darf besitzen und dies schliesst Spiritualität nicht aus!» Die Schattenspiele zwischen der materiellen Welt und dem Spirituellen werden so gemindert. Lilith ist Vermittlerin zwischen den Welten, und diese Funktion ist auch eine der Stärken bei diesem Schwarzen Mond. Menschen mit dieser Stellung, die es geschafft haben, ein Leben ausserhalb der gewohnten Schemen zu führen, bzw. ihren Weg gefunden haben, sind häufig wegweisend und Brücke für andere. Sie sind kreativ, schöpfen aus der Gestaltungskraft dieses Zeichens, setzen dies beruflich um. Sie widmen sich schöpferischen, spirituellen Bereichen und können genauso mit Achtsamkeit und voll Dankbarkeit die «Freuden des Venusberges» geniessen.

Der Schwarze Mond in Skorpion
oder im Aspekt zu Pluto

Salome war in einer Priesterinnenschule aufgewachsen, wo sie neben vielen anderen Künsten das Tanzen lernte. Sie bewegte sich wundervoll und jeder, der sie tanzen sah, lag ihr zu Füssen. So ging es auch Herodes, dem Mann ihrer Mutter. Er verschlang Salome mit seinen Augen und nahm jede Gelegenheit wahr, sie um einen Tanz zu bitten. Salome weigerte sich oft; sie war in körperlicher und geistiger Freiheit aufgewachsen und tanzte nur, wann sie wollte.

Herodes hatte einen Propheten mit dem Namen Johannes gefangengenommen. Dieser beschimpfte Salome und ihre Mutter als Hure, bezeichnete beide als verdorben und sündig. Salome ging immer wieder zu Johannes in den Kerker, um mit ihm darüber zu diskutieren, doch der asketische Mann verachtete Salome, ihren Körper und ihre Lust. Eines Tages begann Salome vor Johannes zu tanzen und sie bemerkte, wie ihn

das erregte und er bemüht war, seinen Körper und seine Empfindungen zu diszipli-
nieren. Salome verliess ihn lachend.

Kurz darauf flehte Herodes wieder einmal, Salome solle vor ihm tanzen. Er ver-
sprach, ihr dafür jeden Wunsch zu erfüllen. Salome stimmte zu – und verlangte den
Kopf von Johannes. Herodes war geschockt, erklärte Salome für wahnsinnig, doch
sein Verlangen war mächtiger als sein Gewissen.

Salome tanzte und erhielt den Kopf von Johannes auf einem Silbertablett.

Hades/Pluto wurde mit abgewandtem Gesicht geopfert; man fürchtete ihn. Lilith wird abgewendet, indem ihr ein Amulett entgegengehalten wird; man fürchtet sie ebenso. Selbst in Astrologiekreisen begegnet man Pluto und Lilith häufig mit Abwehr oder mit grosser Ambivalenz. Viele können sie auch nicht unterscheiden, da sie beide mit Tabu, Opfer, Schatten und Dämonisierung in Verbindung gebracht werden. Auf den ersten Blick ist das auch schwierig. Hades ist sozusagen der chthonische Zeus, der Herr der Unterwelt. Er zeigte sich nur einmal in der Oberwelt, als er nämlich Kore – seine spätere Gemahlin Persephone – raubte. Pluto ist da und zeigt sich doch nicht. Lilith zeigt sich, und doch braucht es Zeit, um sie zu erkennen. Auch sie ist eine Herrin über das Dunkle, speziell seit ihrer Verbindung mit Samael. Sie hat Zugang zum Reich der Schatten und ist sozusagen (bei Auslösungen) Überbringerin von Inhalten dieses Reiches. Während Pluto, der Herr der Unterwelt, die Aufgabe zur Wandlung gibt und das grosse Stirb und Werde verkörpert, vermittelt Lilith zwischen den Menschen und der Gottheit. Lilith ist Psychopompos, Pluto nicht. Er diktiert das Thema, Lilith überbringt das Urteil. Joëlle de Graveleine nannte Lilith einmal «das Urteil», und ich möchte auf die Bedeutung dieses Wortes hinweisen. «Urteil» gebrauchen wir nicht nur, um einen Richterspruch zu benennen, sondern auch, wenn wir uns ein Ur-Teil bilden, wenn Erkenntnis einsetzt und wir urteilsfähig werden. Genauso können wir Auslösungen von/durch Lilith im Horoskop interpretieren. Entweder wir begreifen nichts und erleben es/sie wie einen Richterspruch, ein Fallbeil, eine Guillotine, und/oder tiefes Verstehen und Erkenntnis bzw. Urteilsfähigkeit setzt ein.

Steht Lilith im Horoskop in Skorpion oder in einer Verbindung mit Pluto, treten «Fallbeil und Guillotine» in den Vordergrund. Das Bedürfnis nach Kontrolle ist hier extrem und einem starken Entweder-Oder unterworfen, das heisst, auf absolute Kontrolle folgt völlige Entgrenzung. Ich habe die Geschichte von Salome und Johannes gewählt, da die beiden für zwei Welten stehen, die aufeinanderprallen; Sinnenfreude und Körperbejahung stehen einem geistigen Weltbild gegenüber. Sie fanden, wie Lilith und Adam, kein Sowohl-Als-auch in ihrem Wertsystem, das Entweder-Oder kam hier einer Kastration gleich. Johannes wurde der Kopf vom Rumpf getrennt, auf viel Behauptung folgte eine Enthauptung.

Ich bin dem Thema der Enthauptung in der Kunst nachgegangen und habe bei Menschen, die sich über Literatur oder Malerei mit diesem Vorgang auseinandergesetzt haben, häufig eine Verbindung von Lilith und Pluto/Skorpion gefunden. (Ich werde das im Anhang mit dem Fallbeispiel «Artemisia Gentileschi» noch einmal aufgreifen.) Der Dialog von über-grosser Kopfbetontheit und Kopflo-sigkeit findet auch im sexuellen Be-reich statt. Entweder werden Sexua-lität und Sinnlichkeit abgelehnt oder zum einzigen Vehikel, um Grenzen überschreiten und Kontrolle aufge-ben zu können. Eine Frau mit diesem Schwarzen Mond erzählte mir, dass sie sehr kontrollierten Liebespart-nern manchmal «Gib mir deinen Kopf!» ins Ohr flüstert.

Ein weiteres Thema, das wir Skorpion zuordnen, tritt bei diesem Schwarzen Mond verstärkt auf. «Ent-weder es geht nach meinem Kopf – oder ich zerstöre alles. Und wenn es sein muss – mich.» Die radikale Seite von Lilith tritt hier besonders in den Vordergrund. Wird in Wandlungs-phasen das symbolische Ich-Opfer, das Zurücklassen einer alten Iden-tität, nicht verstanden, wird hier manchmal das Blutopfer gebracht. Selbstmord ist immer der Beweis, dass der Mensch – aus welchen Grün-den auch immer – nicht die Kraft auf-brachte, in diesem Leben schon zu sterben und ein neues Leben zu be-ginnen. Ich habe bei meinen For-schungen in sämtlichen Horoskopen, die mir von Selbstmördern zur Ver-fügung standen, eine Stellung des Schwarzen Mondes in Skorpion und/ oder in Verbindung mit Pluto (bzw. im achten Haus) gefunden. In einem Fall war keine dieser Stellungen ge-geben, zum Zeitpunkt der Tat stand jedoch der laufende Pluto in Opposi-tion zu Lilith. Auch Partner oder An-gehörige von Selbstmördern haben oft diese Stellungen, sie erleben das Thema im Spiegel.

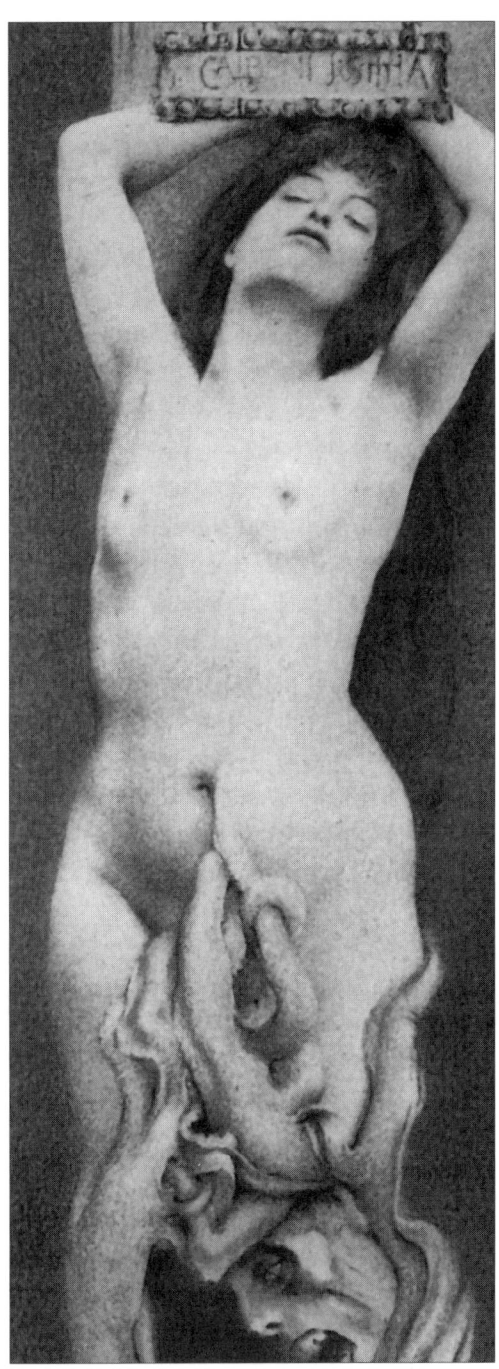

LILITH – SKORPION / PLUTO: «ASTARTE»
(Fernand Khnopff und Joséphin Péladan)

101

Manche Menschen definieren Selbstmord als einen Mord, den ich nicht an einem anderen Menschen, sondern stellvertretend an mir begangen habe. Drehen wir diesen Inhalt nun um. Es gibt Menschen, die uns durch ihr Sosein zwingen, uns zu wandeln bzw. eine Identität sterben zu lassen. Aus der Weigerung dies zuzulassen, da es als Vernichtung erlebt wird, wird in der Umkehr statt dem symbolischen «Ichmord» lieber ein Mord ausgeführt. Geeignet, weil einigermassen straffrei, ist hier der Ruf-mord. Es ist eine der abscheulichsten Formen, den anderen zu töten.

Das Thema der Verleumdung ist bei diesem Schwarzen Mond oftmals prägend. Es ist eine Form, zu entmachten bzw. entmachtet zu werden. Kontrolle, Beherrschung, Perfektion und Macht gehen oft eine Verbindung ein, die Gegner ohnmächtig werden lässt. Diese Ohnmacht lässt manchmal zum Mittel des Rufmordes greifen. Machtkämpfen und Machtspielen sind Tür und Tor geöffnet. Täter und Opfer verschmelzen, das «ohnmächtige Opfer» wird zum mächtigen Täter, der zuvor Machtvolle ist den Verleumdungen ohnmächtig ausgeliefert. Um aus diesem Spiel auszusteigen, bleibt oft nur die Möglichkeit, innezuhalten, auszuhalten oder besser gesagt, sich hinzugeben und dem Prozess zu vertrauen. Es ist die Lektion, die uns Pluto so oft erteilt; es ist auch das Thema, das Lilith so gut kennt. Auch ihr Ruf ist zerstört worden, und bis heute erscheint sie vielen so machtvoll, dass sie weiterhin denunziert wird, um so ihre Ausgrenzung zu sichern. Doch bei Verleumdungen kommen alle Beteiligten zu Schaden: der Sprecher, der Hörer und der Geschmähte. Wir können auch sagen, Täter, Erfüllungsgehilfe und Opfer. Ich möchte dazu am Schluss dieses Abschnitts (S. 104) die Geschichte *Die drei Schwestern* anführen, die ich entsprechend finde. Diese Geschichte hält keine Lösung parat, zeigt jedoch, welch destruktive Spirale Verleumdungen auslösen.

Wenden wir uns einem neuen Punkt zu, den wir über ein Spiegelspiel betrachten. Werfen wir einen Blick auf einen Menschen im Badezimmer, der im Handspiegel auf den Wandspiegel schaut, um seinen Hinterkopf zu sehen. Dabei stellt er mit Entsetzen fest, dass die angehende Glatze zu ihm gehört. Es gibt Dinge, die können wir an uns nur erkennen, wenn wir zwei Spiegel haben; Dinge, die absolut im toten Winkel liegen. Bleiben wir noch bei der Analogie mit der angehenden Glatze am Hinterkopf. Man kann sie präsentieren und dazu stehen; es besteht aber auch die Möglichkeit, den Resthaaren einen Richtungswechsel zu dirigieren, um das Fehlende zu kaschieren. Das geht auch mit einer Perücke oder einem Toupet. Es bleibt jedem überlassen, welche Form er wählt. Peinlich wird nur, wenn nach einer geglückten Tarnung der Mensch die Glatze vergisst oder leugnet und auf jeden böse wird, der ihn darauf anspricht. Oder wenn er bevorzugt über die Glatzen der anderen höhnt. Dies sind generell Schattenspiele. Warum greifen wir sie jetzt mit diesem banalen Beispiel auf?

Sowohl Pluto als auch Lilith symbolisieren Schatten. Bei diesem Schwarzen Mond liegt oftmals der Schatten im Schatten. Klingt kompliziert! Um es Schritt für Schritt nachzuvollziehen – schauen wir vorerst in den ersten Spiegel.

Hier finden wir ein immenses Kontrollbedürfnis, welches das Dunkle meidet und/oder die Welt rosarot streicht. Schmerzhafte Erfahrungen werden sofort zur «tollen, wichtigen Erkenntnis». Dagegen ist auch nichts zu sagen, nur – um hier das Bild der Trennung von Kopf und Rumpf wieder zu gebrauchen – das, was weh tun könnte, wird sofort abgetötet oder negiert. Schmerzhafte Gefühle, Wut und Trauer dürfen erst gar nicht aufkommen, da sie als bedrohlich erlebt werden. Der andere wird immer «verstanden», die Welt ist voll von Toleranz und Güte. Der Krieg tobt hier oft im Körper.

Dies war ein Blick in den ersten Spiegel. Schauen wir nun in den zweiten, der die Rückseite zeigt. Hier finden wir Menschen, die andere anprangern, weil sie sich nicht mit ihrem Schatten auseinandersetzen. Die «positiven Stinker» werden denunziert, belächelt, und um ja nicht selbst in diese Haltung abzudriften, wird ununterbrochen im Hades gewühlt. Ein Missbrauch jagt den anderen, in der Ahnenreihe werden lustvoll die Sadisten und Verhexten gesucht und – «das alles bin ich». «Ich stelle mich meinem Schatten, werfe Licht auf meine Abgründe.» Sensationell! Und wieder möchte ich das Bild der Enthauptung, der Abgetrenntheit einschieben und folgende Fragen aufwerfen:

Wo liegt hier der blinde Fleck? Im Licht? Steckt hinter dieser Sucht, Dunkles in jedem Winkel zu entlarven und zu erlösen nicht eine Abwertung? Darf das Dunkle nicht sein? In mir? Wenn ich ständig in den Hades absteige, um einen Dämon zu erlösen, steckt dahinter nicht der Drang, schneller «licht» zu sein? Welcher Dämon treibt mich hier an, zu bekehren, zu erlösen? Ein spanischer Inquisitor? Ein spiritueller Top-dog? Geht es also auch um eine möglichst «lichte Welt»? Hier ist der Hades ein Schatten, der im Schatten liegt. Und für diese Perspektive brauchen wir manchmal einen zweiten Spiegel.

Der Schwarze Mond in Verbindung mit Pluto will uns das Opfern lehren. Trifft das Opfer den körperlichen Bereich, bezieht es sich auf die Sexual- bzw. Zeugungsorgane. Es besteht auch eine Disposition zu Fehl- oder auch Totgeburten, manchmal wird eine Entfernung von Zeugungsorganen notwendig. Oder man wird selbst zum sexuellen Opfer. Lilith im Kontext der Grossen Göttin bringt/fordert hier Bewusstheit über Sexualität. Ich habe bei diesen Stellungen erlebt, dass beides erfahren wurde. Eine Frau, die massive sexuelle Übergriffe in der Kindheit erdulden musste, sich daher substantiell schlecht und wertlos fühlte, bezog später primär ihre Wertbestätigung über Sexualität. Sie hatte nur über Sexualität Zuwendung erfahren und am Begehren ihren Wert gemessen. Sie war so gezwungen, dort ihre Bestätigung zu holen, wo ihre grösste Wunde lag. Mit Hilfe einer Therapie lernte sie, Sexualität nicht mehr abzuwerten, was in diesem Fall hiess, sich selbst aufzuwerten. Parallel zur Therapie (Pluto ging damals über ihre Lilith-Stellung in Skorpion) lernte sie einen Mann kennen, mit dem sie über Sexualität transpersonale Erfahrungen machte. Wir können jetzt diskutieren, ob die Therapie diese Beziehung möglich machte, oder ob die Beziehung die Therapiefortschritte ermöglichte. Sie jedenfalls drückte sich so aus: «Das, worüber ich die grösste Wunde erfahren habe, wurde zu meiner wunderbarsten Erfahrung.» Ein homöopathischer Ausspruch!

Lilith in Verbindung mit Pluto zeigt eine Welt der Extreme, die eine dramatische Erlebnisdichte fördert und mit der Tendenz ausstattet, immer wieder extreme

Situationen anzuziehen. Diese Stellung spiegelt auch den Dialog von Leben und Tod. Es ist verständlich, dass wir dem angstvoll begegnen. Doch es geht nicht darum, angstfrei zu werden, sondern mit unserer Angst leben zu lernen. Pluto lehrt uns dieses «Stirb und Werde», Lilith lehrt uns zyklisches Geschehen. Ein altes Sufi-Sprichwort besagt: «Stirb, damit du leben kannst.» Dieser Satz wird hier zu einer zentralen Lernaufgabe, um einem Dasein als «abgeschnittener Untoter» (Vampir oder Zombie) zu entgehen.

Doch Pluto wird auch der Reiche genannt, ist Herr der Unterwelt und der Bodenschätze. Und Lilith vermittelt. So gesehen kann bei diesem Schwarzen Mond ein enorm guter Zugang zum Unbewussten bzw. zu unserem inneren Reichtum bestehen, können wir aus unseren Tiefen schöpfen und zu Initiatoren werden.

Verleumdung

DIE DREI SCHWESTERN (E. bin Gorion, *Der Born Judas*)

Es war einmal ein Mann, der drei Töchter hatte; die eine der Töchter war diebisch, die andere war arbeitsscheu, die dritte war klatschsüchtig. Da kam ein Freund zu dem Manne, der drei Söhne hatte, und wollte die drei Jungfern für seine Söhne freien. Der Vater der Töchter aber sprach zu ihm: «Meine Töchter verdienen es nicht, mit deinen Söhnen vermählt zu werden.» Da fragte jener: «Warum denn?» Der Mann erwiderte: «Weil die eine gerne stiehlt, die zweite nichts tut, die dritte üble Nachrede verbreitet.» Der Vater der Söhne sagte dennoch: «Und sei dem auch so, ich will deine Töchter meinen Söhnen antrauen.» Und er nahm die drei Schwestern, brachte sie in sein Haus und liess seine Söhne sie ehelichen.

Wie stellte es aber der Schwiegervater mit den jungen Frauen an? Die Diebin setzte er zur Herrin über alles, was ihm gehörte; die Faule machte er zur Aufseherin aller seiner Sklaven und Sklavinnen. Die Verleumderin aber besuchte er jeden Morgen und fragte sie nach ihrem Befinden.

Nach einiger Zeit kam der Vater der drei Schwestern, seine Töchter zu sehen. Die Diebin und die Faule priesen ihn hoch und sprachen: «Vater, aller Segen möge auf deinem Haupte ruhen dafür, dass du uns in dieses Haus gebracht hast; wir haben hier viel Behagen gefunden.» Die Verleumderin aber sagte: «Aller Fluch möge über dich kommen. Jeder Mensch gibt seine Tochter einem Manne, du aber hast mich zweien vermählt, dem Vater und dem Sohne zugleich. Glaubst du es nicht, so verstecke dich unter meinem Bette und habe acht auf das, was kommen wird; sobald mein Gemahl hinausgegangen ist, sein Tagewerk zu verrichten, kommt sein Vater und bedrängt mich mit seinen Anträgen.»

Da verbarg sich der Vater der jungen Frau unter ihrem Bette, und alsbald kam der Schwiegervater und begrüsste sie in der gewohnten Weise; er beugte sich über sie und küsste ihr Haupt, wie er es täglich zu tun pflegte. Darauf sprach das Weib: «Lass ab von mir, mein eigener Vater ist hier.» Da glaubte der unter dem Bette Horchende, dass der Vater seines Eidams wirklich Sündiges im Sinne hätte, er kam aus dem Versteck hervor und schlug den alten Mann tot. Als die Söhne des Getöteten das vernah-

men, machten sie sich auf und erwürgten ihren Schwiegervater. Die Verleumderin begab sich in das Frauenhaus, um ihren Vater zu beweinen, aber auch sie wurde getötet.

Ersieh daraus, dass eine böse Zunge drei Menschenkinder ums Leben bringen kann; den Sprecher und den Hörer sowohl als den Geschmähten. Der aber die Verleumdung für wahr hält, wird von der Strafe noch eher betroffen als der, der sie ausstreut.

Der Schwarze Mond in Zwillinge oder im Aspekt zu Merkur

Dorian Gray war ein leidenschaftlicher, junger Mann von auffallender Schönheit und Ausstrahlung. Bei einem befreundeten Maler, der ein Bild von ihm anfertigte, traf er Lord Henry, einen kalten Zyniker, der Worte wie Pfeile ins Leere schoss und experimentierte, welche Wirkung sie erzielen können. Jemanden im Innersten zu treffen war ein Lieblingsspiel von ihm, und er analysierte geradezu wissenschaftlich die Leidenschaften der Menschen. Bei Dorian Gray traf er ins Volle, die Worte des Lords vergifteten ihn. Eine Wandlung setzte bei Dorian Gray ein, er wurde immer kälter und eitler und er begann ebenfalls, das Leben zynisch zu sezieren.

Das Porträt, das sein Malerfreund von ihm angefertigt hatte, zeigte ihn in seiner Jugend und seinem Zauber, und als Dorian es sah, war er berauscht von seiner eigenen Schönheit. Zugleich marterte ihn der Gedanke, dass sie vergänglich war. «Dieses Bild wird ewig jung bleiben und ich werde altern. Wäre es doch umgekehrt, ich würde meine Seele dafür geben» wünschte er sich sehnlichst. Dieser Wunsch ging in Erfüllung. Gray führte ein zügelloses Leben, brach Frauenherzen, mordete seinen Freund, betrog – und war von einem engelhaften Aussehen. Das Bild veränderte sich, Züge von Verachtung, Härte und Verschlagenheit stellten sich ein. Dorian Gray war von diesem Schauspiel fasziniert und entsetzt zugleich und er sezierte die Veränderungen mit einem geradezu wissenschaftlichen Interesse. Schliesslich versteckte er das Bild auf einer Dachkammer, bedeckte es und suchte es immer seltener auf.

Eines Tages meldete sich sein Gewissen – er wusste, er war dieses Bild – nur, er fühlte es nicht mehr. Angst packte ihn, er wollte «gut» werden. Er stürzte sich geradezu in eine «gute Tat» und raste anschliessend sofort zu dem Bild, um die Veränderung festzustellen. Es hatte sich verändert; um den Mund war ein Zug der Heuchelei dazugekommen.

Dorian Gray ertrug den Anblick nicht mehr. Er nahm ein Messer und durchstach damit das Bildnis. Daraufhin stiess er einen furchtbaren Schrei aus und fiel zu Boden.

Man fand ihn tot, mit einem Messer im Herzen, die Haut alt und runzelig. Neben ihm stand unbeschädigt das Bildnis eines engelhaften Jünglings von besonderer Schönheit.

Die Geschichte vom Bildnis des Dorian Gray symbolisiert die Welt dieses Schwarzen Mondes. Der bedrohliche Bereich der Gefühle wird unterdrückt, seziert, rationalisiert. Die Welt ist so geprägt von kaltem Intellekt und Zynismus. Die Abgründe werden nach aussen gestellt, auf ein Bild oder ein Du gebannt. Dorian Gray sieht sein Bild, weiss intellektuell «Das bin ich!» und spürt es nicht mehr. Er verkörpert dieses Getrenntsein, dieses «Neben-sich-stehen» und sich Beobachten im Visavis. Der Intellekt wird zum Dämon, kann also im Spiegel nur einen Dämon antreffen.

Friedrich Weinreb[3] ordnet Lilith das Sezieren der Welt zu. Er sieht sie als den Dämon, der in die Vielheit und so in die Verzweiflung führt. Dem ist auch so, wenn wir Lilith mit der absteigenden Schlange gleichsetzen. Doch wir verbinden Lilith auch mit der aufsteigenden Schlange, und so ist sie nicht nur Verführerin, sondern auch Führerin. Sie weiss um die Ganzheit des Menschen und stellt sich ihm im Bemühen um Ganzheit zur Seite. Sie ist Psychopompos, also Seelenführerin, genauso wie Hermes/Merkur. Hermes trägt den Stab mit den aufsteigenden Schlangen, welcher Symbol für Heil ist. Lilith diese Dimension abzusprechen, hiesse, sie ausschliesslich zum Dämon zu erklären und – sie letztlich primär so zu erfahren. Im patriarchalen System dominiert der Verstand über die «Werte des Weiblichen». Darf es also keinen weiblichen Psychopompos wie Lilith geben? Oder hat sie sich dem männlichen Psychopompos unterzuordnen? Beide, Lilith und Hermes, sind Geleiter – und Vermittler! Beide sind auch geflügelte Überbringer der Träume. Und Lilith ist Initiatorin, bringt also initiative Träume. Bei einer Auslösung des Schwarzen Mondes von oder über Merkur treten oft wegweisende Träume auf. Selbst bei einer

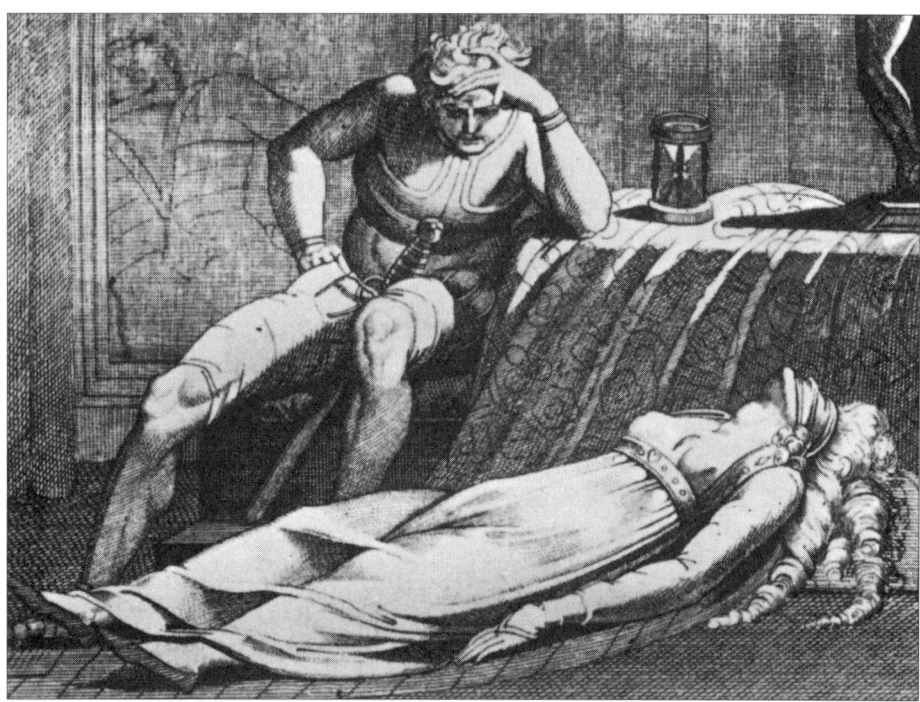

LILITH – ZWILLINGE/MERKUR: «DAS OFFENE HERZ» *(Johann Heinrich Füssli)*

Schwierigkeit, sich an Träume zu erinnern, in diesen Zeiten besteht ein guter Zugang zum Unbewussten. Das Unbewusste wird symbolisch mit dem Meer gleichgesetzt, und wie wir wissen liegt dort eine Heimat von Lilith. Lassen wir doch das Bild zu, dass sie bei ihrem Auftauchen und nächtlichen Besuchen ein Gastgeschenk aus dem Unbewussten mitbringt. Eine Aufgabe bei diesem Schwarzen Mond mag darin bestehen, dieses Geschenk anzunehmen und ernstzunehmen, also Vertrauen in Bilder und in die eigene Intuition zu entwickeln.

Es gibt Menschen, die Geschenke weitergeben, wenn sie sie persönlich nicht schätzen. Wird so ein «Nachtgeschenk» weitergereicht, wird es so oft zur Inspiration für den anderen. Menschen mit diesem Schwarzen Mond sind manchmal unglaublich intuitiv, schätzen ihre Intuition jedoch nur mässig. Sie gebrauchen sie – beinahe beiläufig – für andere, setzen sie jedoch nicht für sich selbst ein. Für sie bleibt Intuition brachliegendes Potential oder ein minderbewerteter Zulieferer für die Welt, in der Intellekt und Rationalität herrschen.

Zeigen wir das am Beispiel einer Frau. Sie ist eine «Tochter des Patriarchats», sehr leistungsbezogen, intelligent und wortgewandt. Sie wertet das sogenannte «Weibliche» ab und stellt es in den Dienst eines rationalistischen Weltbildes. Ihre Intuition ist gross, doch sie handelt nicht danach. Sie benutzt sie lediglich, um ihre Wortspiele noch treffender und geschickter zu gestalten, unterstreicht damit ihre intellektuelle Gewandtheit. Ihre messerscharfen Formulierungen erinnern an Lord Henry aus unserer Geschichte.

Wortreichtum und intellektuelle Gewandtheit können bei diesem Schwarzen Mond zum Götzen werden. Der Wertmassstab wird daran angelegt. Wird diesem Massstab nicht entsprochen, setzt Vernichtung ein; bei anderen und auch bei sich. Das Urteil lautet hier: «Ich bin dumm, schwerfällig, ungebildet, witzlos, ich bin nichts.» Wenn wir uns lange genug abgewertet haben, drehen wir die Abwertung um, damit es uns wieder besser geht. So gesehen ist nachvollziehbar, warum «intellektuelle Feindbilder» bei diesem Schwarzen Mond gesucht werden.

Der/die Gefühlvolle und der/die Intellektuelle werten sich hier gründlich ab. Wichtig ist wahrzunehmen, aus welcher Identität jeweils agiert wird. In Partnerschaften liegen meist festgelegte Rollen vor, im Freundeskreis oder im näheren Umfeld werden die Identitäten manchmal gewechselt, das heisst: «Welcher Teil mir auch immer begegnet, ich ergänze ihn durch den anderen.» Je rationaler der eine wird, um so irrationaler wird der andere. Eine Frau, die von ihrem Mann manchmal «intellektuell hingerichtet» wird (wie sie es ausdrückt), springt ihn in der Folge wutentbrannt an, um sich letztendlich weinend und resignierend zurückzuziehen. Er bleibt kühl, analysiert ihren Schmerz und stachelt sie noch mit zynischen Kommentaren an. Er ist astrologisch und psychologisch angehaucht und weiss intellektuell, dass «der Drache» zu ihm gehört, begreift und spürt jedoch überhaupt nichts. Er betrachtet mit kaltem Blick das Bild gegenüber, ist fasziniert und unbeteiligt zugleich.

Dazu noch die Geschichte einer Frau, die diese Dynamik sehr gut kennt. Sehr oft trägt sie die Rolle der «Entäusserten» und wird von ihrem Umfeld fassungslos, pardon gefasst, beobachtet. Doch auch sie wirft diesen Blick in die Welt, beobachtet und seziert, nur – sie setzt ihn künstlerisch um. Sie malt mit einer Leidenschaft, einer Besessenheit und einem treffenden Blick für das Dämonische. Ihre Bilder halten ein Gesicht in dem Augenblick fest, wo ein wesentlicher Zug freigelegt wird, wo ein «Dämon seinen Schleier lüftet». Ihre Porträts wirken manchmal fratzenhaft, doch unglaublich lebendig. Sie lösen Betroffenheit aus und man betrachtet sie beinahe mit Scheu; es ist, als würde man in das Geheimnis eines Menschen eindringen, sozusagen eine Indiskretion begehen.

Ein weiteres Thema, das bei diesem Schwarzen Mond auftritt, wird anschaulicher, wenn wir uns an die Schlange erinnern; an ihre Doppelzüngigkeit, an ihr Gift, ihre Schmeichelei, ihre Verführung und auch an ihre Klugheit. Der wunde Punkt heisst hier Klatschsucht und üble Nachrede. Selbst Menschen, die sehr korrekt sind und gut schweigen können, wurden bei einem Transit des Schwarzen Mondes zu Merkur in Indiskretionen verwickelt, was sie in eine Auseinandersetzung mit einem Persönlichkeitsanteil zwang, den sie bislang an sich nicht wahrgenommen haben. Vorurteile fanden hier ein unrühmliches Ende. Eine Frau drückte dies einmal so aus: «Ich kann und will es kaum fassen, mir ist Ehrlichkeit so wichtig, aber ich glaube, ich bin auch falsch.» Sie war in diesem Augenblick unglaublich aufrichtig.

Reden und Schweigen wird bei diesem Schwarzen Mond zur Waffe. Der andere wird durch eine Wortflut eliminiert oder durch konsequentes Schweigen vernichtet. Den anderen mit Worten nicht erreichen zu können, lässt verstummen. Menschen mit dieser Stellung leiden oft darunter, vom Partner verbal überrannt zu werden oder auf eine Mauer des Schweigens zu prallen. Gegenstand der Auseinandersetzung ist oftmals die Weigerung, Dimensionen zur Tiefe zuzulassen. Eine Möglichkeit, mit diesem Schwarzen Mond die Tiefen auszuloten, ist das Schreiben. Der andere lässt sich so erreichen. Eine weitere Brücke ist manchmal Musik, wo beide schweigen und mit den Tönen in den anderen dringen. Merkur/Hermes fertigte eine Flöte für Apoll. Er gab sie im Tauschhandel seinem Bruder, um ihn zu versöhnen. Apollo nahm die Flöte, ein Instrument des Dionysos, an und im Spiel auf ihr fanden die beiden symbolisch zueinander.

Der Schwarze Mond in Schütze oder im Aspekt zu Jupiter

Die Zeit um 1182 war eine Zeit der Glaubenskriege – die kirchliche Macht prallte auf die weltliche Macht, der Papst lag in einer Fehde mit dem Kaiser. Der Klerus war geprägt von Faulheit und Ignoranz, die Prälaten wollten durch allerlei Machenschaften zu Geld und Einfluss kommen. So organisierten sich viele Sekten und fanden regen Zulauf.

In diese Welt wurde Franziskus von Assisi geboren, als Sohn eines reichen Tuchhändlers. Franziskus war ein gefühlvoller und feuriger Jüngling, der sich für Heldengedichte und Ritterromane begeisterte. Er begleitete seinen Vater oft auf Geschäftsreisen und war ein gerngesehener Gast bei kulturellen Anlässen und grossen Festgelagen. Franziskus scharte die angesehene, aristokratische Jugend Assisis um sich und – selbst nicht adelig – bot er zwei Werte, die noch mehr Gewicht hatten als Titel: Geld und ritterliches Benehmen. Er war reich und grosszügig (mit dem Geld seines Vaters) und unterstützte die unbegüterten Adeligen, machte sie zu seinen Schuldnern. Franziskus wurde wie ein Ritter und Edelmann behandelt und er genoss sein gemächliches Leben.

Die Wandlung setzte zögernd ein. Franziskus wurde krank, fiel in einen geistigen und körperlichen Ermattungszustand, von dem er sich wochenlang nicht erholte. Die Gelage und Feste hatten ein Ende. Nach seiner Genesung wollte er seinem Leben einen edleren Inhalt geben und schloss sich voller Ehrgeiz und Begeisterung dem Glaubenskrieg des Papstes an.

Franziskus erkrankte wieder. Während diesem abermaligen Siechtum hatte er Visionen und begriff den Ruf seiner Stimmen. Er ging den Weg des «Saulus zum Paulus». Er entsagte dem bisherigen Leben, betete und fastete, verschenkte das, was er hatte an die Armen und verzichtete auf sein väterliches Erbe. Die Bürger Assisis überschütteten ihn mit Hohn, sein Vater sagte sich von ihm los. Franziskus aber zog das Eremitengewand an, ging in die Einsamkeit und stellte sein Leben von nun an in den Dienst Gottes.

Schütze heisst im Hebräischen *keschet*, was soviel wie Bogen bedeutet. Denken wir an die Schützesymbolik, den Kentauren mit Pfeil und Bogen in der Hand. Sein Unterleib ist ein Tierkörper, zeugt von der wilden, triebhaften Seite, sein menschlicher Oberkörper zielt mit Pfeil und Bogen auf das Höhere. Diese beiden Dimensionen zu verbinden, hier «den Bogen zu finden», ist eine Hauptaufgabe. Bei diesem Schwarzen Mond wird die Spannung zwischen beiden Welten erhöht. Masslosigkeit, Bequemlichkeit, Fülle und Genuss werden zum «Götzen» oder total verneint. In einem ständigen Kampf wird die Welt in ihren Niederungen entlarvt und bekämpft, Ehre und Ruhm werden angestrebt, das Ideal der Freiheit wird hochgehalten – um sich morgen wieder in bequemer Anpassung vorzufinden. Faulheit wird an den Pranger gestellt, andere wieder suhlen sich darin.

Wir haben Lilith der Schlange zugeordnet. Bei diesem Schwarzen Mond tritt auch das Pferd in den Vordergrund. Pferde versinnbildlichen die Libido, und C. G. Jung misst dem Pferd auch einen erotisch-priapeischen Aspekt sowie das Symbol des Lebensspenders bei.[4] Pferde sind, wie Schlangen, Sexualsymbol. So wird anschaulich, warum bei diesem Schwarzen Mond häufig Sexualität zu einer Arena wird, in der der Kampf zwischen dem Höheren und Niederen ausgetragen wird. Auf Ekstase folgt Askese und umgekehrt. Meist fällt es schwer, hier den verbindenden Bogen zu finden. Viele projizieren diesen Dialog auf die Frau. Männer mit dieser Stellung suchen oft sehr triebhafte Frauen, verlieren sich heute in ihnen und strafen sie morgen mit Abwertung. Oder sie suchen sich auffallend instinktschwache Frauen und versprechen sich so Sicherheit, da diese es nicht vermögen, ihren «Tierleib» zu wecken. Sie wähnen sich so näher am Heiligen. Umgekehrt agieren Frauen mit diesem Schwarzen Mond manchmal wie Hohepriesterinnen, die ab und zu ihre fleischlichen Sklaven brauchen. Sehr oft bestehen Polarisierungen zwischen der «spirituellen» Frau und dem ausschliesslich materiell ausgerichteten Mann; das Gegenstück können wir «die Versuchung des heiligen Antonius» nennen. Der Heilige hat die teuflischen Lockungen des «niederen Weibes» als Trugbild zu entlarven. Lilith lässt grüssen!

Religion, Weltbild, Glaube, Gerechtigkeit, Ehre und Ansehen spielen eine grosse Rolle bei diesem Schwarzen Mond. Fanatismus findet sich häufig und der Bogen spannt sich wieder vom «Gerechtigkeitsfanatiker» über den religiösen bis zum

LILITH – SCHÜTZE / JUPITER: «DIE FRAU UND DER PHILOSOPH»
(Hans Baldung Grien)

politischen Fanatiker. Der Kampf des Urpaares mit seinem «Wer ist oben und wer unten?» tobt dann hier. Glaubenskriege und Diskussionen über Weltbilder sind häufig. Freiheit ist dabei ein Schlagwort, auch in Beziehungen. Auf eine Einengung oder eine Überforderung wird meist mit Flucht reagiert. Der Fluchtpunkt kann eine Bergspitze, eine Analogie für das Höhere, oder «Wein, Weib und Gesang» sein, die «saftigen Weiden des Niederen». Das Flucht- und Suchtrepertoire beinhaltet sowohl Mountainbike als auch Chianti Classico.

Die scheinbar unvereinbaren Welten spiegeln sich bei diesem Schwarzen Mond manchmal über die Eltern. Oftmals kommen sie aus verschiedenen Ländern, Kulturkreisen, Konfessionen oder sie haben ein stark unterschiedliches Bildungsniveau. Die Welt und das dazugehörige Wertsystem eines Elternteiles wird oft massiv bekämpft, so, als wäre es für die eigenen Niederungen verantwortlich. Daraus resultiert auch eine gewisse Entwurzelung, sozusagen eine Halbwaisenschaft. Eine Heimholung des Sündenbockes ist hier vonnöten, damit es nicht eine ständige Heimsuchung wird.

Dazu die Geschichte eines Mannes. Sein Vater war Nazi, seine Mutter war Jüdin. Er floh seine Mutter, setzte sich nicht mit ihr auseinander. Er identifizierte sich mit den Werten des Vaters, und dies prägt bis heute seine politischen Aktivitäten. Hier wird er häufig angegriffen und er ist ständig darum bemüht, sich weltoffen, tolerant und menschenfreundlich zu zeigen. Er könnte viele Angriffe, die auf die Vergangenheit seines Vaters zielen, entmachten, wenn er von seiner jüdischen Mutter erzählen würde. Und er könnte sie noch mehr entschärfen, wenn er verraten würde, dass er selbst eine Jüdin geheiratet hat. Vor seiner Frau flüchtet er genauso wie vor seiner Mutter, die Auseinandersetzung verlagert er auf die politische Ebene. Er fürchtet eine Politikerhorde anscheinend weniger als die Frau.

Greifen wir noch einmal die Geschichte von Franziskus auf. Er ist ein Mystiker und ein Heiliger. Bei diesem Schwarzen Mond gibt es viele Mystiker, Heilige gibt es generell wenige. Die Scheinheiligkeit ist der Schleier dieses Schwarzen Mondes. Dem Mystiker wiederum, der von der Welt nichts wissen will, bleibt Wesentliches verborgen. Genauso wie dem Weltmenschen, der Geheimnisse nicht anerkennt. Lilith vermittelt zwischen beiden Welten. Sie entspricht einer Kundrie, die Parzival schliesslich geholfen hat, den Gral zu finden. Kundrie ist kein schmeichelnder Engel; sie erschien Parzival furchtbar, forderte und verfluchte ihn. Parzival musste unter anderem lernen, das Weibliche zu achten. Er musste sich mit ihm versöhnen, die weiblichen Mysterien begreifen, um das Wesentliche erkennen zu können. So wurde er Gralskönig.

In vielen keltischen Sagen kann der Gral nur mit Hilfe der schrecklichen Medusa gefunden werden. Die Symbolik des Grals zeigt, dass er lebenspendender Quell ist und dass ihn Repräsentanten aus allen Welten umgeben. Sein Gefäss wurde geschnitzt aus einem Juwel, welches aus der Krone Luzifers fiel. Er steht nicht nur in Zusammenhang mit Christus am Kreuz, sondern auch mit dem keltischen Kerunnus, dem nordischen Odin, dem römischen Pluto, dem griechischen Hades und mit Dionysos.[5] Der Gral steht auch unter dem Schutz der Göttin. In ihrer Symbolik

111

wird der Gral von einer Frau (Kundrie) mit Hauern, Hundenase, Bärenohren, Haaren wie Schweineborsten und Fingernägeln wie Löwenkrallen begleitet. Diese Bilder mögen für Menschen mit diesem Schwarzen Mond wichtig sein. «Haben sie diesen Bogen raus», trifft der Pfeil. Sie können mit ihrem Bewusstsein dem Pfeil folgen und trotzdem hier bleiben. Und – sie können andere das Bogenschiessen lehren.

Wichtig ist, den Bildern trauen zu lernen. Stellen wir uns vor, dass wir uns mit dem Optimismus, den uns Jupiter schenkt, *trauen*, zu Lilith hinabzusteigen, dass wir dem *trauen* und *glauben*, was wir dort sehen und voll *Vertrauen* wieder aufsteigen. Das heisst, dass wir in die Tiefen unserer Seele absteigen, daraus schöpfen und so instinktsicher unseren Weg weitergehen; mit Vertrauen und Sinn ausgestattet. Eine schöne Vision! Bei diesem Schwarzen Mond ist der Bilderreichtum enorm und es wäre eine Vergeudung, ihn abzuwehren. Lilith bietet hier ihre Fülle an, schenkt Zugang zu ihren Kräften über Bilder, Symbole und Rituale.

Der Schwarze Mond in Krebs oder im Aspekt zum Mond

Peter Pan, der Junge, der nicht erwachsen werden will, lebt in Niemalsland. Er ist der Anführer von verlorenen Kindern, Jungen, die aus dem Kinderwagen gefallen sind und um die sich niemand gekümmert hat. Peter selbst behauptet, er wäre als kleiner Junge auf Entdeckungsreise gegangen und während er unterwegs war, habe seine Mutter ihn vergessen und bei seiner Rückkehr wären Tür und Fenster verschlossen gewesen. So beschloss er, seine Mutter zu vergessen. Er flog nach Niemalsland und hasste alle Mütter. Er verbot den Jungen, die ebenfalls in dieses Land geflohen waren, das Wort «Mutter» überhaupt zu erwähnen und wer es wagen sollte, erwachsen zu werden, wurde eliminiert.

Peter lehnt Mütter ab und sucht sie doch überall. Seine ständige Begleiterin ist eine Fee namens Tinker Bell, die ihn eifersüchtig bewacht.

Eines Tages flog Peter weg von Niemalsland, um eine Mutter für sich und die Jungen zu suchen. Er flog in ein offenes Kinderzimmer und überredete das Mädchen Wendy, mit ihm zu kommen. Wendy verliess das Elternhaus, flog mit Peter nach Niemalsland und spielte dort seine Mutter bzw. auch die Mutter der Jungen. Sie bauten ein kleines Haus und Wendy lebte wie Schneewittchen bei den sieben Zwergen. Peter fand es immer wieder wichtig, zu betonen, dass sie nur «Familie spielen», da er sich sonst zu alt gefühlt hätte.

Für eine Zeit ging dieses Spiel ganz gut, doch dann wurden Wendy und Tinker Bell immer zorniger – sie wollten von Peter nicht nur als Mutter und hilfreiche Fee, sondern auch als Frau wahrgenommen werden. Der wiederum verstand nicht, warum ihm seine Frauen derart entgegenfauchten. Seine Kämpfe trug er lieber woanders aus.

Im Niemalsland lebte auch der berüchtigte Käptn Hook, ein Erzfeind von Peter. Peter schnitt ihm einmal den rechten Arm ab und warf ihn einem Krokodil zum Frass vor. Das kam daraufhin auf den Geschmack und suchte beharrlich den Rest von der anregenden Kost. Das Krokodil verfolgte Hook ständig. Hook und seine Piraten ver-

folgten wieder Peter und seine «Familie». Nach einem trickreichen Kampf gewannen die Kinder. Hook landete nach einem Tritt von Peter im Rachen des Krokodils, die Piraten wurden vernichtet. Wendy schneiderte daraufhin aus den Kleidern der Piraten neue Anzüge für die Jungen, Peter rauchte ab jetzt mit Hingabe Hooks Zigarren.

Irgendwann hatte es Wendy satt. Sie kehrte zurück zu ihren Eltern und entschied sich, erwachsen zu werden. Die Jungen gingen mit ihr und wählten ein geregeltes, pflichtbewusstes Leben. Nur Peter blieb mit Tinker Bell im Niemalsland. Manchmal besuchte er Wendy. Die gab sich oft künstlich kindlicher, um das Gefälle zwischen ihnen zu verringern. Doch schliesslich wurde sie erwachsen, heiratete und bekam eine Tochter. Eines Tages kam sie ins Kinderzimmer und sah noch, wie ihre kleine Tochter mit Peter beim Fenster hinausflog. Und Wendy verstand – sie liess das Fenster offen.

Bei diesem Schwarzen Mond stossen wir auf den Lamaschtû-Aspekt von Lilith. Die verschlingende Mutter tritt auf. Der sogenannte «lichte» wie auch der Schwarze Mond gehen eine Verbindung ein; die gute wie auch die furchtbare Mutter sind hier omnipräsent.

Erinnern wir uns an die Lamia, die ihre Augen herausgibt, welche sogar wachen, wenn sie schläft. Eine Frau mit diesem Schwarzen Mond erlebt dies so: «Meine Mutter überwacht mich ständig. Um mich zu lösen, bin ich beinahe 1000 Kilometer von ihr weggezogen, und doch kann ich ihr nicht entfliehen. Nun kontrolliert sie mich über die Träume. Sie hat hellseherische oder telepathische Fähigkeiten und träumt so, dass sie ständig über mich Bescheid weiss. Sie träumt mein Leben, weiss durch ihre Träume sofort, wann ich neue Schritte setze und welche Entscheidungen ich getroffen habe. Sie ruft mich am nächsten Tag an, um ihren Kommentar dazu zu geben. Ich erlebe dies als unheimlich, es empört mich und ich denke, ich kann ihrem Dunstkreis nie entweichen. Ich habe oft Angst, sie kontrolliert mich noch über den Tod hinaus.»

Diese Geschichte erinnert an die Hexe und an Hänsel im Käfig. Er erhält täglich sein Zuckerbrot, welches ihm die Hexe in sein Gefängnis steckt, um ihn zu mästen, in der Absicht, ihn am Ende zu verzehren. Hänsel ist überversorgt, doch unfrei; er untersteht der kontrollierenden Hexe. Menschen mit diesem Schwarzen Mond haben oft eine überfürsorgliche, alles überwachende Mutter, der sie sich schwer entziehen können. Für jeden winzigen Schritt in die Freiheit fordert sie hohes Lösegeld. Jede «Rebellion» wird im Keim erstickt; bevorzugt mit Zuckerbrot. Liebe wird für Manipulation missbraucht. Für viele mit diesem Schwarzen Mond ist es schwer, die «Fleischtöpfe» der Mutter zu verlassen. Tun sie es doch, sind die Schuldgefühle meist gross.

Greifen wir die Geschichte von Peter Pan auf. Er hasst Mütter und sucht sie zugleich überall. Menschen mit diesem Schwarzen Mond haben oft eine starke Bindung an Mütter/Frauen. Bei einer Trennung von der Mutter wird schnell eine Ersatzmutter gesucht, der sie sich ausliefern können. Grundsätzlich besteht eine ausgeprägte Ambivalenz der Mutter(schaft) bzw. Frauen gegenüber. Die Mutter wurde oft «heiss-kalt» und unberechenbar erlebt, grossen Stimmungsschwankungen und Launen unterworfen. Zu Mittag honigsüss verschlingend, am Abend kühl und abweisend. Dieses Verhalten wird schliesslich umgekehrt und gegen die Mutter bzw. Frauen gerichtet. Männer mit diesem Schwarzen Mond behandeln Frauen, bevorzugt die Partnerin, mit der entsprechenden Ambivalenz. Heute wird sie angebetet, hochgejubelt, ist sie seine gute Fee, morgen wird sie abgewertet, angegriffen und als Drache oder Krokodil abgestempelt. Die dominante Frau wird gesucht und zugleich gefürchtet. Zur Kompensation wird manchmal das kleine Mädchen gewählt, welches an den Beschützerinstinkt appelliert. Mit einiger Treffsicherheit holt er sich über die Kindfrau das Drachenbaby wieder herein. Babies sind süss, selbst wenn es Drachenbabies sind, und so wird ersatzweise das Muttertier bekämpft. Der Kampf tobt dann stellvertretend mit dem «Schwiegerdrachen». Seine Partnerin ist und bleibt das Opfer ihrer Mutter.

Häufig wird auch die eigene Mutter als «ewiges Opfer» wahrgenommen. Menschen mit dieser Stellung erklären sich auch bevorzugt zum «Daueropfer» ihrer Mutter und halten an dieser Perspektive eisern fest. Sie klagen die Mutter ständig an und stempeln sie zum Sündenbock für ihre Verfehlungen. Damit entschuldigen sie ihre lebenslange Weigerung, erwachsen zu werden und Verantwortung zu übernehmen.

Frauen mit diesem Schwarzen Mond haben eine Tendenz, zur «Übermutter» zu werden und die eigenen Kinder zu verschlingen, sie so zu beherrschen, dass die Entwicklung zu einer eigenständigen Persönlichkeit behindert wird. Viele bleiben derart von der eigenen Mutter gefangen, dass sie nicht fähig sind, eine Beziehung zum anderen Geschlecht aufzubauen. Die Mutter erträgt sozusagen keine Konkurrenz. Diese Frauen bleiben lebenslang Mädchen, werden nicht erwachsen. Manche werden selbst nie Mutter. Sie richten die «Verschlingerin» letztendlich gegen sich und «erwürgen ihre Kinder». Auch ihre geistigen, was heisst, dass sie ihre Kreativität unterbinden.

Mutterschaft wird beim Schwarzen Mond in Verbindung mit Mond manchmal abgelehnt. Dies kann auch bedeuten, dass das Kind zwar in die Welt gesetzt, doch nicht angenommen wird. Im Extrem wird das Kind ausgesetzt oder weggegeben. Von dieser Erfahrung geprägt, wird der Hass auf die Mutter und die lebenslange Suche nach ihr verständlich. Eine Frau, Mutter von vier Kindern, erzählte dazu, dass sie sich erst beim vierten Kind entschieden hätte, «Mutter zu sein». Für die ersten drei hätte sie keine mütterlichen Gefühle; sie war jedoch bereit, existentiell für sie zu sorgen.

Beziehungen sind bei diesem Schwarzen Mond von starken Abhängigkeiten geprägt. Männer wählen «die Mammi», Frauen wählen «den Mammi» oder «die Mammi». Der Partner wird mit Liebsein manipuliert, verwöhnt und umsorgt, darf jedoch keine Schritte setzen, die das «Auge der Lamia» nicht überwachen kann. Einige suchen diese Abhängigkeit bewusst. Eine Frau dazu: «Eine meiner Lieblingsphantasien ist, dass ich eine Haremsdame bin, feist und gut gefüttert und dass ich mein ganzes Leben für nichts mehr verantwortlich bin.» Sie verwechselt hier Träg-

LILITH – KREBS/MOND: «I LOCK MY DOOR UPON MYSELF» *(Fernand Khnopff)*

heit mit Hingabe und meint, eine Frau, die alles von ihrem Mann nimmt, sei «das Weib». Sie ist stark vom patriarchalen Frauenbild geprägt und wertet sich ab, wenn sie gegen dieses Diktat verstösst. Von Zeit zu Zeit gibt sie Impulsen nach, eine eigenständigere Persönlichkeit zu werden. Dann wird er zum Würgeengel und erstickt ihre Bemühungen. Dabei spielt er den Trumpf der verschlingenden Mütter aus und wirft ihr ein übermächtiges Zauberwort entgegen: «Undankbarkeit»!

Menschen mit diesem Schwarzen Mond geben ihrem Partner – oft unbewusst – die Erlaubnis, sie wie ein kleines, unartiges Kind oder wie einen Drachen behandeln zu dürfen. Und sie spielen mit, indem sie zwischen artiger Überanpassung und Furiosität pendeln. Hysterie begleitet diesen Schwarzen Mond häufig. Eine Frau, zu ihren Lilith-Returns befragt, erinnerte sich: «Eigentlich war in diesen Zeiten nichts Besonderes, ausser, dass ich ständig mit absolut hysterischen Frauen konfrontiert war. Einmal waren es zwei völlig überdrehte Zimmergenossinnen, mit denen ich meine Studentenbude geteilt habe, ein anderes Mal wurde mir eine furchtbar dominante Chefin vorgesetzt, die mir bis heute das Leben zur Hölle macht.» Sie wertet diese «hysterischen Frauen» ab, genauso wie ihr Mann, und beide wollen nicht wahrhaben, dass sie selbst starke hysterische Tendenzen haben. Nach tradiertem Klischee sind seine Ausbrüche nie hysterisch; «er macht sich lediglich Luft». Für ihre Ausbrüche erklärt er sie nie verantwortlich; er sieht ihr «Um-sich-schlagen» als hilfloses Wehren gegen ihre hysterische Mutter. Das Wort Hysterie stammt bekanntlich von *hystéra*, was soviel wie Gebärmutter bedeutet, und es ist bezeichnend, dass etwas, das derartig dämonisiert wurde, den Namen eines weiblichen Organs erhielt.

Inhalte, die wir dem Mond zuordnen, werden bei dieser Lilith-Stellung oft verdrängt und dämonisiert. Bei der Wiederkehr des Verdrängten erscheinen sie verzerrt, was eine Abwertung und weitere Verdrängung zur Folge hat. Das berühmte «Teufelsrad» dreht sich. Die Schlange wird mit Füssen getreten und folglich beisst sie. Dieser Biss trifft hier oft die weiblichen Organe der Frau. Bei Auslösungen des Mondes durch den Schwarzen Mond treten manchmal gynäkologische Probleme auf. Häufig auch Schwangerschaft, Fehlgeburt oder Abtreibung. Der Beginn und das Ausbleiben der Menses kann damit zusammenfallen. Mädchen mit dieser Stellung weigern sich manchmal, Frau zu werden. Sie haben eine unglaubliche Angst vor der ersten Blutung. Ich zitiere zwei Dreizehnjährige mit Lilith/Mond: «Bei der ersten Gelegenheit lasse ich mir meine Gebärmutter herausoperieren.»

Einige werden bei derartigen Aussagen vielleicht folgende Frage stellen: «Was mache ich mit diesen Informationen?» Ich kann und will Ihnen darauf keine Antwort geben. Doch ich möchte diese Beobachtungen nicht unerwähnt lassen. Der Schwarze Mond symbolisiert Schatten, die hier eben auf den Mond fallen. Doch was fällt, kann auch steigen. Und was «fehlt», «fällt»; letztendlich ins Materielle. Fehlen hier Lilith und ihre Werte besonders? Warten sie darauf, aufsteigen zu dürfen und akzeptiert zu werden?

Erinnern wir uns noch einmal an Peter Pan, den Jungen, der nicht erwachsen werden will. Er ist Gallionsfigur für diesen Schwarzen Mond, da eine starke Tendenz besteht, es ihm gleich zu tun. Die Forderung bzw. die Verweigerung, erwachsen zu werden und Verantwortung zu übernehmen, ist hier ein herausragendes Thema. Dabei gibt es mehrere Entsprechungen.

Einige erleben ihre Eltern und speziell ihre Mutter sehr unerwachsen. Eine Frau erzählte, sie habe als Kind sehr unter der Verantwortungslosigkeit ihrer Eltern gelitten und habe sie auch ständig aufgefordert, erwachsener zu werden. Um ihr Defizit zu füllen, kreierte sie ein Spiel, welches sie «Erwachsensein» nannte. In dieses Spiel baute sie ihre Schwestern ein und übernahm für sie die Elternschaft. Beinahe ritualisiert sagte sie am Ende dieses Spiels ihren Grosseltern, den erklärten «Familiendrachen», ihre Meinung. Was ihre Eltern versäumten, erledigte sie.

Eine weitere Entsprechung finden wir in dem Beziehungsmuster, wo einer die Verantwortung für beide trägt (was sowieso nicht möglich ist). Hier gibt es nun folgende Varianten: Die Frau lebt mit «Peter Pan», ist ihm überfürsorgliche Wendy und gute Fee zugleich. Sie nimmt ihm jede Last ab, traut ihm eine gewisse Lebenstüchtigkeit, Verantwortungsbewusstsein und Verlässlichkeit gar nicht zu. Ist sie von den gängigen Klischees geprägt, erscheint es ihr wichtig, ihn in der Öffentlichkeit als stahlenden Helden aufzubauen. Oft stellt sie ihr Licht unter den Scheffel und stellt ihm ihre ganze Substanz zur Verfügung. Sie stattet ihn mit einer Verantwortung und einer Macht aus, die er nie erworben hat, und im Extremfall bittet sie ihn zuletzt um Dinge, mit denen sie ihn vorher versorgt hat. Sie begibt sich somit in eine Abhängigkeit, die eigentlich keine ist. Letztendlich glaubt sie selbst schon an den von ihr kreierten Helden.

Um dies anschaulicher zu machen, möchte ich die Geschichte eines Paares beschreiben. Sie haben gemeinsam einen Betrieb aufgebaut. Sie hat in diesen Aufbau ihre ganze Substanz gesteckt, arbeitete Tag und Nacht. Er arbeitete auch – wenn er Lust hatte. Wie Peter Pan verbrauchte er eine gewisse Zeit für «Piratenkämpfe» und derartige Abenteuer. Sie bittet ihn noch heute wie ein kleines Mädchen, ob sie mit ihrer Freundin ins Kino gehen darf. Sie darf selten; wenn ja, fühlt sie sich grosszügig beschenkt. Er benimmt sich wie ein kleines, weinerliches Kind, wenn sie nicht jederzeit für ihn verfügbar ist. Es scheint, als würde er ohne sie aus der Welt fallen. Jedem Menschen in ihrem Umfeld ist klar, dass sie existentiell ohne ihn genauso existieren könnte; sie begreift es nicht. Er hat ihr nicht erlaubt, dass sie ohne ihn existieren darf. Beide haben diesen Schwarzen Mond und haben sich Käfige zugelegt, wo die Türen sichtbar offen stehen. Nur – sie verlassen ihn nicht.

Wenden wir uns nun dem Mond zu. Mond bedeutet zyklisches Geschehen, Werden und Vergehen. Der Amerikanist E. Seler schrieb: «Der Mond ist der erste Gestorbene.» Doch sein Tod ist nicht endgültig. «Wie der Mond stirbt und wiederkommt, so werden wir nach dem Tode wieder leben», sagen Capistran-Indianer bei Neumond-Zeremonien.[6] Der Tod bedeutet also eine andere Art von Leben. Die Reise des Mondes durch «die Leben» macht ihn zum Wissenden. Er gibt dieses Wissen jedoch nur frei, wenn man ihn auf seiner Reise begleitet. Dies erfordert Vertrauen und Hingabe. In die Sphäre des Mondes zu steigen, heisst auch, mit dem Unbewussten in Kontakt zu kommen. Es heisst also auch, in den Bauch des Drachens oder auf den Grund des Meeres zu gehen. Im Kapitel über den Lamaschtû-Aspekt

117

von Lilith haben wir von diesem Eintauchen, den damit verbundenen Gefahren, aber auch von den Schätzen gesprochen, die dort auf uns harren.

Beim Schwarzen Mond in Verbindung mit Mond kann bei Festhalten an patriarchalen Werten der Zugang zum Unbewussten völlig verschüttet 'sein. Unkontrollierbare Situationen werden «wie der Drache gemieden», Intuition wird abgewertet, der Stimme aus der Tiefe wird nicht getraut. Wird die Abwehr fallengelassen, kann der Zugang «zum Wissen des Mondes» sehr gross sein. Lilith vermittelt hier bevorzugt über Träume, schenkt ein grosses Vorstellungsvermögen, Phantasie und Bilderreichtum. Hier entsteht «Niemalsland» mit all seinen Möglichkeiten. Lassen wir eine Frau zu Wort kommen, die gerade dabei ist, dieses Land zu entdecken. «Für Entscheidungen, die ich aus der Intuition getroffen habe, selbst wenn der Verstand dagegen spricht, übernehme ich auch die Verantwortung. Daher weiss ich, dass ich Vertrauen in die Weisheit meines Unbewussten entwickeln muss. Es wird mir helfen, eine erwachsene Frau zu werden.»

Der Schwarze Mond in Steinbock oder im Aspekt zu Saturn

Medea (griech. MIDEIA = «die mit dem guten Rat») war eine kolchische Prinzessin, berühmt wegen ihrer Klugheit, ihrer Heilkunst und ihrer Zauberkräfte. Ihr Vater, Aietes, der König von Kolchos, war ein düsterer und argwöhnischer Mann. Im Inneren seines Palastes verwahrte er das Goldene Vlies, welches von einer Schlange bewacht wurde, die niemals einschlief. Dieses Vlies zu erobern wurde der Held Jason ausgeschickt; es war Bedingung, seine Erbschaft antreten zu können.

Als Medea Jason zum erstenmal sah, war «ihr Herz von masslosem Staunen ergriffen», sie war ihm auf der Stelle zugetan.

Jason musste die von Aietes gestellten Aufgaben erfüllen. Nachdem er diese bewältigt hatte, belauschte Medea ein Gespräch ihres Vaters und erfuhr, dass er trotzdem nicht bereit sei, Jason das Goldene Vlies zu geben und dass er ihn mitsamt seinen Männern töten wolle. Medea verriet Jason die Pläne ihres Vaters und führte ihn im Schutz der Dunkelheit zu der Schlange, die das Vlies bewachte. Sie schläferte das Ungeheuer durch Gesang und einen Zaubertrank ein, Jason holte das Goldene Vlies und sie flüchteten mit seinem Schiff auf das Meer. Mit viel List – indem Medea ihren Bruder opferte – gelang ihnen die Flucht und sie brachten das Vlies heim nach Iolkos. Jason wurde Herrscher, heiratete Medea und sie bekamen zwei Söhne.

Nach einigen Jahren verliebte sich Jason in Glauke, die Tochter des Königs Kreon. Er entschied sich, Glauke zu heiraten und verstiess Medea. Vom Gatten verlassen, in einem fremden Land, wandelte sich Medeas Liebe in leidenschaftlichen Hass. Sie schickte ihrer Nebenbuhlerin ein glänzendes Festgewand, welches sich auf der Haut in unauslöschbares Feuer verwandelte. Danach tötete sie in Raserei ihre beiden Söhne, stieg in einen geflügelten Schlangenwagen und flog der Sonne entgegen.

Dies ist eine Version der Geschichte. Eine andere erzählt, Medea hätte ihre Kinder nie getötet, sondern das korinthische Volk hätte die Kinder mit Jasons Einwilli-

gung gesteinigt. Die Korinther hätten den Dichter danach bestochen, den Tod der Kinder so darzustellen, dass ihnen keine Schuld zufiel.

Medea als Sündenbock? – Wie auch immer, das Thema Verrat umgibt sie.

Beim Schwarzen Mond in Verbindung mit Saturn drängt sich die Sündenbockthematik geradezu auf. Erinnern wir uns an das, was wir im Abschnitt «Sündenbock» über den geopferten und den umherschweifenden Ziegenbock gesagt haben. Der eine wird geschlachtet, um die Vergebung der Gottheit zu erlangen, der andere wird mit der Schuld der Gemeinschaft beladen und ausgestossen. Saturn in der Astrologie hat ein ähnliches Schicksal erfahren. Er ist von dem Wort «Schuld» kaum zu trennen, war jahrzehntelang der «grosse Übeltäter». Oder denken wir an die Last, die dem Stein-Bock aufgebürdet wird. Sowohl Jahwe als auch Asasel, denen die Böcke geopfert werden, verbinden wir mit saturnalen Inhalten: Strenge, Richten und Moral, Urteil, Gesetz, Verantwortung, Ausgrenzung, Einsamkeit und Schuld. Auch die Geschichte von Medea ist von diesen Inhalten geschwängert; genauso der Schwarze Mond in Steinbock. Medea verrät – und wird verraten. Menschen mit diesem Schwarzen Mond kennen das Thema allzu gut. Was ist Verrat? Hier besteht oft grosse Verwirrung. Definieren wir ihn so: Verrat ist, den anderen auszuliefern, ihn zu hintergehen oder etwas von ihm preiszugeben, im Wissen oder in der Absicht, ihm zu schaden. Dabei könnten wir jetzt den Punkt der Unabsichtlichkeit diskutieren; das soll jeder für sich beantworten.

Beleuchten wir das Thema, indem wir vorerst einen Sprung zum Kleinkind machen. Wo wir Saturn im Horoskop haben, dürfen wir oft nicht Kind sein, das heisst, wir werden früh in eine Erwachsenenrolle gedrängt. Menschen mit diesem Schwarzen Mond wurden früh Träger von Geheimnissen, die sie überfordert haben. Das

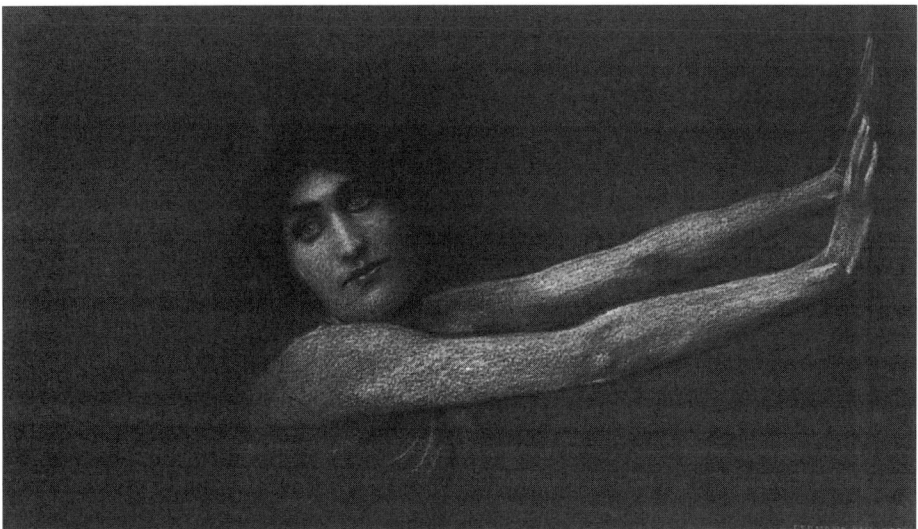

LILITH – STEINBOCK / SATURN: «YGRAINE À LA PORTE» *(Fernand Khnopff)*

119

Kind wurde nicht geschützt und in Dinge eingeweiht, die es schwer verkraften konnte. Meist war es Vertrauensperson eines Erwachsenen oder es wurde in Situationen verstrickt, die belastend waren, und der Refrain: «Das darfst du nie jemandem erzählen, du darfst mich/uns nicht verraten» war prägend. In Bereichen, wo wir sehr früh erwachsen sein mussten, bleiben wir am Kindhaftesten, da hier ein antrainiertes Verhalten einen natürlichen Reifeprozess ersetzt, erschwert oder sogar verhindert. In diesem Fall könnte das heissen: «Ich musste als Fünfjährige Geheimnisse wie eine Fünfzigjährige tragen und ich benehme mich als Fünfzigjährige Geheimnissen gegenüber wie eine Fünfjährige.» Das Verhalten ist eingefroren und die Verwirrung programmiert. Das Kind hat sich, wenn es sein Herz ausgeschüttet hat, als Verräter gefühlt. Es konnte vielleicht nicht mehr unterscheiden, was es sagen durfte und was nicht, speziell wenn es über die Menschen sprach, die es ständig mit dem Schweigegebot belegt haben. Menschen des Vertrauens wurden mit einem Tabu belegt und in der Konsequenz auch der eigene vertraute Bereich. Im schlimmsten Fall wird jede persönliche Mitteilung verräterisch, eine Indiskretion als Hochverrat erlebt.

Skript und Saturn sind untrennbar. Bei diesem Schwarzen Mond besteht ein Drang, Vertrauter und Geheimnisträger zu sein bzw. die Vertrauten zu Geheimnisträgern zu machen. Hier begegnen sich zwei Extreme. Auf der einen Seite finden wir Menschen, die aus natürlichen Vorgängen Geheimnisse machen und mit einem Tabu belegen. Freunde und Bekannte, denen man sich zeigt, werden sozusagen «eingeweiht», das heisst zum «Geheimnisträger». Allein die Tatsache, dass diese Bekannten irgendwo oder irgendwann von ihnen sprechen, wird als Vertrauensbruch und Treulosigkeit erlebt. Auf der anderen Seite finden wir Menschen mit einem inneren Drang, alles von sich sagen zu müssen. Sie machen sich völlig transparent, weil sie keinerlei «Geheimniskrämerei» mehr ertragen. Die Aussage einer Frau mit dieser Thematik zeugt von ihrer Verwirrung. «Ich erzähle alles von mir, damit ich kein Geheimnis bin, und so kann man mich nicht verraten.» Zugleich überfordert sie mit dieser Haltung ihr Umfeld und wird zwingend ständig verraten. Ein Satz mag hier sehr wichtig sein: «Wie kannst du erwarten, dass jemand etwas für sich behält, das du selber nicht für dich behalten kannst.» Und ein zweiter: «Wer immer offen ist, ist nicht dicht.» Sie brauchte einige Zeit, um ihr Wirrwarr zu lichten und dahinterzukommen, dass sie etwas als Verrat definierte, was gar keiner war – weder an ihr, noch an anderen. Ihre Herkunft war geprägt von einer «hinter den Gardinen-Haltung» und einem dazugehörigen «Pst! Pst!».

Das ist die eine Seite. Und – es gibt natürlich Verrat. Einer der berühmtesten Verräter ist Judas. Sein Verrat war vonnöten, war Initiation für Tod und Auferstehung Christi. Einer musste es tun, um die Dinge in Gang zu bringen. Er ist notwendiger Sündenbock. Eine Geschichte im Alten Testament hat mich immer mächtig beeindruckt. Es hiess, dass Gott den Pharao «mit Blindheit schlug», worauf dieser die Israeliten in Ägypten festhielt. Der Herr sprach zu Mose: «Ich will sein (Pharao) Herz verhärten, so dass er das Volk nicht ziehen lässt.» Zugleich war er Mose behilflich und schickte den Ägyptern die sieben Plagen, die den Pharao in die Knie zwangen, so dass er schliesslich Mose und sein Volk ziehen liess. Der Herr entschied also, den Pharao zu verhärten, um ihn letztendlich für diese Härte zu bestrafen. Ist der Pharao hier Sündenbock? Ist es nicht ein Verrat an ihm? Es geht nicht um diese Fragen, sondern darum, zu akzeptieren, dass auch Verrat Teil eines höheren Planes ist.

«Wann setzt der Punkt ein, wo auch ich verrate?» ist eine wichtige Sichtweise, die Ausgleichung bzw. Aussöhnung mit dem Verrat ein heilender Schritt. Es ist sehr schmerzhaft, verraten zu werden, es ist fast noch schmerzhafter, zu verraten. Sich in den Spiegel zu schauen und als Verräter zu erkennen, macht traurig. Sich die Verletzung und Beweggründe anzuschauen, die einem zu diesem Schritt veranlasst haben, ermöglicht es vielleicht, sich zu verzeihen – und so auch anderen zu verzeihen.

Lilith wie auch Saturn fordern Klarheit; ihre Unerbittlichkeit trifft auf seine Härte. Beide zeigen, was ist. Nicht nur unsere Stärken, der Finger zielt auch messerscharf auf unsere Schwächen. So ist auch nachvollziehbar, warum bei diesem Schwarzen Mond Perfektionismus und eine gewisse Strenge vorherrschen. Die Forderung an sich, der Grösste oder die Beste zu sein, kann zu grossen Leistungen anspornen, lässt besondere Fähigkeiten entwickeln. Phasen mit grossen Durchbrüchen oder Errungenschaften folgen jedoch Zweifel und eine völlige Untergrabung des Selbstvertrauens. Depression und Traurigkeit sind hier wohlbekannt. Auch das Thema der «schöpferischen Melancholie». «Wenn es mir ganz schlecht geht, arbeite ich am besten» und «Ich kann nur malen nach einer depressiven Phase» sind häufige Aussagen. Bei künstlerischen Menschen lassen sich depressive Stimmungen vor, während und nach einer schöpferischen Phase häufig nachweisen. Melancholische Menschen, welche der Lilith und in Verbindung mit ihr dem Saturn unterstehen, werden im Sohar direkt als «Söhne der Lilith» bezeichnet.[7]

Wir finden bei diesem Schwarzen Mond auch das Gegenteil des Schöpferischen. Lilith und Saturn können beide ihre Kinder fressen, das heisst das Spontane, Junge, Lebendige wieder verschlucken. Betrachten wir das Bild von Francisco de Goya «Saturn, seine Kinder verschlingend» (siehe S. 122). Es löst bei vielen Scheu und Grauen aus. Und wie oft würgen wir uns ab, verschlucken wir, was wir kaum hervorgebracht haben?

Wo unterscheidet sich nun Lilith von Saturn? Saturn verbinden wir mit Angst, Enge und Hemmung. Wo er im Horoskop steht, sind diese Inhalte offensichtlich. Saturn – Chronos wurde von seiner Mutter Gaia angestiftet, den Vater Uranus zu entmachten, da er sie zwang, ihre Kinder zu verschlucken. Sie gab ihm eine Sichel, und Chronos entmannte seinen Vater. Um sein Leben zu sichern, wurde er schuldig. Welche Konsequenzen hatte das für sein weiteres Leben? Er hatte Angst, es könnte ihm dasselbe passieren, und dies machte ihn misstrauisch gegenüber der Umwelt und – gegenüber seinem Nachwuchs. Es erschien ihm sicherer, seine Kinder selbst zu verschlingen, und er delegierte dies nicht – wie Uranus – an seine Frau. Seine Herrschaft erlebte er letzten Endes freudlos, da sie von Angst, Misstrauen und Einsamkeit geprägt war. Schliesslich verlor er sie doch – an seinen Sohn Zeus.

Der Mythos von Saturn zeugt von früh übernommener Verantwortung, Arbeit, Schwere und der Angst, entmachtet zu werden. Erscheint Lilith schwerfällig und angstvoll? Sie riskierte, protestierte, initiierte, setzte Akzente. Sie widersetzte

«Saturn, seine Kinder verschlingend» *(Francisco de Goya)*

sich Jahwe – den wir eher mit den Inhalten Saturns verbinden. Jahwe – Jehova wird auch mit Jehwa – Eva, einer palästinensischen Erd- und Liebesgöttin mit Phallusschlange in Verbindung gebracht. Jehwa (Eva) wurde vom jüdischen Vatergott entthront, der von ihr den Namen Jehova übernahm. Erinnert uns dies nicht an Saturn? Hat Jahwe nicht auch dieses Misstrauen der Frau und der Schlange gegenüber, deren Herrschaft er angetreten hat? Hat er Angst, wieder entmachtet zu werden? Aus dieser Sicht sind Lilith und Saturn auch Gegner. Ist es nicht genau unsere «saturnale» Einstellung, unser Bedürfnis nach Sicherheit, unsere Angst vergänglich zu sein, die uns hindert, Inhalte zu leben, die uns Lilith nahebringen will. Mit Saturn schaffen wir unsere Unsterblichkeitsmodelle, das heisst wir benutzen ständig den Faktor Zeit als Ausrede, uns einzulassen. «Gestorben wird im Alter, bis dahin haben wir noch etwas Zeit, und wenn wir dann Zeit haben, haben wir die Zeit, das zu leben, wofür wir jetzt keine Zeit haben.» Saturn konnte sein Dasein nicht geniessen, er lebte nicht, sondern überlebte. Letztlich hat ihn das eingeholt, was er ständig fürchtete – abtreten zu müssen.

Bei einer Auslösung zwischen Lilith und Saturn im Horoskop werden wir oft mit Vergänglichkeit konfrontiert. Lilith bringt ans Licht und führt uns manchmal vor Augen, dass wir sterblich sind – und dies jederzeit. Wir können daraufhin unsere Absicherungen verstärken oder diese Tatsache mehr in unser Bewusstsein nehmen und uns anspornen, zu leben.

Der Schwarze Mond in Löwe
oder im Aspekt zur Sonne

Die Königin von Saba war eine Frau mit grosser Vielschichtigkeit, schön, klug, selbstbewusst, frei und unabhängig in ihrem Liebesleben, eine kreative und begabte Bauherrin. Doch vor allem war sie beseelt von ihrer Sehnsucht nach Weisheit.

Als sie vom weisen König Salomo hörte, machte sie sich auf, in sein Reich zu reisen, um ihn auf die Probe zu stellen. Die Königin stellte ihm Rätsel und Salomo wusste sie zu beantworten. Doch das allein reichte ihr nicht. Um sich aus der Dominanz der Fragestellerin lösen zu können, liess sie sich von Salomo verführen und gab sich ihm als Frau hin. Sie wollte selbst als urweibliches (dämonisches?) Rätsel gelöst werden.

Die Königin empfing, verliess Salomo und kehrte in ihr Reich zurück. Nach neun Monaten und fünf Tagen gebar sie einen Sohn und gab ihm den Namen Menelik.

Als Menelik zwölf Jahre alt war, fragte er die Jünglinge, die ihn erzogen hatten: «Wer ist mein Vater?» Sie sagten ihm: «Der König Salomo.» Da ging er zu seiner Mutter und stellte ihr die Frage: «Sag mir, wer ist mein Vater?» «Was fragst du mich nach deinem Vater? Ich bin dein Vater und deine Mutter; nun frage nichts weiter!» war ihre Antwort. Menelik ging, kam am nächsten Tag wieder und bestürmte sie mit seiner Frage. Die Königin wich abermals aus und am dritten Tage sagte sie es ihm: «Fern ist sein Land und beschwerlich der Weg dorthin; geh dort nicht hin!»

Menelik aber, der in Haltung und Statur seinem Vater völlig glich, entschied sich, ihn aufzusuchen. Die Königin liess ihn ziehen, stattete ihn mit Geschenken aus und gab ihm Würdenträger zur Begleitung. Sie befahl diesen, ihren Sohn aus dem Land Salomos zu ihr zurückzubringen, um ihn dann zum König in ihrem Land zu krönen. So zog Menelik zu seinem Vater, um sich seine Herrschaft abzuholen.

Die Tagseite des Geistes ist vom Sonnensymbolismus beherrscht; die Nachtseite vom Mond. Bei diesem Schwarzen Mond treten somit zwei Reiche in den Vordergrund. Die Königin von Saba und Salomon spiegeln diese Thematik. Sie ist eine Repräsentantin der mutterrechtlichen Gesellschaften, er ein Leitbild der patriarchalen Welt. In vielen Mythologien symbolisiert der Löwe subjektive Macht; er ist das Begleittier der Herrscher. Die Herrscher betreten bei diesem Schwarzen Mond die Bühne, der Stolz und der Anspruch besonders zu sein, können hier übermässig werden. Selbstdarstellung ist ein Thema, wobei die Extreme zwischen totaler Verausgabung und enormer Zurückhaltung pendeln. Enorme Präsenz und unnahbare Verhaltenheit treten hier abwechselnd oder sogar gemeinsam auf. Das lateinische Wort für Löwe, *leo, leonis* wurzelt wahrscheinlich im griechischen Wort *slei*, was soviel wie *lösen, zerreissen, verwunden* bedeutet.[8] Erinnert das nicht an Dionysos und die Mänaden? Erinnert nicht auch Mick Jagger (Schwarzer Mond in Löwe, Konjunktion Jupiter) daran, wenn er die Bühne betritt? Er scheint zumindest einen guten Zugang zu dionysischer Energie zu haben, hebt sie sozusagen «ans Licht», verbindet sie mit dem Solaren. Es ist, als würden Dionysos und Apollo sich vereinen; es gibt kaum ein besseres «Schaubild» für Ekstase und intensive Veräusserlichung. Er lebt seine Sonnennatur orgiastisch aus.

Viele können ihn nicht leiden. Er ist ein Lieblingsfeindbild für Gefangene, pardon, Befangene. Wie schon erwähnt, bei diesem Schwarzen Mond finden wir auch grosse Hemmungen, sich darzustellen und spontan auszuleben. Die Angst, sich zu blamieren oder Schatten- bzw. Nachtseiten von sich zu zeigen, ist gross.

Betrachten wir dazu folgendes: Es heisst, die Sonne ist ein Gott oder Heros, der den Tod nicht kennt, wie etwa der Mond. Der Untergang der Sonne wird nicht als Tod aufgefasst, im Gegensatz zur dreitägigen Verdunkelung des Mondes. Die Sonne steigt zwar in das Untere hinab, doch sie durchmisst das Reich der Toten, ohne den Tod zu erleiden. Dies zeigt auch der Mythos von Helios. Jeden Morgen verlässt er in einem Vier-Rosse-Gespann seinen Palast im Osten, fährt durch das Himmelsgewölbe und steigt in seinem westlichen Palast wieder ab. Dort besteigt er eine Schale und segelt in der Tiefe des Okeanos, in einer Nachtmeerfahrt, wieder zurück zu seinem Palast im Osten. Während er in der Schale liegt, regeneriert er seine Kraft. Wie anders klingt das gegenüber dem Abstieg des Mondes. In anderen Mythen heisst es, der Gott-Held durchwandert in einem Drachenbauch den Grund des Mitternachtsmeeres, um nach einem furchtbaren Kampf mit der Nachtschlange wieder aufzustehen.

Wir haben nun einige Bilder von der Beziehung der Sonne zum Jenseitigen, zu den Schatten und zum Tode. Setzen wir dies in den Kontext der Astrologie. Die Arbeit und Aufgabe des Löwen besteht in der Bewusstwerdung, auch Licht auf Schatten zu werfen. Sonne/Löwe muss seiner eigenen Triebhaftigkeit begegnen, sich seelisch mit ihr auseinandersetzen, sie integrieren. Wenn wir die Sonne nur im patriarchalen Blickwinkel betrachten, berauben wir sie um ihren Zugang zum Chthonischen und nehmen ihr eine wesentliche Dimension. Apollo wird auch Sonnengott genannt, der Limitierung erfährt, wenn er nicht auf die magische Welt eines Dionysos aufbauen kann. Ein wesentlicher Teil von uns wird nicht selbstverwirklicht werden, wenn wir die Sonne ihrer Nachtseite berauben. Der Neumond ist die Paarung von Sonne und Mond, und dieser Finstermond korrespondiert mit der Symbolik von Lilith. Menschen mit diesem Schwarzen Mond wollen (müssen) die Nachtseite der Sonne kennenlernen, und allzuoft erleben sie dies über den Vater.

Der Vater wird bei dieser Stellung oftmals verherrlicht, zum König erklärt, in seiner «Nachtseite» geleugnet. Es wird sozusagen der Schleier über ihn geworfen und wenn jemand ein Wort gegen ihn erhebt, wird dem das Amulett entgegengehalten. Der Fall und die Verfinsterung der Sonne galt von jeher als Zeichen des Weltendes, ein dunkler Fleck auf der Weste des Vaters wird ebenso bedrohlich erlebt. Die Angst vor Schattenthemen wird über den Vater gespiegelt. Der Schleier über der Sonne bzw. die Blindheit dem Vater gegenüber entspricht der Abwehr gegen das Dunkle. Das Chthonische wird hier ausschliesslich in das Reich der Mütter verlegt.

Und doch lernen viele bei diesem Schwarzen Mond die Nachtseiten des Lebens häufig über das Väterliche. Oft wird er als unnahbar und abweisend erlebt, tyrannisch und im Extrem auch grausam. Manchmal leugnete er die Vaterschaft, oder er verschwand und ein Stiefvater übernahm sein problematisches Erbe. Oder er starb, und sein Verlust wurde zum prägenden Lebensthema. Häufig weigert sich auch die Mutter, nach dem Verschwinden des Vaters je wieder einen Mann in ihr Reich zu lassen. Bei diesem Schwarzen Mond ergeben sich starke Polarisierungen zwischen grossartiger Mutterkönigin und furchtbarem Vater (und umgekehrt).

Männer mit diesem Schwarzen Mond sind oft sehr muttergebunden. Denken wir an die Königin von Saba, die für ihren Sohn Vater und Mutter sein will. Frauen wiederum sind stolze Königinnen, die den Mann manchmal lediglich zum Erzeuger ihrer Kinder degradieren. Häufig ist der Wunsch gross, Kinder zu bekommen. Frauen suchen sich für diesen Zweck einen Mann, ohne ihn wirklich in ihr Reich zu lassen. In mutterrechtlichen Gesellschaften war es Frauen erlaubt, viele Liebhaber zu haben. Eine Schwangerschaft bzw. die Geburt eines Kindes hatte demgemäss zur Folge, dass die Identität des Vaters nur konventionell festgelegt wurde, während die der Mutter «natürlich» feststand. Bei diesem Schwarzen Mond gibt es häufig Geheimnisse um die Vaterschaft. Manchmal ist sich die Mutter nicht sicher, von wem sie schwanger wurde. In einigen Fällen bestand Sicherheit, dass es der Liebhaber war, die Frauen erklärten jedoch den Ehemann zum Erzeuger. Die «zweifelhafte» Stellung des Vaters trifft sozusagen auf die «eindeutige» der Mutter.

Auch wenn die Vaterschaft klar ist, bei diesem Schwarzen Mond ist der Vater häufig von einem Geheimnis umgeben. Es ist, als würde er zeitweise in einer «Nachtmeerfahrt» verschwinden.

Ein Mann erzählte, sein Vater sei oft mehrere Monate abwesend gewesen und er hätte der Familie nie verraten, was er in dieser Zeit getan hatte. Eine Frau wiederum erzählte, ihr «Strahle-Vater» sei oft über Wochen in eine schwere Depression abgetaucht und dies wiederum sei Tabu und Geheimnis der Familie gewesen. Häufig tritt man bei dieser Stellung das «geheimnisvolle» Erbe des Vaters an.

Greifen wir noch einmal die Königin von Saba und Salomon auf. Sie sind beide Herrscher und haben beide ihr eigenes Reich. Sie sind beide weise und der Ruf, der beiden vorauseilt, zieht sie letztendlich zusammen. Die Königin stellt Salomon Rätsel und ist nur bereit, seine Grösse anzuerkennen, wenn er sie löst. Sie gibt sich ihm auch nur hin, wenn er sie selbst als Rätsel löst. Die Rolle der Rätselstellerin gewährleistet ihre Dominanz über den Befragten.

Der Mann mit diesem Schwarzen Mond wählt gerne dominante Frauen, die sich ihm jedoch verweigern, wenn er «seine Herrschaft» noch nicht angetreten hat. Hier wird er schnell zu Menelik, bleibt ein Sohn-Geliebter im Reich der Mutter. Es bedurfte der Weisheit Salomons, um die Königin als dämonisches Rätsel zu lösen. Und Weisheit bedingt, einzutauchen. Solares, das nie eintaucht, verbrennt alles. Es wird dämonisch, aus der Weigerung heraus, die Tiefen aufzusuchen. Diese Perspektive ist sehr wichtig für Menschen mit dieser Stellung.

Die Frau mit diesem Schwarzen Mond ist sehr stolz und straft den Mann, wenn er sie nicht als Rätsel zu lösen vermag. Oder sie zieht sich in ihr Reich zurück, in dem sie keine Könige, sondern nur mehr Söhne und Diener vorfindet. Häufig sehnt sie sich nach einem starken Mann, ist jedoch nicht bereit, ihr Reich zu verlassen oder die Herrschaft zu teilen. Die Angst, in ihrem Stolz verletzt zu werden, ist sehr gross. So wählt sie die Einsamkeit, aus der heraus sie an ihrem Sohn-Geliebten zerrt, mit der Forderung, er möge endlich der Mann werden, der sie erlöst. Doch der müsste erst das «Land der Mütter» verlassen, um sich beim Vater die Herrschaft abzuholen. Frauen mit diesem Schwarzen Mond lassen dies häufig nicht zu und glauben, sie könnten den Partner auch mit der «Macht der Väter» ausstatten, der sie sich letztendlich hingeben wollen. Indem sie ihn nicht ziehen lassen und in ihrem Kontrollbereich halten, statten sie den Partner mit ihrer eigenen Macht aus und landen so schliesslich wieder bei sich selbst. Klingt kompliziert, passiert jedoch häufig.

Die Auseinandersetzung mit dem Väterlichen, mit der Macht des sogenannten Männlichen, ist bei diesem Schwarzen Mond sehr wichtig. Häufig wird die «Initiation des Vaters» nicht erfahren und man bleibt beherrscht vom Reich der Mutter. Die Pervertierung ist vorprogrammiert, da genau wieder ihre Werte geleugnet bzw. dem solaren Prinzip unterworfen werden. Dies ist auch Sinnbild für die «Geschlechtskrankheit» unserer Zeit und wir können sagen, der Dialog von Sonne und Schwarzem Mond spiegelt uns ein kollektives Thema.

Wenn sich Sonne und Mond paaren, entsteht Neues. Dieser Schwarze Mond trägt enorm schöpferisches Potential. Denken wir noch einmal an die Verbindung von Apollo und Dionysos. Hier paaren sich die Sonne und der Schwarze Mond, schaffen sozusagen «schwarzes Gold». Licht kann hier die grössten Tiefen erreichen, Apollo könnte zu Dionysos und Lilith absteigen. Umgekehrt könnten die beiden mit

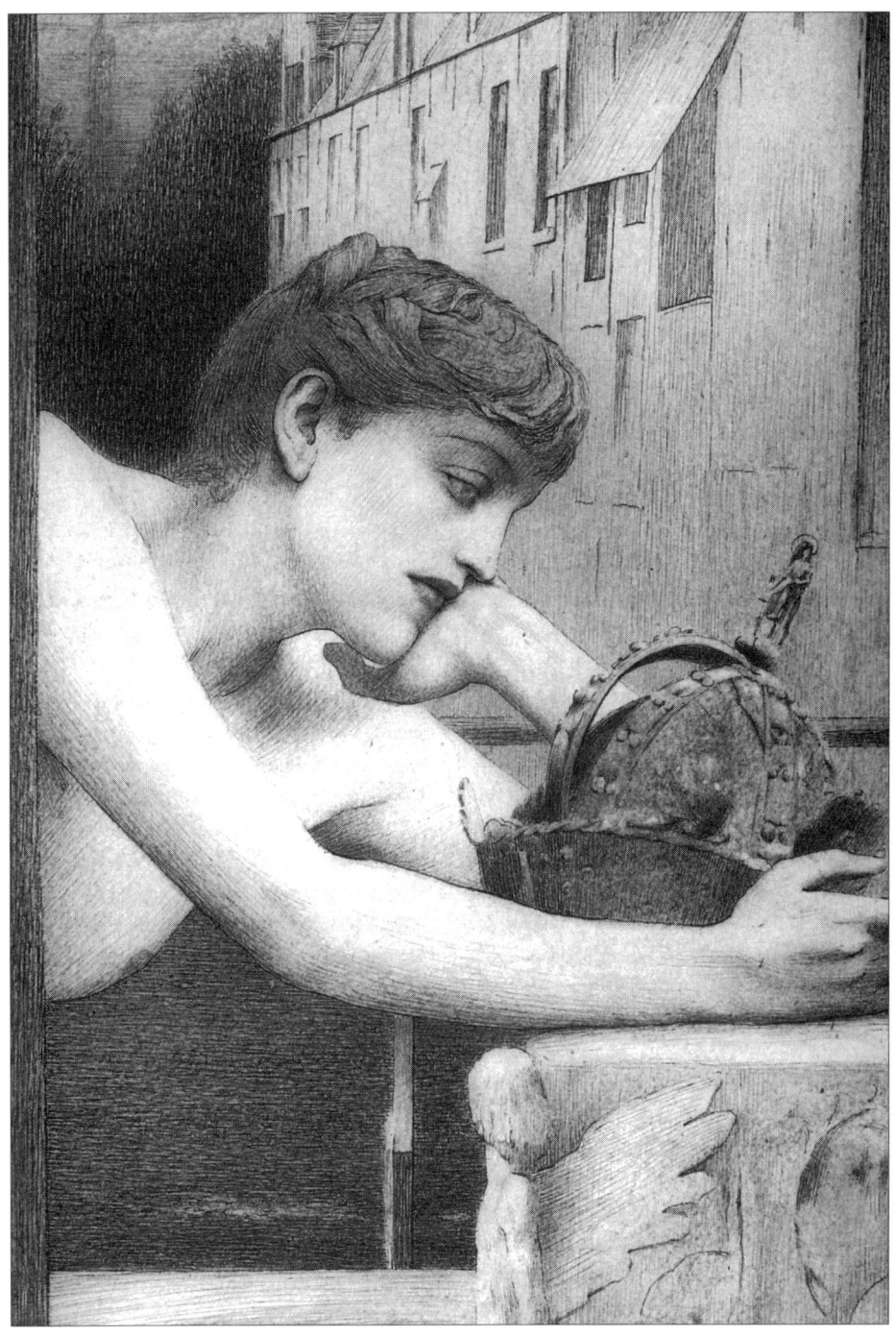

LILITH – LÖWE / SONNE: «EINE TOTE STADT» *(Fernand Khnopff und Georges Rodenbach)*

Helios aufsteigen und ihn bei seiner Fahrt, die ihn in grossem Bogen über das Himmelsgewölbe führt, begleiten. Hier würde Eros entstehen. Oder ein Regenbogen, der ein Bruder der Sonne und eine Schwester des Mondes ist.

Der Schwarze Mond in Wassermann
oder im Aspekt zu Uranus

Eines Tages war der Teufel recht bei Laune und er machte einen Spiegel, der die Eigenschaften besass, dass alles Gute und Schöne, das sich darin sah, zu nichts zusammenschwand, der alles verdrehte und nur mehr das Schlechte zeigte. Mit diesem Spiegel flogen die jungen Teufel durch die Luft, immer höher und höher, denn sie wollten sich auch über Gott und die Engel lustig machen. Je höher sie mit dem Spiegel flogen, desto mehr grinste und zitterte er und schliesslich wurde sein Zittern und Grinsen so arg, dass er den Teufeln aus der Hand flog, zur Erde stürzte und in hundert Millionen Stücke zersprang. Damit wurde das Unglück grösser als zuvor, denn die Splitter waren so klein wie Sandkörner, flogen den Menschen in die Augen und blieben da sitzen. Da jeder Spiegelsplitter dieselbe Kraft besass wie der ganze Spiegel, sahen diese Menschen in der Welt nur mehr das Verzerrte und die Limitierungen. Bei einigen war es ganz schlimm, da wanderte der Splitter ins Herz, welches sofort zu einem Klumpen Eis erstarrte.

Nun gab es auf der Erde zwei Menschen, die sich besonders lieb hatten, das waren der Junge Kai und das Mädchen Gerda. Eines Tages flog Kai ein Spiegelsplitter in das Auge und sofort wurde alles, was er bisher gross und gut sah, klein und hässlich. Er begann, jeden Fehler, an einer Sache sofort zu bemerken und schliesslich sah er nur mehr die Fehler und da ihm das Stückchen auch ins Herz gerutscht war, wurde er immer zynischer und kälter.

Eines Tages war er mit seinem Schlitten unterwegs, den er an einen grossen Pferdeschlitten band, da ihm der Kutscher besonders aufmunternd zugenickt hatte. Es war der Schlitten der Schneekönigin und sie fuhr mit Kai los in ihr Reich der Kälte. Sie brachte ihn in ihren Palast und küsste ihn, um ihm so die Kälteschauer zu nehmen. In der Folge fürchtete sich Kai auch nicht vor ihr, da er jetzt alles kühl berechnen konnte und auch nichts mehr spürte. So lebte er im Schloss der Schneekönigin, blauschwarz vor Kälte und die Zeit vertrieb er sich, indem er das «Verstandes-Eisspiel» spielte. Er legte Eisfiguren zu Buchstaben und Wörtern zusammen und doch schaffte er es nie, genau das zu finden, was er gerade wollte. «Wenn du es schaffst, das Wort EWIGKEIT zu formen, bist du dein eigener Herr und frei», sagte ihm die Schneekönigin, bevor sie verreiste.

Wie ging es einstweilen der armen Gerda? Sie suchte ihren Kai überall, zog durch die ganze Welt, um ihn zu finden. Dabei nahm sie die Hilfe von weisen Frauen, von Prinz und Prinzessin, einem rebellischen Räubermädchen und auch von Tieren in Anspruch, bis sie ihn schliesslich im Palast der Schneekönigin fand. Sie lief auf den steifen, kalten Kai zu, umarmte ihn und rief: «Kai, lieber Kai, endlich habe ich dich gefunden!» Doch er erkannte sie nicht, fand es sogar lästig, beim Verstandeseisspiel ge-

stört zu werden. *Da begann Gerda zu weinen, sie umschlang ihn und heisse Tränen fielen auf seine Brust. Sie beschwor die alten Zeiten, um ihn irgendwie zu erreichen, und schliesslich fing sie an zu singen. Und siehe da – die Tränen drangen in sein Herz und brachten den Eisklumpen zum Schmelzen und Kai begann ebenfalls zu weinen. So wurde das Spiegelstückchen aus seinem Auge geschwemmt, er wurde gesund und lebendig. Die beiden lachten und weinten vor Freude und die Eisstückchen begannen um sie zu tanzen, und als sie müde wurden, legten sie sich so nieder, dass sie das Wort EWIGKEIT formten. So war Kai frei und sie zogen nach Hause und – die beiden leben sicher noch heute.*

Bei diesem Schwarzen Mond ist Kälte und Eis ein zentrales Thema. Das Reich der Schneekönigin lässt auch «märchenhafte» Bilder zu; um die Thematik anschaulicher zu machen, werden wir in die Unterwelt absteigen. Es gibt ein Reich aus Eis – sehr tief unten. Es liegt unter dem Wasser und noch unter den Höllenfeuern. Es ist der Neunte Kreis des Infernos, der nur aus Eis besteht. Laut Dante liegt hier die Heimat von Kain, Judas und Luzifer.[9] Hier gibt es kein Feuer mehr, keine Leidenschaften, hier herrscht nur mehr äusserste Kälte.

Wenn das Eis eine Funktion in der Unterwelt hat, dann hat auch der eisige Teil unseres Wesens eine Aufgabe in der Seele, schreibt James Hillman. Hier ist die psychische Heimat der Furcht und eines Schreckens, der so tief sitzt, dass wir uns nur mehr tot stellen. Hier sind wir erstarrt, betäubt; hier haben wir Wut, Trauer und Zorn deponiert, Schmerzen, die wir nicht ertragen; hier lagert eingefrorenes Leben. Im Neunten Kreis des Hades stellt sich unsere Seele tot. Ein blutendes Herz erreicht uns hier nicht mehr. Das Eis ermöglicht uns eine Distanz und Unberührbarkeit, die beinahe schon an Grausamkeit grenzt; zumindest für den, der uns erreichen will.

Diese Hölle gibt es in uns allen und ist kein spezifisches Merkmal für diesen Schwarzen Mond. Doch ist bei dieser Stellung (oder bei einem Transitgeschehen Uranus/Schwarzer Mond) die Auseinandersetzung mit dieser Hölle eine zentrale Thematik. Denken wir an Kai und Gerda und übertragen wir ihre Geschichte auf eine alltägliche Situation. Ein Paar streitet. Sie will ihm näher kommen, versucht ihn zu erreichen, will Kontakt. Er ist distanziert. Sie weint, trommelt und zerrt an ihm und löst sich letztendlich in Verzweiflung auf. Er seziert sie, schweigt oder macht zynische Bemerkungen und ist von einer Eiseskälte, die sich steigert, je hitziger sie wird. Sie wirft ihm vor, kalt und grausam zu sein und dass er nicht «in die Tiefe gehe». Es ist ihr nicht bewusst, dass er tiefer sitzt als sie, dass er den Hades der Leidenschaften und des Feuers hinter sich gelassen hat und nur mehr in der Zone äusserster Kälte sitzt. Wir verbinden mit Eis «höhere» Regionen, Schneegipfel, den Schnee aus den Wolken oder die polare Reinheit. Sie vermutet also, er sei «nach oben geflüchtet» und wähnt gar nicht, wie nah er ihr ist.

Wenn wir die Tendenz von Wassermann bzw. dem Uranischen betrachten, nach «oben» zu gehen und von allem Niederen und Biologischen abgestossen zu sein, und uns den Themenkreis um Lilith in Erinnerung rufen, wird anschaulich, welche Spannungen bei diesem Schwarzen Mond auftreten. «Oben und Unten» scheinen hier bis ins Extrem auseinanderzustreben. Lilith und Dionysos verkörpern bedrohliche Kräfte, die kontrolliert und unterdrückt werden und über die eine eisige, abstrakte Schicht gelegt wird. Nennen wir diese eisige Abstraktion Kai. Dann gibt es aber auch Gerda, emotional, irrational, von ihrem Herz und ihren Gefühlen getrieben. Sie erinnert wieder an Lilith. Lilith und der Eismann können schnell in einen Dialog geraten, in dem sie zur Gorgone wird. Die Furie prallt sozusagen auf den Eismann. Er wertet ihre Gefühlsbetontheit ab und sie seine Kälte; sie polarisieren und – rufen wir uns den Neunten Kreis des Hades in Erinnerung – sie sitzen letztlich beieinander. Jeder will in seiner Not bzw. seiner Hölle anerkannt sein. Doch dies fällt schwer, da der Splitter im Auge den Blick auf den anderen verzerrt.

LILITH – WASSERMANN/URANUS: «DIE SILBERNE TIARA» *(Fernand Khnopff)*

130

Es gilt, sich mit dem Irdischen, dem Irrationalen und dem Chthonischen zu versöhnen, was viele mit diesem Schwarzen Mond besonders meiden. Und es gilt, sich mit der Kälte zu versöhnen, die viele mit dieser Lilith-Stellung verachten. Eiseskälte (psychische) ist kein Mangel an Gefühl, ist kein schlechtes Gefühl, sondern eine besondere Art von Gefühl.[10] Manchmal geben wir unser Herz, um es zu schützen, in den Kühlschrank. Wenn wir es einfrieren, hört es auf zu bluten. Doch wir können es wieder auftauen, wenn wir uns zutrauen, jetzt unsere Wunde zu behandeln. Bei manchen Menschen sind die Wunden derart gross, dass sie neuerliches Bluten nicht verkraften könnten. Sie haben Angst, davon überwältigt zu werden.

Es mag für einige tröstlich sein, bewusst diesen Blick auf die Kälte zu werfen. Menschen, die eher die feurige, irrationale Hölle ihr eigen nennen, fühlen sich so gleichberechtigter. Wenn Kälte mit Höhe assoziiert wird, wird der eisige Blick zur Verdammnis, zum Strafgericht über das Höllenfeuer. Es erinnert auch an Jahwes Kampf mit der Schlange.[11] Dass dieser eisige Blick aus der Hölle darunter kommt, mag jedoch versöhnliche Töne erzeugen. Es kann sein, dass sogar die Erkenntnis einsetzt, dass der andere abgelehnt wird, weil seine Kälte an den «kalten Leib des Todes» erinnert; dass sich hinter dem Verlangen, den anderen zu erreichen, ihn «lebendig zu machen und zu heilen», eine Furcht vor den eigenen eisigen Abgründen versteckt.

Auch Lilith hat manchmal diesen eisigen Blick, den viele als einen einzigen Vorwurf interpretieren. Es ist unmöglich, aus den Tiefen des Hades bzw. des Meeres aufzutauchen und die Welt nur mit lieblichen, sanftmütigen Augen zu schauen. Einige Menschen mit diesem Schwarzen Mond kennen sehr wohl beide Höllen in sich, das Eis und das Feuer. Eine Frau, die sehr unter der Kälte und Distanziertheit ihres Mannes leidet, erlebt sich selber so, wenn sie Frauen gegenüber steht, die von ihren Gefühlen überwältigt werden. Eine andere Frau mit diesem Schwarzen Mond versteckt ihr grosses Herz ständig hinter einer eisigen Maske (derer sie sich nicht bewusst ist). Sie fühlt sich sehr angezogen von Frauen, die sich warm und mütterlich zeigen, und sie ist letztendlich von deren Kälte immer tief verletzt.

Bei diesem Schwarzen Mond ist es wichtig, Schlange und Adler[12] zu nähren. Und dies nicht nur über das Verstandeseisspiel. Das nährt nur den nimmermüden Kampf zwischen Oben und Unten. Wie wir wissen, entzog sich Lilith diesem Kampf durch Rebellion und Flucht. Die Tendenz zu rebellieren ist bei diesem Schwarzen Mond gross. Feministinnen, Frauen-Politikerinnen und Freiheitskämpferinnen tragen sein Zeichen. Ich habe bei Workshops erlebt, dass Frauen, die die Achse des Schwarzen Mondes auf Wassermann/Löwe oder in Aspekt zu Uranus haben, jene Stelle im Mythos am meisten berührt hat, wo sich Lilith empört, rebelliert, flieht und vor allem weigert, wieder zurückzukommen. Sie kennen dieses: «Nicht (mehr) mit mir!» in sich und es tut ihnen wohl, wie Lilith protestiert.

Der Freiheitsanspruch ist bei diesem Schwarzen Mond gross. Die Kreativität ist gross. Die Ansprüche sind gross. Alles ist hier gross. Denken wir an Uranus in seinem Bezug zum Monströsen, Gigantischen, so wird dies verständlich. Uranus zeugte hundertarmige Wesen, Fünfzigköpfige und die Giganten. Aus seinem Samen entspross die Grösste und Schönste, Aphrodite. Hauptsache: überragend und besonders. Dies erklärt auch den enormen Anspruch nach Originalität und Besonderheit bei dieser Stellung. Dieser Wunsch kann jedoch so prägend und bestimmend werden, dass er zum Fluch wird. Ein Beispiel: Eine Frau mit dieser Stellung war geradezu getrieben, sich und ihrer Familie ständig vor Augen zu halten, wie besonders sie seien, so dass folglich kaum jemand zu ihnen passte. Sie wurden immer einsamer, waren gesellschaftlich integriert und zugleich isoliert. Die Tochter, die ständig von ihrer Besonderheit hörte, sie jedoch in dem Ausmass nicht empfand, überspielte ihre Unsicherheit mit Überlegenheitsgehabe. Sie war krampfhaft bemüht, originell zu sein, was ihre Kreativität natürlich lähmte. Sie würgte jeden Impuls, der nicht ihrem inneren «Originalitätstest» standhielt, sofort ab. Letztendlich fand sie ihre Besonderheit nur mehr in der Rebellion, im Protest. Männer mit diesem Schwarzen Mond lieben herausragende Frauen, vor denen sie jedoch fliehen, wenn sie ihre Schlangenkraft zeigen. Häufig bleiben sie auch, haben sie mit diesem Schwarzen Mond doch ein gutes «eisiges Schutzschild» bzw. Amulett.

Wenn wir den Geist mit dem glitzernden Eis verbinden, entstehen auch kristallklare Einsichten und eindeutige Wahrheiten. Die Intuition kann bei diesem Schwarzen Mond enorm sein. Manchmal sind es geradezu hellseherische Fähigkeiten. Sowohl Uranus als auch Lilith haben einen Bezug zur Vertikalen und zu den plötzlichen Eingebungen. Wichtig ist, diese «Blitze» festzuhalten (soweit dies geht) und ihnen zu trauen. In der Mythologie steht Prometheus Pate für diese Geistesblitze. Lilith wiederum bringt die «geflügelten Träume» und Bilder. Wenn sich diese beiden in uns verbinden, können wir Eingebungen haben, in Höhen stürmen und Tiefen erfassen oder sogar Quantensprünge machen. Dann wachsen uns schlichtweg Flügel.

Der Schwarze Mond in Jungfrau

Die Teufel waren voller Zorn über Tod und Auferstehung von Christus. «Er ist ohne Sünde geboren, nicht aus des Mannes Samen, sondern nach dem Willen Gottes durch den Heiligen Geist im Jungfrau-Leib», sprachen sie. «Es ist gut, wenn wir ebenfalls ein Kind mit einer Jungfrau zeugen, nach unserem Ebenbild.» Der Beschluss wurde einstimmig gefasst, und nun suchten die Teufel eine Jungfrau, um sie zu schwängern. Dies war schwierig, musste sie doch trotz der Vereinigung fromm bleiben. Schliesslich wählten sie ein Ehepaar, welches einen Sohn und drei Töchter hatte, um sie für ihre Absicht zu verderben. Erst verlor der Mann sein Vermögen, dann starben sein Sohn und seine Frau und schliesslich brachte er sich um. So blieben die drei Töchter alleine zurück, wovon zwei sehr tugendhaft lebten, eine jedoch vom Teufel zur Lüsternheit verführt wurde. Dies geschah zu einer Zeit, wo eine Frau sich nur ihrem Ehemann hingeben durfte oder sich öffentlich prostituieren musste. Ging sie eine voreheliche oder heimliche Beziehung ein und es wurde publik, bedeutete dies die Todesstrafe. Die jüngste Tochter wurde entlarvt und kam vor Gericht, wurde ob ihrer Unkeuschheit verurteilt und lebendig begraben. In der Folge wurde die Älteste noch tugendhafter, verrichtete täglich ihre Gebete und gehorchte den frommen Ratschlägen eines Ein-

siedlers bedingungslos. Die Teufel konnten ihr nichts anhaben, daher stürzten sie sich auf die zweite Tochter, um sie zu verderben. «Du wirst doch dein Leben nicht wie eine Nonne verbringen wollen», flüsterten sie ihr. «Melde das öffentliche Gewerbe an und tobe dich aus. So kannst du ungestraft viele Männer haben, später immer noch einen Mann heiraten und Ehefrau werden.» Gesagt, getan. Sie wurde Prostituierte und führte ein zügelloses Leben. Die älteste Tochter betete daraufhin noch mehr, verstärkte ihre frommen Verrichtungen und war achtsam darauf bedacht, den «Teufel des Zweifels» nicht in ihr Herz zu lassen. Daraufhin holten die Teufel zu ihrem letzten grossen Schlag aus.

Sie stifteten die Prostituierte an, im Haus ihrer Schwester ein Gelage mit leichtsinnigen, jungen Burschen zu inszenieren. Die Männer belästigten die Fromme und sie floh in ihr Zimmer und sperrte sich ein. Und da geschah es. Für einen Augenblick war sie nicht achtsam, warf sich auf das Bett, vergass das Kreuz zu schlagen und gab sich ihrer Verzweiflung und ihren Klagen hin bevor sie einschlief. Genau jetzt fand das Böse Einlass, der Teufel legte sich zu ihr und sie empfing, vergraben in festem Schlaf. Nach dem Erwachen war der Jammer gross, als sie bemerkte, was geschehen war. Sie war geschwängert, und nach einigen Monaten konnte sie diesen Zustand auch nicht mehr verbergen. Sie kam vor Gericht und wurde strengstens aufgefordert, den Vater des Kindes bekanntzugeben. Sie schwor vergeblich, dass sie nie mit einem Mann geschlafen hätte, man glaubte ihr nicht, und sie wurde wie ihre Schwester zum Tode verurteilt. Doch nach der Sitte der Zeit wollte man mit der Vollstreckung des Urteils warten, bis das Kind geboren und abgestillt war. Man sperrte die Unglückliche in einen Turm, und nach einiger Zeit brachte sie einen Sohn zur Welt. Die Teufel hatten jedoch die Macht über das Kind verloren, da sie die Jungfrau im Schlaf betrogen und so nur Herrschaft über ihren Körper, nicht aber über ihre Seele hatten.

Das Kind war ausserordentlich; es hatte von seinem Erzeuger die Fähigkeit, alles zu wissen, von der frommen Mutter jedoch den Zugang zur Gnade Gottes. Es war die Verbindung einer Heiligen mit dem Teufel und daher GANZ.

Dem Kind mit diesen Fähigkeiten fiel es leicht, seine Mutter zu retten, doch das können Sie selbst nachlesen. Wo? Ach ja, bei der Taufe erhielt das Kind den Namen MERLIN.

Das christliche Welt- und Glaubensbild korrespondiert stark mit der Fische/Jungfrau-Achse; bei dem Schwarzen Mond in der Jungfrau wird das damit verbundene Wertsystem extrem aufgegriffen. Erinnern wir uns, was wir über den strafenden Gott Jahwe gesagt haben; hier verlangt er absoluten Gehorsam. Im Zeichen Jungfrau mit seinen starken Anpassungsmechanismen haben wir die Tendenz zu gehorchen. Lilith gehorcht nicht! So finden wir bei diesem Schwarzen Mond neben der Forderung nach Tugend und Anständigkeit eine massive Weigerung, sich diesen Geboten zu unterwerfen. Luis Bunuel zeigt dies in seinen Werken auf. Er hat seinen Schwarzen Mond in seinen Filmen künstlerisch umgesetzt, die geprägt sind von dem Anliegen, bürgerliche Tabus und kirchliche Moral zu durchbrechen. Er verweigerte der Welt des moralisierenden Vater-Gottes seinen Tribut und protestierte somit wie Lilith.

Mit der Herrschaft der Kirche setzte die Verdammung der Erotik ein.[13] Für sie ist Erotik gleich Sünde. Erotik wurde verteufelt und, wie im Kapitel «Eros und das Religiöse» bereits erwähnt, häufig in Begleitung von Sadismus dargestellt. Der Inquisitor liefert dafür ein ebenso treffendes Bild wie die Abbildungen der lustvoll leidenden Märtyrer. Dem Gläubigen blieb oft nur der verzerrte Part des Masochisten, um sich Eros nähern zu können. Mit dem Schwarzen Mond in der Jungfrau werden häufig sexuelle Phantasien kreiert, die diesen Dialog aufgreifen. Häufig wird Lust nur zugelassen, wenn gleichzeitig die Strafe miteingebaut ist. Oder sie wird völlig verdrängt. Menschen mit dieser Stellung äussern häufig, dass sie Sexualität gar nicht brauchen. Andere beklagen sich, dass sie Angst haben, wenn sie Freude spüren, da sie diese ohne Schuldgefühle schwer wahrnehmen können. Haben sie Angst, dass nun der Teufel Einlass in ihr Herz findet, so wie in unserer Geschichte?

Beim Schwarzen Mond in der Jungfrau gedeihen die Schattenspiele zwischen Madonna und Hure, der Reinen und der Befleckten, die Dame ohne Unterleib trifft auf Lilith. Maria Magdalena scheint unter dem Zeichen dieses Schwarzen Mondes zu stehen. Frauen mit dieser Stellung kennen diese Thematik häufig allzu gut. Wenn sie ihre Sexualität frei ausleben, wähnen sie sich im Pfuhl der Sünde. Der Drang nach Absolution ist gross, und so wird einem strafenden Vater-Gott (bzw. seinen Stellvertretern wie Gesellschaft, Vater oder Ehemann) grosse Macht eingeräumt. Häufig wird ein Partner gewählt, dessen Abwertungen als Züchtigung erlebt werden. Oder es wird ein Umfeld aufgesucht, das einen strafend den eigenen «Fehltritt» spüren lässt, auch wenn sie huldvoll vergeben.

Das Verlangen nach nur Reinem und Lichtem nährt bekanntlich den Teufel. Und auch teuflische Wut, welche Frauen mit diesem Schwarzen Mond häufig veranlasst, das Joch der männlichen Vorherrschaft radikal abzuschütteln. Wichtig dabei ist, das eigene Wertsystem zu überprüfen, denn natürlich hat es innere Gültigkeit, und allzuoft wird der eigene Inquisitor und Ankläger auf ein Du projiziert.

Männer mit diesem Schwarzen Mond tragen häufig ein limitiertes Frauenbild; es gibt Brave und Huren. Lilith wird zwar faszinierend, erotisch und inspirierend erlebt, nur – sie wird kaum als Partnerin gewählt. Dies mag wie eine Abhandlung tradierter Rollenklischees klingen (das ist es auch), bei diesem Schwarzen Mond werden sie jedoch (noch) bevorzugt aufgegriffen. Die Rolle der Frau ist stark definiert von einer konventionellen Moral, was beide Geschlechter limitiert und in eine Schwarz-Weiss-Malerei drängt, analog einer extremen Polarisierung von Himmel und Hölle. Der Teufel ist nirgendwo so teuflisch wie hier, der Schmelz der Engel ist nirgendwo süsser. Menschen mit dieser Stellung haben oft eine dementsprechende Ausstrahlung: die einen versprühen infernalischen Charme, die anderen verzaubern mit unantastbarer Milde.

Greifen wir die Bedeutung von «Jungfrau» auf. Wir gebrauchen «Jungfrau» meist als Ausdruck für sexuelle Unberührtheit und Unerfahrenheit. Das ist von der ursprünglichen Bedeutung des Wortes weit entfernt. «Jungfrau» meint eigentlich eine Frau, die keinem Mann gehört, sondern nur sich selbst. Dies korrespondiert stark mit Lilith; sie ist Freifrau, die sich auch nur selbst gehört. Es gab jungfräuliche Göttinnen, Dirnen, die sich im Tempel als Prostituierte hingaben. Sakrale Prostituierte dienten dem Mann, um sich mit dem Göttlichen zu vereinen; sie selbst blieben Jungfrauen. Sexualität ist so gesehen Vehikel, dem Göttlichen näher zu kommen.

Menschen mit diesem Schwarzen Mond tun gut daran, diese Inhalte auf sich wirken zu lassen. Hat man dies begriffen, erscheint auch die «Jungfrau» Maria in einem neuen Bild. Sie erhält so ihren Unterleib zurück. Wenn Symbolik nicht profanisiert und «buchstabengetreu» übersetzt wird, braucht ihre Empfängnis nicht mehr ein biologisches Wunder zu sein. Und Erotik braucht nicht mehr tragisch zu sein. Es darf auch Freude und Lachen einsetzen und braucht nicht im christlichen Kontext

LILITH – JUNGFRAU: «IN DIE GOSSE!» *(Max Klinger)*

135

ausgemerzt zu werden, wie es im Roman «Der Name der Rose» von Umberto Eco aufgegriffen wird. Umgekehrt können Menschen, die gerne leben und lachen, sich wieder dem Christlichen zuwenden. Bei diesem Schwarzen Mond haben nämlich manche den Part von Lilith gewählt. Sie haben Gott verlassen, da sie keinen Frieden mit ihm finden können. Wenn sie Bilder der göttlichen Freude nähren, könnten sie auch wieder heimkommen.

Es gilt noch ein weiteres Bild aufzugreifen. Das Paradies wird oftmals als das Endergebnis einer Anstrengung gedacht; dies unterstützt Kasteiung auf Kosten des Genusses, und zwar häufig zugunsten einer profanen Arbeitswelt. Ein freudloses Dasein wird so geadelt; wer nicht dieselbe Knute schwingt oder erträgt, wird mit Kritik gemeuchelt. Arbeit und Kritik ordnen wir dem Zeichen Jungfrau zu; bei diesem Schwarzen Mond wird beides oft zur Guillotine. Und wir finden hier wieder den extremen Gegenpart. Einige fliehen vor der Arbeit und vor der Verantwortung dem Alltäglichen gegenüber zugunsten eines paradiesischen Erdendaseins. Der Preis ist eine grosse Abhängigkeit. Sie haben Lilith nicht verstanden; sie gehört sich selbst.

Die Perspektive, dass das Göttliche auch das Böse miteinschliesst, ist bei diesem Schwarzen Mond besonders wichtig. Merlin bietet hierfür ein schönes Bild. Er ist nicht moralisch, und schon gar nicht bürgerlich, und auch zu Lilith können wir mit unserer gängigen Moral keinen Zugang finden. Die Eltern von Merlin sind das Heilige und der Teufel. Damit ist er, im Sinne der Schöpfung, *ganz*.

Der Schwarze Mond in Fische oder im Aspekt zu Neptun

Tief im Meer lebte eine kleine Seejungfrau mit ihrem Vater, ihrer Grossmutter und ihren fünf Schwestern. Die Grossmutter erzählte den jungen Nixen gerne über die Menschen. «Ab eurem fünfzehnten Geburtstag dürft ihr zur Meeresoberfläche emporsteigen und die Strände, Schiffe und den Himmel beobachten. Vielleicht seht ihr auch Menschen. Das sind Wesen, die haben statt einem Fischschwanz zwei Beine und – als weiteren Unterschied zu uns Meeresbewohnern – sie haben eine unsterbliche Seele. Diese Seele verlässt nach dem Sterben ihren Körper und steigt auf zu den Sternen. So wie wir auftauchen und die Länder der Menschen erblicken, so steigen sie zu unbekannten, herrlichen Orten auf, die wir nie zu sehen bekommen. Eine Seejungfrau kann keine Seele bekommen, es sei denn, ein Mensch liebt sie so sehr, dass seine Seele sich überträgt. Das heisst nicht, dass er seine Seele verliert, sondern er gibt seine Seele und behält sie doch auch selbst.» Die kleinen Meerjungfrauen lauschten fasziniert diesen Geschichten und speziell die jüngste wartete sehnsüchtig auf ihren fünfzehnten Geburtstag. Als es soweit war, stieg sie auf und sah tatsächlich ein Schiff, auf dem ein wunderschöner Prinz mit seinen Matrosen ein Fest feierte. Die kleine Meerjungfrau konnte sich nicht sattsehen und verliebte sich augenblicklich in den Prinzen – so gut sich Meerjungfrauen eben verlieben können. Plötzlich zog ein Unwetter auf, und nach langem Kampf sank das Schiff mitsamt seiner Besatzung. Die kleine Meerjungfrau rettete den Prinzen; sie schwamm mit dem Ohnmächtigen ans Ufer und legte ihn be-

hutsam an den Strand. Sie musste jedoch zurück und sah noch, wie ihn ein junges Mädchen fand.

Ab diesem Tag verzehrte sich die kleine Meerjungfrau vor Sehnsucht nach dem Prinzen. Sie schwamm zur Meerhexe, um sich von ihr Hilfe zu erbitten. Die Hexe braute ihr einen Trank. «Schwimm zum Ufer und trink das. Damit schwindet dein Schwanz und du erhältst niedliche Menschenbeine. Doch es wird sehr weh tun, als ob ein scharfes Schwert dich durchdränge. Du wirst scheinbar von leichtfüssiger Gestalt sein, doch jeder Schritt wird dir höllische Schmerzen bereiten. Und bedenke auch», meinte die Hexe, *«gewinnst du die Liebe des Prinzen nicht und er heiratet eine andere, bekommst du keine unsterbliche Seele, dein Herz wird brechen und du wirst zu Schaum auf dem Wasser werden. Als Lohn für meine Hilfe will ich ausserdem deine wunderschöne Stimme.» «Es geschehe»,* meinte die kleine Meerjungfrau, *denn ihre Sehnsucht war unermesslich. Daraufhin schnitt ihr die Hexe die Zunge heraus, und ab diesem Augenblick war sie stumm. Alles weitere geschah wie es die Hexe vorhergesagt hatte.*

Die kleine Meerjungfrau ging mit ihren neuen Beinen zum Prinzen. Jeder Schritt bereitete ihr grosse Schmerzen, doch sie war glücklich und lächelte ihn an. Der Prinz war augenblicklich von ihr angetan, da sie ihn an das Mädchen aus seinem Traum erinnerte, der sich seit seiner Errettung immer wieder einstellte. Er gewann sie lieb, doch sie konnten nicht kommunizieren bzw. miteinander sprechen.

Eines Tages verlangten seine Eltern, dass er sich verheirate. Die Prinzessin aus dem Nachbarland war dafür vorgesehen, und der ganze Hofstaat segelte über das Meer in dieses Land. Der Prinz war hingerissen von der Schönheit der Prinzessin, und er brachte sie für die Hochzeitsfeierlichkeiten an Bord. Er glaubte in der Prinzessin das Mädchen zu erkennen, das ihn damals errettet hatte. Die kleine Meerjungfrau stand tieftraurig an der Reeling des Schiffes; die Schmerzen in den Beinen spürte sie nicht mehr, so stark waren die Schmerzen in ihrer Brust. Plötzlich sah sie ihre Schwestern auftauchen, die ihr ein Messer überreichten. «Töte damit den Prinzen, es ist deine letzte Chance. Tust du es nicht, wirst du sterben», flüsterten sie ihr zu. *Doch sie konnte es nicht. Sie stürzte sich von dem Schiff ins Meer und fühlte noch, wie sich ihr Körper in Schaum auflöste. Auf dem Schiff stand der Prinz mit seiner Braut und suchte sie. Er starrte auf den Schaum und begriff nicht, warum er so voll war mit Weh und übergrosser Sehnsucht.*

Wie ging es der kleinen Seejungfrau? Sie erhob sich aus dem Schaume, stieg auf zu den Töchtern der Luft. Diese Töchter haben auch keine ewige Seele, können sich jedoch durch gute Handlungen eine schaffen. Dreihundert Jahre hat sie nun zu dienen, unsere kleine Meerjungfrau, um das zu erhalten, wonach sie sich unsagbar sehnt: eine unsterbliche Seele.

Die Tiefe und das Aufsteigen sowie der Zugang zum Numinosen sind ein herausragendes Thema bei diesem Schwarzen Mond. Dabei ist hier nicht die Tiefe im Sinne von *gé* und *chthón*[14], also Untergrund und Unterwelt gemeint, sondern Tiefe in Richtung Qualität und Dimension der Psyche. Die Sehnsucht nach den «Wassern»,

137

nach Verschmelzung ist hier unermesslich. Die kleine Seejungfrau spiegelt uns diese Sehnsucht, über ein Du ihre Seele zu finden. Auch der Prinz trägt ein Bild seiner Retterin (Seele) mit sich und sucht und sieht es in jeder Frau, die ihn berührt. Und doch weiss er nicht so genau, was er sucht. Er hat vergessen. Seine Retterin gehört zu einem Traum, der sich gegen die Erinnerung wehrt. Er ist Lethe anheimgefallen.

Wer oder was ist Lethe? Ursprünglich schenkten die Musen den Menschen *lesmosyne,* was soviel wie «vergessen» bedeutet. Sie konnten ihr Leiden vergessen und ihre Sorgen wurden so gemildert. Ein anderes Wort dafür ist *Lethe.* Lethe ist jener Fluss der Unterwelt, der uns Vergessen bringt. Neben der Quelle dieses Flusses entspringt eine zweite; es ist die Quelle der Göttin Mnemosyne, was soviel wie «Gedächtnis» heisst. Erinnern und Vergessen liegen also nahe beieinander. Lethe gehört zum orphischen Bereich, wo Träume, Schlaf, Tod und Vergessen sich treffen. Auch Neptun hat einen starken Bezug zu orphischen Gefilden.

Wir verbinden Neptun mit unseren Träumen. Es gibt Träume, die weigern sich, in unserem Gedächtnis zu bleiben. James Hillman meint, ein vergessener Traum verweigert der Tagwelt bzw. dem Ego seinen Dienst. Er will seine Inhalte nicht dem Ich zu dessen Stärkung ausliefern, könnte jedoch die Sehnsucht einpflanzen, in den «Wassern» zu suchen. Vergessen dient also auch der Egoschwächung. Auch dies ist ein Anliegen von Neptun. Je mehr wir uns jedoch in die Unterwelt oder in Überwelten versenken, desto weniger widersetzt sich Mnemosyne. Wir erinnern uns besser an unsere Träume und wir entwickeln generell einen besseren Zugang zum Unbewussten. Setzen wir das in Bezug zu diesem Schwarzen Mond.

LILITH – FISCHE / NEPTUN: «DIE SIRENE» *(Max Klinger)*

138

Der Zugang zur Welt der Bilder ist hier enorm gross. Die Phantasie ist blühend, manchmal sind auch telepathische Fähigkeiten gegeben. Die Flut der Bilder kann so gross sein, dass manche davon überschwemmt werden. Psychosen und spirituelle Krisen treten bevorzugt auf, wenn der Schwarze Mond eine Verbindung mit Neptun aufzeigt (auch bei zeitlichen Auslösungen). Die Angst vor Überflutung mag bei diesem Schwarzen Mond auch die Tendenz nähren, die Bilderwelt zu negieren oder total zu meiden. Jeder Impuls und jede Geste, die Hinweis auf ein Zwischenreich oder auf Zwischentöne sein könnten, fallen – kaum dass sie auftreten – dem Vergessen zum Opfer. Menschen mit dieser Stellung haben oft die «glückselige» Tendenz, sofort zu vergessen, was ihnen nicht in den Kram passt bzw. ihre «Tagwelt» in Frage stellen könnte. Ein Beispiel: Vielleicht lesen einige mit diesem Schwarzen Mond soeben diese Abhandlung und der Inhalt dringt gar nicht durch; das Gelesene wird sozusagen überlesen. Es wird sofort Lethe überantwortet. Und es wird sich sicher jemand finden, der sie insistierend daran erinnern wird. Mnemosyne tritt auf; meist über einen Partner, mit dem man nimmermüde über Wahrnehmung streiten kann.

Schnelles Vergessen ist Schutz; über schmerzhafte bzw. unangenehme Erfahrungen wird hier umgehend der Schleier geworfen. Daraus resultiert eine gewisse Desensibilisierung, der Mensch reduziert sein Wahrnehmungsspektrum. Dies kommt speziell in dem Bereich zum Ausdruck, in dem die Achse des Schwarzen Mondes liegt. Nebulose Vorstellungen und sanfte Täuschungen gedeihen hier, Trügerisches wird in die Welt gesetzt oder naiv für wahr genommen. Wahrnehmung ist bei dieser Stellung ein wunder Punkt; sie wird einem abgesprochen oder man spricht sie anderen ab. Enttäuschung und Verunsicherung werden ständige Begleiter, im Extremfall besteht sogar die Angst, verrückt zu werden. Die Dünnhäutigkeit wird so bedrohlich erlebt, dass man sich oft kompensatorisch eine Dickfelligkeit zulegt. In diesem Fall wird die Welt der nicht greifbaren Phänomene geleugnet, bekämpft und unterdrückt. Lilith drängt sich dann häufig ins Spiel, indem sie über einen Partner auftritt, der die Anerkennung dieser Phänomene fordert.

Frauen mit diesem Schwarzen Mond sind oft Sybillen, Seherinnen; Männer mit dieser Stellung suchen (und finden) sie häufig. Sie schätzen häufig deren Intuition und ihre prophetischen Hinweise; doch sie handeln nicht immer danach, denn wie wir wissen, setzt das Vergessen blitzartig ein. Die Frau tritt nach dem Eintreffen der Ereignisse wie Mnemosyne auf und erinnert ihn daran, dass sie wieder einmal recht gehabt hat.

Einige schätzen die Qualität ihrer Partnerin und bedienen sich ihrer «Hellsichtigkeit» oder Intuition. Sie bewundern sie und vermeinen, dies nicht zu können. Wie schon erwähnt, bedarf es der Innenschau, bedingt es, in die Tiefen versunken zu sein, um die Botschaften der Bilder erschliessen zu können. Doch diesen Prozess wollen einige umgehen, um so mehr, wenn eine Partnerin dies erledigt. Sie verstehen nur nicht, warum sie häufig mit derart viel Schwere umgeben ist, wo sie selbst doch ein lebendes Beispiel dafür sind, wie leicht man es haben kann. Ich fördere hier ein Rollenklischee, indem ich das Abgeschnittensein dem Mann zugeordnet und den sensitiven Part der Frau gegeben habe; die Aufteilung ist natürlich auch umgekehrt möglich. Manchmal tritt auch eine Frau auf, die für eine andere Frau «Seelenführerin» ist. Generell fördert dieser Schwarze Mond ein überdimensionales Harmonieverlangen, und das appelliert immer an Lethe. Das Vergessen von Ärger wird auch durch «Glücksbringer» wie Alkohol, Pillen und dergleichen gefördert. Sucht ist ein herausragendes Thema bei dieser Stellung.

Die Weigerung in die eigenen Tiefen abzusteigen, fördert natürlich eine Getrenntheit, die oft nur mit Suchtmitteln aufgelöst werden kann. Manchmal manifestiert sich dieses Abgeschnittensein jedoch auch im Körper. Das körperliche Opfer bei diesem Schwarzen Mond trifft oft die Füsse. Oftmals fand ich Lähmungen oder Gehbehinderungen. Dies erinnert auch an unsere kleine Seejungfrau. Nur unter Schmerzen konnte sie ihre Schritte setzen. Sie repräsentiert geradezu Opfer und Verzicht. Sie opferte ihre Stimme, erlebte es leidvoll, geschlechtlich zu werden und verzichtete letztendlich auf ihren Körper zugunsten ihres Seelenheils. Christliches Gedankengut drängt sich auf. Es ist auch nachvollziehbar, da das Christentum mit dem Fischezeichen stark korrespondiert. Die «Dame ohne Unterleib» ist das einzige weibliche Vorbild, und so wird verständlich, dass Sexualität bei diesem Schwarzen Mond häufig abgewertet und verdrängt wird. Sexuelle Impulse werden somit auch gleich Lethe überantwortet, und dies mag auch der Grund dafür sein, warum das eigene Balzen und Werben nicht registriert wird. Die Sache ist zu höllisch bzw. zu heiss, um in die «lichten Gestade» bzw. in das Tagesbewusstsein aufsteigen zu dürfen. Nächtens erledigt dies Lilith, wie wir wissen, und nur die sinnlichen Rückstände lassen erahnen, dass da ein wunderbarer Traum war.

Wenden wir uns nun Gestalten zu, die das Zeichen dieses Schwarzen Mondes tragen. Da sind die Sybillen, wie die Seherinnen auch genannt werden. Sybillen sind Wahrsagerinnen mit charismatischer Autorität. Sie sind berühmt für ihre Weisheit und Erfahrung, verkünden Grosses und religiöse Verzückung genau wie Unheil und Katastrophen. Man sagt, die Weissagung der Palmblätter sei von den Sybillen. Eine hebräische Sybille hiess Sabbe und erinnert an die Königin von Saba. Der Königin wird ebenfalls nachgesagt, sie sei die Tochter einer Sybille, andere sagen, sie sei das Kind eines menschlichen Vaters und einer Flussnymphe. Nymphen wie Sybillen haben eine Nähe zum Wasser; genau wie Lilith. Nymphen gelten auch als grosse Verführerinnen. Circe und Loreley können wir hier ebenso ansiedeln. Sie locken und ziehen Menschen in ihren Abgrund und ihren Strudel. Scheinbar unberührt und wunderschön locken sie dennoch weiter. Verführung ist bei diesem Schwarzen Mond ein zentrales Thema. Oftmals wird ein Schleier über das eigene Locken gelegt, um die Verantwortung für Verführungsspiele und Flirts nicht übernehmen zu müssen. Das eigene Werben wird oft nicht wahrgenommen und irgendwann wird mit Erstaunen registriert, dass ein Schiffer die Signale aufnimmt und sich weiter vorwagt. Es ist dann ausschliesslich seine Verantwortung, wenn er am Felsen zerschellt!

Illusionen können Hilfsziel oder Selbstbetrug sein. Kaum etwas ist so schwer, wie eine Illusion loszulassen. Bei diesem Schwarzen Mond fällt es besonders schwer. Die Einbildungskraft ist beträchtlich und die Phantasie so stark, dass Sein und

Schein urplötzlich verschwimmen. Die Erlebnisse der anderen werden schnell zu den eigenen. Was vormittags noch eine Freundin erzählt, ist zu Mittag bereits die eigene Geschichte und am Abend ist man so felsenfest davon überzeugt, dass man jeden Eid leisten würde. Darauf angesprochen, finden diese Menschen das auch nicht so schlimm, «denn auf einer tieferen Ebene sind wir alle eins». Der schon beschriebene Gegentyp tritt hier eher als Wahrheitsfanatiker auf; «er entlarvt das Trügerische der Bilder». In jedem Fall wird ein phantasieanregendes Du gesucht.

Der Bogen spannt sich bei diesem Schwarzen Mond wahrlich von Hellsichtigkeit und starker Intuition bis zu Verwirrung und Umnachtung. Wie bereits erwähnt, schlägt das Pendel zwischen einer Abwertung der Bilderwelt und des Traumlebens und einem sehr guten Zugang zu diesen Bereichen. Bei vielen liegt hierin eine grosse Begabung. Ihre Stärke kommt zum Ausdruck bei Wachträumen, Visualisieren, Imaginieren und schlichtweg im Erinnern an Träume. Träume ergänzen uns. Sie sind Brücke, Kommunikationsmittel unserer Seele.

Erinnern wir uns, dass die Musen, Lethe als auch Mnemosyne, einer Gruppe angehören. So gesehen können uns die Musen im Schlaf küssen (Lethe) und wir können uns daran erinnern (Mnemosyne). Beim Einschlafen um einen kreativen oder klärenden Traum zu bitten und beim Erwachen eine Antwort zu haben, mag die Patronanz dieses Schwarzen Mondes tragen. Prophetische Träume oder Initiationsträume ebenso.

Der Schwarze Mond in den Häusern

Der Schwarze Mond im ersten Haus

Wer unfähig ist, sich selbst zu behaupten, ist auch unfähig, an einer echten Beziehung zu partizipieren.

EINE GESCHICHTE

Das Verruchteste an Magdalena ist noch ihr Name; Menschen, die sie mögen, bewundern ihre reine und engelhafte Erscheinung. Andere reiben sich an ihrer «Sauberkeit», begierig, den Fleck auf die Seife zu plazieren. Magdalena selbst hat den Anspruch, rein, lieb und bescheiden zu sein. Dies um so mehr, als sie eine «dunkle Schwester» hat, die in den Leidenschaften und Abgründen wühlt.

Magdalena konkurriert mit ihrer Schwester. Ist es die Konkurrenz des Lichten mit dem Dunklen? Manchmal entdeckt Magdalena Bilder und Gefühle in sich, die ihr Angst machen. Hier drängt sich eine Welt voll Aggression, Sexualität und Verwesung in ihr Bewusstsein, was sie als dunkel erlebt. Damit konfrontiert, verstärkt sie ihre Liebenswürdigkeit, und ihr Bedürfnis nach Sauberkeit nimmt zu. In diesen Phasen braucht sie ein klinisch sauberes Umfeld, gespickt mit einem unverbindlichen Small Talk und einem wohldosierten Flirt.

Magdalena hatte einmal eine Beziehung, die sie Besessenheit und Abgründe lehrte. Sie fand in diesen Abgründen den Himmel, den sie so sehr sucht, und sie stellt sich seither eine Frage: «Warum fand ich so oft bei meinem Weg in die Höhen eine persönliche Hölle (Öde und Leere) und warum fand ich bei diesem Abstieg meinen Himmel?» Himmel und Hölle beschäftigen Magdalena sehr.

Magdalena kommt aus einer Welt, wo Frauen auf tradierte Klischees festgelegt werden. Die weibliche Rolle darf nur zwischen der fürsorglichen Mutter oder dem schmeichelnden Mädchen pendeln. Abweichung kreiert Ausgrenzung, was für viele undenkbar, also unlebbar ist. Magdalenas Mutter hat sich diesem Diktat ein Leben lang unterworfen. Damit es nicht so schmerzlich ist, hat sie daraus ein Ideal kreiert und es geschafft, danach zu leben. Besser gesagt, sie hat es fast geschafft. Das Dunkle hat sie eingeholt, sie hat schwere Depressionen und «Dämonen fressen ihre Haare vom Kopf», wie sie es ausdrückt. Magdalena kann mit dieser «heimgesuchten» Mutter schwer umgehen und erwartet, dass ihre sowieso «dunkle Schwester» sich der Mutter annimmt. Doch dem ist nicht so, die Schwester zieht sich zurück und die Mutter drängt nach Ergänzung, also zu Magdalena. Diese hat ihre «wirre» Mutter zuerst abgelehnt und sie letztendlich doch angenommen und akzeptiert. Seither ist Magdalena mehr Frau geworden.

Magdalena hat den Schwarzen Mond in Jungfrau im *ersten* Haus.

Ich habe lange überlegt, welches Fallbeispiel ich für diesen Schwarzen Mond wähle, da bei seiner Anwesenheit im ersten Haus sehr prägend ist, in welchem Zeichen er steht. Die Thematik des Zeichens wird an die Sichtbarkeit gebracht. Um dies anschaulich zu machen, möchte ich beim Beispiel «Magdalena» anregen, beim Schwarzen Mond in der Jungfrau nachzulesen. Wir finden hier den Dialog der Heiligen und der Hure. Im Fokus des ersten Hauses wird dieser Dialog an der Person sichtbar. Magdalena sieht aus wie ein Engel, das abgespaltene Teufelchen übernehmen die Frauen in ihrer Umgebung und ergänzen sie so.

Ich möchte hier auch das Beispiel eines Mannes anführen, der den Schwarzen Mond im ersten Haus in Schütze hat. Er ist überaus asketisch und fleissig, hasst Faulheit und Bequemlichkeit, lehnt Genuss völlig ab. Er wählt bevorzugt Frauen, die ihre Bequemlichkeit geradezu zelebrieren und deren Sinnsuche meist an der Biskuitroulade scheitert.

Ein anderer Mann mit Schwarzem Mond in Krebs am Aszendenten, lebt – wie Peter Pan – unerwachsen und unverantwortlich seine Beziehung. Seine Frau geht arbeiten, er führt den Haushalt – soweit er Lust hat. An einem Tag bezeichnet er seine Frau als Glücksfee, am nächsten Tag als Drachen. Er selbst zeigt sich ebenfalls bevorzugt als «gute Fee», liebenswürdig und hilfsbereit. Doch ab und zu unterbricht er diese Phasen, indem er in eine wahnsinnige Raserei verfällt und sich wie ein Drache auf seine Frau stürzt. (Dionysos und seine Mänaden drängen sich ins Bild.) In seiner Raserei bedroht er seine Frau und im Extremfall beginnt er, sich selbst zu verstümmeln. Sein Körper ist übersät mit Narben. Narben, wie Spuren von Ritualen zur Besänftigung der Grossen Mutter.

Diese Beispiele zeigen, dass Lilith in diesem Haus mit all ihrer Symbolik an die Sichtbarkeit drängt. Viele Künstler haben diesen Schwarzen Mond in ihren Werken demonstrativ umgesetzt. Die Umkehr der Werte, die Lilith mit sich bringt, kommen hier insofern zum Tragen, als viele Homosexuelle, Transsexuelle und auch Transvestiten den Schwarzen Mond im ersten Haus haben. Das Weib drängt hier über den Mann an die Sichtbarkeit, wird sozusagen vom Mann verkörpert. Oder, um ein anderes Bild zu liefern, der Androgyn drängt in die Welt. Einer Frau mit dieser Lilith-Stellung begegnet von Zeit zu Zeit eine androgyne Gestalt in ihren Träumen. Sie führt mit der Gestalt ein Gespräch und erfährt die Aussagen wie Botschaften, fühlt sich durch ihre Anwesenheit bereichert.

Dieses Beispiel zeigt auch den Dialog des zwölften und des ersten Hauses; eine Traumgestalt steigt auf, die sie inspiriert und es ihr ermöglicht, neue Ideen in die Welt zu bringen. Es ist dieser Dialog von Dasein und Nicht-Dasein, den wir von Lilith so gut kennen. Es geht um Auftauchen, um «In-Erscheinung-Treten». Es geht um dieses «Ich bin (wieder) da!» und will meinen Platz einnehmen. Aus diesem Blickwinkel wird auch nachvollziehbar, warum Künstler mit diesem Schwarzen Mond ein Kanal für das Erscheinen von Lilith sind. Sie bringen ihre Werte an die Sichtbarkeit.

Ein weiterer Punkt bei dieser Stellung ist generell das Auftreten. Wählen wir wieder ein Beispiel gemäss der Thematik des Zeichens. Magdalena (Schwarzer

Mond in Jungfrau) vermeint, nur bescheiden auftreten zu dürfen, was mit ihrem Jungfrau-AC nicht überrascht. Ihr Anspruch, Macht über Bescheidenheit zu erlangen und so von allen wahrgenommen zu werden, ist jedoch enorm. Sie meint, nur eine Legitimation für ihre machtvolle Präsenz zu haben, wenn sie sie mit Bescheidenheit tarnt. Ihr Auftritt ist die machtvolle Herausforderung einer unantastbaren Milde.

Das «Wie-trete-ich-auf» ist bei diesem Schwarzen Mond häufig ein blinder Fleck. Der Auftritt eines Mannes mit einem Skorpion-AC, Konjunktion Saturn, könte von einer gewissen Verhaltenheit geprägt sein. Er hat jedoch den Schwarzen Mond in Schütze im ersten Haus, und sein Auftritt erinnert eher an den Sonntagsspaziergang eines pfauenhaften venezianischen Tuchhändlers, der sich mit seiner Spende für Museen gerade in den Mäzenatenhimmel erhoben hat. Tritt ein anderer so auf, bekämpft er diesen massiv, und seine Abwehr lähmt ihn geradezu. Da geht es ihm wie Medusa, wenn sie in den Spiegel blickt, nur – er erkennt sich nicht.

Der Schleier wird bei diesem Schwarzen Mond über den Anspruch gelegt, massiv dazusein. Spiegelt ein anderer dieses Auftreten, wird dem der Schleier diktiert. Es geht schlichtweg um das Erscheinen und auch um das Zurschautragen von Werten, die man an sich nicht akzeptiert. Auch mit Lilith verbinden wir Werte, wo wir Mut brauchen, sie an die Sichtbarkeit zu bringen. Bleibt dieser Punkt unbewusst, tritt das «verdrängte Teufelchen» trotzdem auf und der Mensch verkörpert all das, wie er nie gesehen und wahrgenommen werden möchte. Blitzt die Erkenntnis durch, hat die betroffene Person häufig das Gefühl, machtlos neben sich zu stehen.

Definieren wir Lilith als Spiegel, wird auch verständlich, wieso Inhalte des siebten Hauses mit denen des ersten Hauses verschmelzen. Der blinde Fleck des Auftritts zeigt sich auch in Verhaltensweisen, die wir Annäherung, Verführung, Balz oder wie immer auch nennen können. Menschen mit Stellungen auf dieser Achse merken oft nicht, wann sie verführen, wie sie sich zeigen oder geben. Schleier und Amulett sorgen hier für Anziehung, Anbahnung und dazugehörige Verwirrung. Löst Lilith diese Achse aus, besteht jedoch die Möglichkeit, über eine Beziehung oder neue Begegnung sich selbst zu finden oder besser gesagt zu erkennen. «Und sie erkannten sich …» ist nicht nur ein Gleichnis für Trennung, sondern auch für Vereinigung, ob es sich um eine sexuelle oder um eine brüderliche/schwesterliche Umarmung handelt.

Der Schwarze Mond im siebten Haus

Das Ziel der Begierde ist nicht ihre Befriedigung, sondern deren Aufrechterhaltung.
ROLLO MAY

LAURA – EINE TAGEBUCHEINTRAGUNG
Ich lag wach – die Erinnerung an ihn raubte mir den Schlaf. Je mehr ich ihn verdrängen wollte, desto mehr war er präsent. Ich klammerte mich fest an Gedanken, die ihn mir so unattraktiv wie möglich erscheinen liessen. Ich sagte mir ständig, dass ich mir

ein Bild von ihm mache, welches mit seiner Person absolut nicht übereinstimmt, dass er wahrscheinlich zu angepasst, flügellahm und sonstwas ist und folglich für die Intensität meiner Gefühle nicht verantwortlich sein konnte. Während ich all dies dachte, war ich besessen und voller Verlangen nach ihm.

Und plötzlich war da der Gedanke, dass ich mich in meine eigene Besessenheit verliebt habe. Narziss hat sich wieder einmal unsterblich in sich selbst verliebt. Vielleicht war all das nicht er, was mich so faszinierte, vielleicht war alles ein Monolog, ein Spiel mit mir. Durch meine Art, anzuziehen und zugleich zurückzuweisen, habe ich eine Intensität erzeugt, die sich wie eine Schlinge um meinen Hals legte.

Ich lag da und machte mir meine Verstrickung bewusst und war erschrocken und erleichtert zugleich. Erschrocken über meine Intensität, über die Ohnmacht mir selbst gegenüber, erleichtert, dass nicht er diese Macht über mich besass, die mich so erschütterte. Ich sah mich – er war Spiegel. War das so? Ist das so? Ich beschloss es so!

Am nächsten Morgen lag da ein unheimlich zärtlicher Brief von ihm.

Laura hat den Schwarzen Mond in Skorpion im *siebten* Haus.

Wenn wir Lilith als Spiegel definieren, wird die substantielle Verwirrung nachvollziehbar, die mit diesem Schwarzen Mond im Begegnungsbereich besteht. Amulett und Schleier fördern eine Beziehungsthematik, wo Intensität und Flucht abwechseln. Das Begehren, über ein Du initiiert zu werden, ist hier masslos. Und die Ablehnung wird mitkreiert. Bei manchen besteht geradezu eine Sucht nach Ablehnung. Es ist, als ob das eine ohne das andere nicht erfahren werden könnte. Die Lust der Verführung ist gross, wenn nicht sogar grösser als die des Aktes selbst. Lust wurde früher an der Verweigerung gemessen, wie uns die sogenannte «romantische Liebe» zeigt. Das ideale Liebesobjekt muss sich mit steigendem Begehren entziehen, so dass dieser unstillbare Durst entsteht, aus dem sich wieder das Begehren nährt. Wie bei Lilith/Venus tritt hier Narziss auf, mit seiner aussichtslosen Liebe nach sich selbst – und mit seinen Spiegelspielen.

Bei einer Begegnung, die sie fasziniert, fragt sich Laura ständig, ob es das Du ist, das sie so berührt, oder ob sie sich wieder einmal in ihre Sehnsucht verliebt hat. «In meiner Art, dies zu hinterfragen, habe ich oft genau den Zauber zerstört, nach dem ich mich eigentlich sehne», sagt sie. Ihr ist bewusst, dass sie diesen Dialog von Begehren mit gleichzeitiger Ablehnung kreiert, was einerseits eine ungeheure Intensität erzeugt und ihr Verlangen steigert, andererseits eine Verstrickung zur Folge hat, die sie oftmals in eine Krise und in völlige Hinterfragung führt. So zwingt sie sich, in den Spiegel zu schauen; manchmal erstarrt sie wie Medusa, ist wie gelähmt; manchmal erträgt sie diesen Blick und erkennt sich, was eine Ein-Sicht und ein Begreifen zur Folge hat, sie wachsen lässt und über sich hinausträgt. Menschen mit diesem Schwarzen Mond treffen in Zeiten der Veränderung häufig auf Menschen, die als Hebamme für das Neue fungieren. Manchmal ist dieses Neue ein altbekannter Dämon, bisher erfolgreich unterdrückt und daher im blinden Eck. Diese Menschen sind dann Träger von Werten, die man bisher nicht zulassen konnte und abgelehnt hat. Doch Lilith stattet mit jenem Eros aus, der diese Menschen trotzdem anziehend macht. Als Weigerung dieser Anziehung gegenüber werden diese Menschen in der Phantasie mit Attributen ausgestattet, welche eine Ablehnung erleichtern. Denken wir an Laura, die die Anziehung sabotierte, indem sie sich den Mann möglichst unattraktiv vorstellte. Doch so ensteht in kürzester Zeit eine Verstrickung und eine Intensität, die den anderen zum initiativen Erlebnis hochstilisiert. Lilith bringt so gesehen ein Drama in den Beziehungsbereich, welches alltägliche Beziehungen schal werden lässt. Das Beziehungs-Paradies hat hier, wie bei Lilith und Adam, dramatisch zu sein und darf nicht in diese wohldosierte Harmonie abgleiten, in welcher Eva und Adam lebten. Anscheinend hat das die Schlange auch so gesehen; sie hat dem paradiesischen Zustand ein Ende gesetzt. Bei diesem Schwarzen Mond stört die Schlange ebenfalls eine Harmonie, die keine Entwicklung mehr zulässt. Ein Dritter dringt ein. Der Dritte spiegelt immer das, was der Beziehung fehlt. Oftmals ergänzt er sie und stabilisiert sie dadurch. Es lebe die Dreierbeziehung! Oder die alte Beziehung findet ein Ende und man wendet sich einem neuen Partner zu (häufig bei Lilith über den DC oder Lilith/Venus). Hier wird Lilith bzw. ein Du zur Initiationserfahrung. Doch da die Sehnsucht unendlich ist, wird nach einiger Zeit häufig der nächste Initiator gesucht.

Lilith ist absolut. So wird auch verständlich, dass bei dieser Stellung des Schwarzen Mondes das Du durchdrungen werden will. Es ist also nicht ein Sehnen, das über Träume befriedigt werden kann, der Anspruch umschliesst hier, das Du «mit Haut und Haaren» zu erfahren. Ich wähle hier absichtsvoll nicht das Wort «besitzen», da bei zu viel Kontrolle das Begehren erlischt, was die Suche nach einem neuen Du zur Folge hätte. Bei langjährigen Beziehungen wird sehr häufig das Spiel «Du kriegst mich nicht!» kreiert, wo analog zu Lilith und Adam im Paradies ein Machtkampf mit dazugehörigen Fluchtmechanismen inszeniert wird. Genauso finden wir starke Tendenzen zur Eifersucht und die Angst, verstossen, ausgegrenzt oder hintergangen zu werden. Dies wird zum beherrschenden Thema.

Werfen wir einen Blick auf Lilith und das Amulett, welches ihr entgegengehalten wird. Aus dieser Perspektive wird die Angst, verbannt oder verstossen zu werden, verständlich. Definieren wir das Amulett hingegen als Schleier, wird die Tendenz zu betrügen oder betrogen zu werden offensichtlich. Verschleierungen und Heimlichkeiten in Beziehungen sind bei diesem Schwarzen Mond häufig. Die Suche (Sucht), über ein Du «erlöst» zu werden, fördert die Tendenz zu Seitensprüngen, da die «legale» Beziehung nicht täglich eine Fülle von Wundern und Initiationen liefern kann.

Der Schwarze Mond im siebten Haus zeigt eine starke Du-Abhängigkeit. Greifen wir nun zu folgendem Bild. Medusa wusste um ihre Verwunschenheit; ihr Bannblick, den sie in den Spiegel tat, traf auch sie selbst. Sie erkannte sich und erstarrte. Doch sie brauchte Perseus, damit er ihr den Kopf abschlug. Sie brauchte ein Du zu ihrer Erlösung, auch wenn es eine schmerzhafte Erlösung war. Bei diesem Schwarzen Mond gibt es häufig schmerzhafte Erfahrungen im Beziehungsbereich, doch durchlitten, setzt oft ein Erkennen über die Notwendigkeit dieser Erfahrung für einen neuen Bewusstseinsschritt ein.

Betrachten wir Lilith und das Opfer, so trifft es hier den Partner. Entweder man opfert ihn oder man wird selbst zum Opfer in der Beziehung. Ersteres wäre beispielsweise das Opfer des «Seitenspringers»; der Partner wird auf den Altar gelegt zugunsten einer neuen Erfahrung. Gehen wir davon aus, dass dieser Partner am Opferstock ebenfalls von diesem Schwarzen Mond geprägt ist, dann haben wir ein Gleichnis für die zweite Variante.

Flechten wir an dieser Stelle die Geschichte eines «Opfers» ein. Eine Frau litt jahrelang unter den Seitensprüngen ihrer Partner. Die Trennungen von diesen Männern zwangen sie, die Schritte zu setzen, die sie zu der freien und selbstbewussten Frau machten, die sie heute ist. Sie hat es über ihre Partner geschafft, opfern zu lernen (wenn auch nicht immer freiwillig) und hat irgendwann das «Daueropfer» hinter sich gelassen.[1] Heute spürt sie in sich dieses grenzenlose Verlangen nach der «unmöglichen» Beziehung (welches ihre früheren Partner ausbrechen liess), weiss aber, dass kein Mensch alleine diesem Anspruch gerecht werden kann. Sie wählt es, ungebunden zu bleiben, um für jeden «möglichen Initiator» frei zu sein. Getrieben ist sie wie eh und je von der Sehnsucht nach der absoluten, totalen Verschmelzung, nur schafft sie es heute, sie mit einem «wissenden Lächeln» zu fordern.

Eine weitere Thematik dieses Schwarzen Mondes ist der Dialog von Zuwendung und Abwendung. Das «Nicht-da-bleiben» des anderen, die Abwendung und die Flucht werden sehr schmerzlich erlebt. «Ich will, dass du dich stellst!» ist ein häufiger Aufschrei. «Die Wahrheit, auch wenn sie schmerzt, ist mir erträglicher als dein Ausweichen!» Doch wie erwähnt sind die Fluchttendenzen gross. Lilith verliess das Paradies und liess Adam schmoren. Adam bekam Eva. Die Beziehung zwischen Adam und Lilith fand ihren Schlusspunkt durch Liliths Flucht. Und doch ist zwischen den beiden etwas offen. Beziehungen finden bei diesem Schwarzen Mond häufig ein derartiges «Un-Ende», werden praktisch zur «Unendlichen Geschichte».

In der traditionellen Astrologie werden die «Feinde, die sich zeigen» dem siebten Haus zugeordnet. Wo wir den Schwarzen Mond haben, haben wir auch blinde Flecken. Menschen mit dieser Stellung stehen Menschen, die ihnen nicht gut gesinnt sind, manchmal blind gegenüber. Auch Konkurrenzthemen werden oft nicht wahrgenommen, sei es, dass der andere mit einem oder dass man selbst mit dem anderen konkurriert. Diese Blindheit kann in verhängnisvolle Verstrickungen bzw. Beziehungen führen, die oftmals ein abruptes und schmerzvolles Ende finden. Wird nachträglich diese Beziehung beleuchtet, geht einem häufig «ein Licht auf», welche Inhalte es zu integrieren gelte.

Wir haben gesagt, Lilith ist Dämonin und auch Psychopompos. Bei diesem Schwarzen Mond treffen wir häufig auf Menschen, die das für uns sind.

Der Schwarze Mond im zweiten Haus

Sie sparte sich ihr Leben auf und nahm sich dafür unendlich viel Zeit; das Karma einer Verschwenderin.

EINE GESCHICHTE
Antonia hat schon als kleines Mädchen Geschichten gehört, die von der vergangenen Pracht und dem verlorenen Reichtum ihrer Familie erzählen. Ein Konkurs hat diese

Familie in finanzielle Instabilität gebracht. «Über Geld spricht man nicht!» war die Parole, und doch drehte sich ständig alles um Geld, es wurde zum Beherrschenden.

Antonias Mutter hat im Winterschlussverkauf ein Kleid erworben, welches sie sorgfältig in ihrem übervollen Kleiderschrank verstaute. Bei diesem Vorgang gab sie sich die Erlaubnis, das Kleid im übernächsten Winter anzuziehen. «Nur Dienstmädchen ziehen neue Kleider an und das ist unfein!» war die Parole; bis heute ein Lieblingssatz von Antonia.

Antonia hat ihre Mutter nie nackt gesehen. Über die Mensis wurde nicht gesprochen. «Kein Mann darf je ein Anzeichen, nicht einmal eine Andeutung von diesem monatlichen Übel mitbekommen!» war die Parole. Antonia hat bis heute Mühe, eine Schachtel Tampons im Einkaufskorb zu haben.

Antonia wollte mit 14 Jahren sterben. Ihre Monatsblutung war wochenlang nicht zu stillen und sie hatte die Absicht, sanft aus dem Leben zu gehen. Es war ihr – verständliches – Geheimnis, und eines Tages sperrte sie sich ins Badezimmer ein und brach dort ohnmächtig zusammen. Man fand sie, sie wurde ins Krankenhaus gebracht. Dort bekam sie Bluttransfusionen und dieses Blut ging sozusagen «durch sie durch», denn die Ärzte konnten tagelang ihre Blutungen nicht stillen. Ihre Familie weiss das «nicht so genau», über die monatliche Blutung wird ja nicht gesprochen, selbst wenn sie einen Monat dauert. Auch Antonia fiel diese Geschichte erst wieder nach 30 Jahren ein.

Antonia hat geheiratet, «einen Felsen in der Brandung», wie sie es ausdrückte, denn sie schätzt Sicherheit über alles. Ihr Mann hatte ein Unternehmen – und erlebte einen finanziellen Zusammenbruch. Antonia litt unsagbar.

Antonias Mann ist ein grosser Geniesser. Sie liebt es an ihm – und verachtet ihn dafür. Sie selbst bestraft sich für jeden Genuss. Auch für jeden körperlichen. Die Strafe hat absolut zu sein und möglichst blutig. Manchmal krallt sie ihre Fingernägel in ihren Körper bis Blut aus dem Fleisch tritt. Dies erlebt sie wie ein Ritual, der Körper wird zum Sündenbock, und über diesen Akt ist sie von den Schulden reingewaschen. Erleichterung setzt ein. Alles hat seinen Preis!

Anzunehmen fällt Antonia schwer, da sie zwei Dinge ständig vor Augen hat: den Wert und den Verlust. Verlustangst prägt ihr Leben. Sie macht auch immer wieder die dazugehörigen Erfahrungen; sie wird oft bestohlen und betrogen. Ihre Grenzen werden ständig verletzt. Das zentrale Thema ihres Lebens sind dadurch Grenzsetzung, Geld und Sicherheit und konsequenterweise auch Haus und Hof, der Safe und der Gartenzaun.

Eine neue Parole von Antonia heisst: «Endlich mein eigenes Geld verdienen – der Inbegriff von Freiheit!» Dahinter steht: «Endlich den Wert aus mir schöpfen.» Sie fordert dies radikal von sich. Eines hat sie schon geschafft; heute fühlt sie sich schon selbst manchmal als «Fels in der Brandung».

Antonia hat den Schwarzen Mond in Widder im *zweiten* Haus.

Im zweiten Haus geht es um Besitz und Substanz, um unsere Sicherheit und unsere Werte. Lilith und Sicherheit – dies erscheint auf den ersten Blick unvereinbar. Sie kann schwer auftreten, ohne uns an Opfer und Verlust zu erinnern. Mit dem Schwarzen Mond im zweiten Haus rückt dieser Aspekt in den Vordergrund.

Eine Perspektive erscheint dazu wichtig; Lilith und Adam haben sich nach ihrem Streit das Paradies nicht geteilt. Sie zogen keinen Gartenzaun durch die Mitte; nein, Lilith hat das Paradies verlassen, hat es sozusagen geopfert. Doch damit hat sie die Dinge in Gang gebracht.

Wir verbinden das zweite Haus mit Stier, einem Zeichen, welches stark mit der Thematik der Grossen Mutter korrespondiert. Wie schon im dazugehörigen Kapitel erwähnt, fordert die Grosse Mutter Blut. Es ist ihr Preis für Wachstum und Fruchtbarkeit.

Antonia scheint das Opfer in diesem Sinne zu verstehen. Dabei hat sie die Ängste der Ballonfahrerin, die zwar steigen will, jedoch den Sand nicht opfert.[2] Sie kasteit und kastriert sich, indem sie die Dinge, die sie besitzt, nicht verwendet – sie fürchtet ihre Abnutzung, ihren Verlust – und in der Art, wie sie ihren Körper behandelt, erinnert sie mich an die Priester des Attis-Kybele-Kultes. Dies waren Kastraten, die sich bei Ritualen die Arme blutig ritzten.

Sicherheit wird bei diesem Schwarzen Mond häufig in Frage gestellt, die Prüfungen werden im Bereich von Geld, Besitz und Finanzen erlebt. Die Farbe «Schwarz» (der Schwärzer) spielt insofern eine Rolle, als ich eine Tendenz zu illegalen Finanztransaktionen, sprich «Schwarzgeldgeschäften» vorgefunden habe. Der Schleier bzw. das Amulett mag hier die Finanzbehörde bannen.

Armut wird bei diesem Schwarzen Mond extrem gefürchtet und vorübergehend tritt sie auch auf. Schulden, Konkurse, Diebstahl werden zur Bedrohung. Es kann sein, dass diesbezüglich konkrete Erfahrungen gemacht werden, oft ist es jedoch nur ein imaginäres Feindbild, welches täglich gefüttert wird. Extreme Sparsamkeit ist die Folge. Und es besteht eine Tendenz zu Ersatzopfern. Bei den Crow-Indianern gibt es einen Spruch: «Ich opfere dir ein Glied meines Fingers, gib mir als Gegenleistung etwas Gutes.» Wilber dazu: *Es gibt nur wenige alte Männer, die nicht verkrüppelt sind.* Bei diesem Schwarzen Mond sind ähnliche Verhaltensweisen anzutreffen. «Ich opfere meine Ansprüche, meine Genussfähigkeit oder meinen Körper, indem ich ihn vielleicht gar nicht wahrnehme oder ihn malträtiere. Bekomme ich jetzt etwas Gutes bzw. darf ich es behalten?» Oder ganz verquert: «Darf ich jetzt doch ein wenig geniessen?»

Der blinde Fleck bei diesem Schwarzen Mond ist oft Gier und Neid. Die Umwelt wird beobachtet, ihr Vermögen taxiert. Ein Lieblingsfeindbild sind Menschen, die sich gönnen, was sie sich leisten. Dem Genussmenschen wird der Schleier diktiert, wenn schon Genuss, dann heimlich. Der Neid der Götter darf nicht geweckt werden! Die eigene Missgunst wird projiziert, allein die Aussage «Mir geht es gut!» provoziert Angst, sich zu versündigen.

Noch ein kleines Beispiel: Antonia, mit ihrem Schwarzen Mond im zweiten Haus, traf sich zu einer Beziehungsklärung mit einer Freundin, Schwarzer Mond im siebten Haus. Sie wählten für ihr Anliegen eine nonverbale Methode, nämlich den Maldialog. Auf ein Blatt Papier setzte jede mit einer für sie stimmigen Farbe ein

Zeichen, um auszudrücken, was sie der anderen sagen wollte. Die andere antworte-te mit einem Zeichen und der Dialog wurde in dieser Dynamik fortgesetzt. Das Re-sultat: Antonia ging es immer nur um Abgrenzung und ihren Frei-Raum, ihrer Freundin immer nur um Ab- und Zuwendung.

Eigenraum wird bei diesem Schwarzen Mond oft in Frage gestellt. Häufig gönnt man sich diesen Raum selbst nicht, obwohl man ihn ständig fordert. Auf Grenzverletzungen wird höchst empfindlich reagiert, Liliths «Nein» wird hier zu ei-nem massiven «Stopp!» Doch manchmal erstickt dieser Schrei unter dem Bedürfnis, von anderen angenommen, sprich geliebt zu werden. Die Rebellion übernimmt dann der Körper.

Manchmal werden die Grenzen der anderen überrannt. Die Angst vor Ver-bindlichkeiten bzw. sich festzulegen ist gross. Jedes Ja zu einer Situation bedingt ein Nein zu einer anderen, es gilt also etwas loszulassen bzw. zu verlieren. Um dieser Si-tuation möglichst lange aus dem Weg zu gehen, lässt man bis zum Schluss alles offen. So wird die Umgebung zu ständigem «Bereitschaftsdienst» gedrängt, so werden die Grenzen der anderen strapaziert. «Wahre meine Grenzen und halte deine offen!» kreiert natürlich ein Ungleichgewicht und so kippt die Situation zeitweise unver-meidlich. Doch wie wir wissen, Lilith will Gleichwertigkeit und fordert sie auch. Die Herausforderung trifft bei diesem Schwarzen Mond den Bereich von Raum und Werten.

Der Schwarze Mond im achten Haus

Durch das Opfer wird eine Fülle der Macht erlangt, die an die Macht der Götter heranreicht.

C. G. JUNG

EINE GESCHICHTE
Randolf ist zum zweiten Mal verheiratet. Seine erste Frau hat sich umgebracht. Sie hat ihm immer wieder angekündigt, dass sie sich töten wird, da er eine Freundin hatte. Sie hatte auch einen Freund, noch bevor Randolf die aussereheliche Beziehung begann. Dieser Mann hätte sie sexuell initiiert, behauptete sie und sie könne nun mit ihrem Ehemann nicht mehr schlafen. Sie verweigerte sich ihm total. Nach Phasen absoluter Ohnmacht und sexueller Erniedrigungen begann Randolf sein Verhältnis. Als seine Frau dies erfuhr, beendete sie abrupt ihres. Sie war davon besessen, Randolf wieder to-tal zu haben und forderte von ihm, seine Beziehung zu beenden. Wenn nicht, so wer-de sie sich töten. Randolf stand zu der neuen Frau und liess sich nicht erpressen.

Eine Szene im Ehebett! Sie zog ein Messer unter dem Kissen hervor und wollte ihn zwingen, mit ihr zu schlafen. Wenn nicht, drohte sie, ihn zu entmannen. Er rang es ihr aus der Hand. Sie lief zum Balkon und wollte sich hinunterstürzen. Er hielt sie zurück. Ab diesem Tag glaubte er ihr, dass sie fähig wäre, sich zu töten. Und er hoff-te, dass ihr gemeinsamer kleiner Sohn sie daran hindern würde, es zu tun, dass sie es nicht fertig brächte, das Kind zu verlassen.

Als er eines Tages nach Hause kam, fand er sie nicht. Es lag da ein Geschenk für seinen kleinen Sohn und ein Brief. Wie im Rausch begann er sie zu suchen. Er fand sie im Keller, erhängt. In diesem Augenblick kam ihre Schwester und schrie ihm ein gellendes «Mörder!» entgegen.

Randolf erlebte eine dunkle Zeit. Seine Freundin hielt zu ihm. Sie heirateten und bekamen drei Kinder. Eines Tages traf Randolf eine Frau, die seiner ersten Frau unglaublich ähnlich sah. Er war fasziniert von ihr und verliebte sich Hals über Kopf. Er begann ein Verhältnis und fühlte sich von ihr sexuell initiiert. Diese Frau war für ihn erreichbar und unerreichbar zugleich. Er konnte sie haben für eine Nacht, mehr nicht. Es war eine Leidenschaft, die beide sehr verwandelte und beide gingen wieder ihre Wege. Seine Ehe schlitterte in eine Krise und seine Frau verliess ihn für ein Jahr. Sie wollte ebenfalls ähnliche Erfahrungen machen.

Heute leben sie wieder zusammen. Seine Frau schläft nicht mehr mit Randolf. Randolf schläft auch mit keiner anderen Frau. Er wartet und will seine Frau. Besser gesagt, er will die Frau, die ihn sexuell geöffnet hat – doch diese stilisiert er zum unerreichbaren Traum. Sie ist Erinnerung und Vision zugleich, die ihn jedoch hindert, im Hier und Jetzt seine Sexualität zu leben. Diese sexuelle Ver-weigerung kommt ihm jedoch über seine Frau entgegen, also will er jetzt genau sie.

Eine Angst nährt er ständig. Er fürchtet, dass sein Sohn aus erster Ehe sich umbringen könnte. Er begreift diese Angst nicht, doch sie begleitet ihn ständig. Getrauert hat Randolf bis heute nicht.

Randolf hat den Schwarzen Mond in Stier im *achten* Haus.

Beim Schwarzen Mond im achten Haus brodeln die Leidenschaften. Dies wird offensichtlich, wenn wir uns Lilith im Bereich von Hades vorstellen. Die Dämonin im Reich der Schatten! Häufig ist bei dieser Stellung die Angst vor dunklen Bereichen so gross, dass sie «wie die Pest» gemieden werden. Leidenschaften werden unterdrückt, die Umgebung wird möglichst keimfrei gehalten und kontrolliert. Denken wir an das, was wir über Lilith und das Opfer gesagt haben, so wird nachvollziehbar, dass dieser Schwarze Mond markante diesbezügliche Erfahrungen mit sich bringt. In der Kindheit ist es oftmals der – plötzliche – Tod eines Nahestehenden, wo dieser Verlust zur prägenden Lebensthematik wird. Ich habe hier auch Schatten, sogenannte Familiengespenster, gefunden, die herumgeistern, und Menschen mit dieser Stellung bürden sich diese auf. Sehr oft heisst das Gespenst «Selbstmord».

Darauf angesprochen, ob es derartige Erfahrungen in ihrer Familie gäbe, erzählte mir eine Frau, dass ihre Grossmutter sich ertränkt habe, nachdem sie ihre kleine Tochter ans Ufer gesetzt hätte und ihr zum Abschied etwas zum Spielen gegeben hatte. Dieses kleine Mädchen war ihre Mutter. Erst bei unserem Gespräch wurde ihr bewusst, dass es Selbstmord in ihrer Familie gab, und sie konnte eine Brücke zu ihrem eigenen Erleben finden, da sie selbst oft daran gedacht hatte, sich umzubringen.

Eine andere Frau erzählte, dass ihre Schwiegermutter die Familie terrorisiere, indem sie ständig ihren Selbstmord ankündige und von Zeit zu Zeit auch einen Versuch unternehme. Ein Mann mit dieser Stellung meinte wiederum, dass er sehr viel über Selbstmord nachdenke und er sich das Wie gerne ausmale.

Tod, Verlust und Trauer werden bei diesem Schwarzen Mond häufig verdrängt, andere wiederum setzen sich ständig damit auseinander. Friedhöfe und weinende Menschen werden gemieden oder ständig aufgesucht. Die einen stellen sich tot nach dem Motto: «Wenn ich mich unter die Toten auf das Schlachtfeld lege, kommt keiner mehr auf die Idee, mich zu erschiessen.» Die anderen suchen geradezu Erfahrungen, wo sie mit Abschied und Vergänglichkeit in Kontakt kommen. Es scheint als folgten sie dem Leitsatz: «Wenn ich dem Tod ständig ins Auge schau, habe ich ihn (meine Angst) im Blickfeld, das heisst unter Kontrolle, dann fürchte ich mich nicht so. Der Feind vor mir ist mir lieber, als der Feind im Nacken.»

Der Dialog zwischen Verlangen und Verweigerung findet auch häufig über Sexualität statt. «Der kleine Tod» wird gefürchtet, gemieden oder ständig gesucht. Als Sexualpartner fühlt man sich mit diesem Schwarzen Mond oft abgelehnt und gedemütigt; es ist, als würde einem das Nein von Lilith hier entgegentreten. Andererseits tritt man mit dieser Stellung oft sexuell fordernd und beherrschend auf, was ein Nein evoziert. Nach Phasen der – freiwilligen oder unfreiwilligen – sexuellen Enthaltsamkeit folgen wieder intensive Erlebnisse; manche fühlen sich geradezu initiiert. Für sie wird Sexualität zur transpersonalen Erfahrung.

Tiefe, intensive Erfahrungen, die wir mit einem Menschen machen, wollen wir wiederholen. So gesehen besteht auch eine Tendenz bei diesem Schwarzen Mond, auf einen Menschen sexuell fixiert zu sein. «Das kann ich nur mit dir erleben und das will ich nur mit dir erleben», ist eine gängige Aussage. Possessivität, Eifersucht und Hörigkeit sind wohlbekannt.

Mit dem achten Haus verbinden wir das Loslassen, hier wollen wir uns wandeln. Es geht nicht nur darum, einen Sexual- und Liebespartner bzw. das Bild von ihm loszulassen, hier lernen wir generell zu opfern. So ist auch nachvollziehbar, warum der Schwarze Mond hier Konkurse, ein vorenthaltenes Erbe und finanziellen Ruin anzeigen kann.

Die Welt der Vorstellungen ersetzt bei diesem Schwarzen Mond oftmals die reale Welt. Dazu die Geschichte einer Frau: Sie erlebte extreme Leidenschaft bis zur Besessenheit lediglich darin, indem sie sich mit der Protagonistin eines Romans identifizierte. Sie war von dem Roman («Die Sturmhöhe» von Emily Bronte, Schwarzer Mond in Zwillinge im achten Haus) fasziniert und verlor sich immer mehr im Leben der Hauptdarstellerin.

Der Roman behandelt das Aufeinanderprallen des Dunklen und des Hellen, des Bösen und des Guten, und unsere verstrickte Heldin (wir können auch sagen unsere verstrickten Heldinnen) war (waren) davon durchdrungen, beides gleichzeitig zu erleben, es direkt nebeneinanderzustellen. Die Romanheldin war zwischen zwei Männern hin- und hergerissen, beide wurden zu ihrem lebensbeherrschenden Thema; der eine war ihr Fels, der andere ein dem Lauf der Jahreszeiten unterworfener Baum. Der eine war ästhetisch, kultiviert, aber saftlos, der andere leidenschaftlich, kraftvoll, doch rudimentär. Die Frau wurde über diese beiden Männer ständig in den Dialog von Ewigkeit und Wandel verstrickt. Ihre Sehnsucht lag darin, beide gleichzeitig zu erleben. Wir können sagen, sie war einem strengen Entweder-Oder unterworfen und sie wünschte sich dieses «Sowohl-Als-auch».

Die Romanheldin verkraftete die Dreierbeziehung nicht, wurde wahnsinnig und starb aus Verzweiflung. Da ihr Tod von einem der Männer nicht verabschiedet und betrauert wurde, erschien sie diesem als Gespenst.

Die Frau, die von diesem Buch so fasziniert war, machte sich bewusst, dass sie eine grosse Weigerung hat, zu trauern, und dass sie ihre verstorbenen Lieben nicht entlässt. Sie «geistern» weiterhin durch ihr Leben, und sie hat das Gefühl festzuhängen. Auch Randolf hängt an einer Frau, die seiner verstorbenen Frau ähnlich sieht; sie geistert so gesehen weiterhin durch seine Welt.

Wir haben verlernt zu trauern und Abschied zu nehmen, und solange wir dies nicht tun, sind wir nicht frei für eine neue Situation. Wir füttern die alten Gespenster, geben ihnen Macht und brauchen letztendlich unsere ganze Energie, sie zu kontrollieren. So kreieren wir diese Ohnmacht uns selbst gegenüber, obwohl alle Macht bei uns liegt. Wenn wir das begreifen, fallen die Ketten. Denken wir an den Phönix, der dreimal in das Wasser taucht, bevor er aufsteigt. Beim Eintauchen in das Zyklische setzt ein Verstehen ein. So wird die magische Potenz frei, die bei diesem Schwarzen Mond gewaltig ist.

Der Schwarze Mond im dritten Haus

Der eine legt Sätze wie Eier, aber er vergisst, sie zu bebrüten.
Der andere spricht, als wäre jeder Satz der letzte, der ihm erlaubt wird.

nach ELIAS CANETTI

EINE GESCHICHTE
Sebastian ist der Erstgeborene. Nein, das ist er nicht, seine Mutter hat nach einer Fehlgeburt und einer Totgeburt einen Sohn auf die Welt gebracht, der nur einige Tage lebte. Richtig gestellt, ist Sebastian das älteste lebende Kind der Familie; er hat noch einen Bruder.

Sebastian lernte mit einer ungeheuren Geschwindigkeit sprechen, und sein Wortschatz wurde schon als Kleinkind beklatscht. Er redete ununterbrochen. Sebastians zwei Jahre jüngerer Bruder weigerte sich zu sprechen, schwieg oft tagelang. Es schien, als hätten die beiden ein Übereinkommen getroffen, der eine übernahm das Sprechen, der andere das Schweigen.

Die Brüder mögen sich. Und doch ist Sebastian oft eifersüchtig auf seinen Bruder, da er ihn für den Liebling des Vaters hält. Er fühlt sich vom Vater zurückgesetzt und es ist ihm wichtig, seinen Platz bei der Mutter zu sichern.

Sebastian hat immer blitzgescheite Freundinnen. Diese Frauen fallen auf, da sie ihr Studium jeweils mit Auszeichnung und im Rekordtempo absolviert haben. Er brauchte für sein Studium annähernd zehn Jahre. Sebastian hält sich selbst für mässig begabt, den Anstoss und die Führung beim Studieren übernahmen meist seine Frauen.

Sie forderten ihn und sie initiierten ihn. Nur, erreicht hat er sie nie, was immer das auch heissen mag.

Den Pakt, den er früher mit seinem Bruder hatte, scheint er jetzt mit den Frauen zu schliessen. Er redet, sie schweigen. Es scheint oft, als müsse er sprechen, um wahrzunehmen, dass er da ist. Sebastian braucht es sogar, laute Kommentare und Zwischenrufe abzugeben, während er liest, als müsse er sich vergegenwärtigen: «Ich höre mich, also bin ich.» Die Umwelt hat Probleme mit seiner sprachlichen Dauerpräsenz. Viele weichen zurück und dann nimmt Sebastian die Verfolgung auf – ständig redend und insistierend. Er stellt Fragen und gibt sich die Antworten, er teilt sich mit und hört sich zu. Er hat Mühe, seine Umwelt wahrzunehmen; sein zentrales Thema ist: «Ich rede, also bin ich.»

Übrigens, der Bruder von Sebastian spricht heute manchmal auch viel. Schweigen kann er immer noch sehr gut – und lange. Er findet, dass er Probleme hat, sich zu artikulieren. Seiner Freundin geht es ähnlich. Sie be-herrscht die Kunst des Schweigens meisterlich, diktiert ihm über Mimik, also nonverbal, ihre Wünsche. Er kennt ihre Körpersprache mittlerweile perfekt, er ist ein Meister der Wahrnehmung.

Beide haben den Schwarzen Mond im *dritten* Haus: Sebastian in Widder, sein Bruder in Krebs.

Beim Schwarzen Mond im dritten Haus wird häufig der Verlust eines Geschwisters zur prägenden Erfahrung. Oft gab es in der Familie eine Abtreibung, Tot- oder Fehlgeburt, die der Geburt des Horoskopeigners vorausging. Joëlle de Gravelaine dazu: *Hat ein Kind eines seiner Geschwister verloren, dann hat es damit gleichzeitig das Bild seiner Eltern verloren … die es allmächtig wähnte. … Auf jeden Fall hat sich sein Elternbild verändert. Verändert auch deswegen, weil die Eltern auch selbst von der Trauer betroffen sind!* Sie meint, dass das Kind sich im Extremfall nur geliebt fühlt, wenn es nicht mehr lebendig ist. Es hat auch oft die nicht gelebte Trauer der Eltern zu tragen. Einige systemische Psychotherapeuten würden auch anmerken, wie häufig Menschen mit diesen Erfahrungen ein Joch auf sich nehmen, indem sie glauben, sühnen zu müssen, und aus dieser Tendenz heraus häufig in Helferrollen gehen.

Viele Menschen, die in ihrer Jugend ein Geschwister verloren haben, fühlen sich schuldig. Sie vermeinen, büssen zu müssen, dass der andere gestorben ist, während sie weiterleben dürfen. Aufgrund nichtbewältigter Trauer verwehren sie sich häufig die Legitimation, lebendig zu sein. Sebastian scheint dem entgegenzusteuern und es stellt sich die Frage, wie weit er seinen Redefluss braucht, um zu bestätigen, dass er da ist. Letztlich verhindert ständiges Reden, sich im Hier und Jetzt wahrzunehmen. Mit dieser Haltung tötet er sich und sein Umfeld ab, sterilisiert es, macht es keimfrei. Was bleibt, ist eine grosse Monotonie und Unlebendigkeit. Dieser Schwarzen Mond tarnt sich oft hinter einer Flut von Worten, hinter starker Motorik und grossen Gesten, so als könnte zur Schau gestellte Aktivität Leblosigkeit kompensieren.

Einige tragen diese Leblosigkeit im anderen Extrem zur Schau; keine Mimik bzw. Miene würde je verraten, was in ihnen vorgeht. Wie in der Geschichte der Brüder angedeutet, trifft das Entweder-Oder hier auf Reden und Schweigen. Beides wird als Waffe verwendet. Lilith zeigt sich über eine eigene, absolute Sprache und auch über das Schweigen. Eine Sprache, glasklar und treffend wie ein Dolch, oder es wird unerbittliches Schweigen eingesetzt, um den anderen «zu erdolchen». Denken wir an die Fluten des Roten Meeres, wohin sich Lilith zurückgezogen hat, dann haben wir ein Bild dafür, wie Menschen mit diesem Schwarzen Mond in einer Wortflut ertränkt werden, oder umgekehrt, den anderen mit einem Wortschwall eliminieren. Eloquenz finden wir hier ebenso wie sprachliches Unvermögen, schlichtweg Hemmungen, sich auszudrücken. Die Thematik dieses Schwarzen Mondes zeigt auch das Bild von Edward Munch «Der Schrei». Dieser «lautlose Schrei» zeugt von der Verzweiflung und der Ohnmacht, den anderen zu erreichen. Dieser Schrei ist nicht hörbar, er muss gesehen werden. Wie uns Sebastian zeigt, ist ein ständig fliessender Wortschwall sogar Hindernis, dem anderen nahe zu kommen, ist zugleich Zeugnis und Hüter seiner Einsamkeit.

Eine weitere Entsprechung bei diesem Schwarzen Mond ist oftmals eine starke Ablehnung zwischen Geschwistern. Rivalisierungen können ins Extrem getrieben werden. Inzest zwischen Geschwistern habe ich persönlich bei dieser Stellung nicht gefunden, und doch möchte ich dieses Tabu nicht unerwähnt lassen. Dazu ein Beispiel: Eine Frau hatte jahrelang eine sexuelle Beziehung mit ihrem Bruder. Sie hatte diese Beziehung erfolgreich verdrängt. Jahre später, während Lilith durch ihr drittes Haus ging (im Quadrat zum Radix-Schwarzen Mond), setzte voller Wucht die Erinnerung daran wieder ein.

Heimlichkeiten und Tabu (Schleier und Amulett) betreffen bei diesem Schwarzen Mond häufig die Geschwister. Eine «illegale», sprich aussereheliche Schwester taucht auf, ein «Halbbruder» wird entdeckt, ein krimineller Bruder wird verleugnet, eine psychisch kranke Schwester wird versteckt, all diese Themen habe ich hier häufig gefunden. Ein Geschwister trägt oft sämtliche Abwertungen der Familie und wird zum Sündenbock gestempelt. So wie gewisse Inhalte in dieser Familie versteckt werden, so wird dieses «Schwarze Schaf» geleugnet und tabuisiert. Mit dem Schwarzen Mond im dritten Haus wird einem die Aufgabe zugeteilt, diese Suppe auszulöffeln, das heisst, es wird einem die Verantwortung für dieses Geschwister übertragen. Der Spiegel wird sozusagen frei Haus geliefert, um sich mit den Abwertungen und Schatten auseinanderzusetzen, mit denen wir verwandt sind.

Lehrzeit und Studium werden bei diesem Schwarzen Mond oft ab- oder unterbrochen, manchmal zur endlos langen Erfahrung. Der Schleier fällt hier manchmal auf Diplom- oder Prüfungsarbeiten bzw. auf die wahren Verfasser. Ich spreche vom «Ghostwriter».

Generell finden wir bei diesem Schwarzen Mond begabte Schreiber. Viele Schriftsteller, speziell solche, die sich mit Tabuthemen auseinandergesetzt haben, tragen sein Zeichen. Ein klassisches Beispiel ist hier Georges Bataille, Schwarzer Mond in Zwillinge, drittes Haus. Er beschäftigt sich bevorzugt mit der Grösse und den Abgründen des Menschen. Allein die Titel seiner Bücher wie «Die Literatur und das Böse» oder «Die Tränen des Eros» transportieren Werte des Schwarzen Mondes. Es scheint, als wäre er ein Sprachrohr von Lilith.

Schreiben kann ein heilsamer, geradezu ritueller Vorgang sein, um die inneren Schatten zu entlassen. De Sade hat vielleicht die Greuel der Bastille überlebt, indem er das Grauen auf Papier bannte. Die Methode, Wut über Briefeschreiben abzureagieren, zeugt ebenfalls von diesem Schwarzen Mond. Liliths Nein trifft hier die Post, denn abgeschickt werden derartige Ergüsse selten. (Dem Himmel sei Dank!) Ich habe beobachtet, dass Menschen mit Lilith auf der Achse drittes/neuntes Haus bevorzugt zu diesem Ventil greifen. Eine Kursteilnehmerin mit dieser Stellung erzählte mir, sie hätte ihr Tagebuch wie einen «Mistkübel» benutzt und dem Buch die Dinge anvertraut, die sie belastet haben und die sie vergessen wollte. Schliesslich vergass sie auch das Tagebuch. Wie sie das erstemal über den Schwarzen Mond und von Lilith las, konnte sie «nichts damit anfangen». Zufälligerweise – als die transitierende Lilith über ihre Radixstellung ging – fand sie ihr seit Jahren verschollenes Tagebuch. «Es war verrückt, ich dachte, dass sind die Fallbeispiele zu Lilith. Ein Teil meiner Vergangenheit, den ich so abgewertet hatte, war wieder präsent. Dieses Buch zeigte mir wieder etwas von mir, das ich vergessen hatte, mir heute jedoch eine wertvolle Brücke ist.»

Der Schwarze Mond im neunten Haus

… Er stellt sich Gott vor, wie er polygott und höflich jedem Beter in seiner Sprache antwortet.

ELIAS CANETTI

EINE GESCHICHTE

André heisst in Wirklichkeit Giselher. Seine Mutter hat ihm diesen Namen bei der Geburt gegeben, und das hat ihr Giselher bis heute nicht verziehen. Sein Grossvater nannte ihn manchmal André, und Giselher entschied sich, künftig so zu heissen. So sagt er es.

Seinen Vater kennt André nicht. Er hat die Mutter noch während der Schwangerschaft verlassen. Einmal hat er seinen Vater auf der Strasse getroffen, doch die Mutter hat ihm nicht gesagt, dass das sein Vater ist. Lange Zeit dachte er, sein Vater sei tot, ein im Krieg gefallener Held. Erst als er 14 Jahre alt war, gestand ihm die Mutter die Wahrheit. Es hat ihn sehr getroffen. Diesen Verrat konnte er seiner Mutter lange nicht verzeihen, diesen Verrat kann er seinem Vater bis heute nicht verzeihen.

André wuchs konfessionslos auf. Eine Erinnerung schmerzt ihn sehr. In der Schule wurde er aus dem Religionsunterricht immer ausgegrenzt. Auf die Frage: «Wer ist hier Heide?» musste er sich erheben und den Klassenraum verlassen. Diesen Verrat konnte er dem «Lieben Gott» und seinen Vertretern nicht verzeihen.

Mit 17 ging André ins Ausland, um dort eine Ausbildung zu absolvieren. Die gewählte Schule stellte eine Bedingung; André müsse sich taufen lassen und zum katholischen Glauben übertreten. Er zahlte die Silberlinge und tat es.

Einige Jahre später – es waren Sommerferien – begann er ein Verhältnis mit einer Lehrerin. Er zog zu ihr. Am Ende der Ferien wurde er urplötzlich auf die Strasse gesetzt. Der Geliebte der Lehrerin, von dessen Existenz André gar nichts wusste, war von einer Auslandreise zurückgekehrt. André fühlte sich unsagbar verraten. Er kehrte nach Hause zurück und trat aus dem Glauben aus.

In Gesprächen mit seiner Mutter hat André erfahren, dass auch sie von ihrer Familie ausgegrenzt und verraten wurde. Sie musste ihren Heimatort aufgeben und verlassen. André hat mit seiner Mutter viel im Ausland gelebt; heute erübrigt sich das Wort Ausland, da André das Wort Inland nicht mit einer Heimat verbinden kann. Er reist viel, lebt in mehreren Ländern und fühlt sich im Grunde heimatlos.

Und er ist konfessionslos geblieben. Er hat ein spirituelles Weltbild und lehnt Institutionen ab. Er braucht Freiheit und seinen persönlichen Zugang zu den Wurzeln. Dies lehrt er auch andere, hier wurde er zum Führer.

Die Taube ist ein spirituelles Symbol, ist Botschaftsüberbringer, begleitet den Gral, im katholischen Glauben ist sie auch ein Symbol für den Heiligen Geist. Das Symbol von André für spirituelle Übermittlung sind drei Strahlen. Strahlen umgeben in der katholischen Symbolik ebenfalls die Taube bzw. den Heiligen Geist. Doch André kann Tauben nicht ausstehen; sie «verscheissen» für ihn nur den Markusplatz. Ich verstehe ihn.

Der Verrat umgibt André bis heute.

André hat den Schwarzen Mond in Steinbock im *neunten* Haus.

Der Schwarze Mond im neunten Haus wird über die Geschichte von André sehr transparent. Glaube, Weltbild und Rituale treten in den Mittelpunkt des Geschehens. Die Schattenspiele pendeln zwischen Atheismus und extremer Gläubigkeit; ein Konfessionswechsel geschieht häufig. Ich möchte auch hier auf das Fallbeispiel «Nostradamus» verweisen. Bei ihm spielte, genauso wie bei André, der Dialog zwischen «Heide und Christ» eine entscheidende Rolle. Bei diesem Schwarzen Mond wird eine Ausgrenzung aus einer religiösen Gemeinschaft häufig zur schmerzhaften Erfahrung.

Das strikte Nein von Lilith, ihre Rebellion und Weigerung, gilt hierbei den Glaubensfragen. Religio bzw. die Suche nach dem Ursprung und nach den Wurzeln wird oft abgelehnt, zumindest solange Religiosität in den Kontext einer Konfession eingebunden ist. Häufig gibt es hier Wunden, die auf Ablehnung und Ausgrenzung fussen. Diese Abwertung wird konsequent umgekehrt oder verdrängt. Verdrängung erzeugt Verzerrung. Dazu ein kleiner Exkurs:

Das neunte Haus verbinden wir mit Symbolen und Bildern. C. G. Jung nannte die zeitlosen Bilder Archetypen. Im neunten Haus sind wir Sucher; hier siedeln wir auch den Mythos vom Gral an. Der Gralsmythos spiegelt die Sehnsucht des Menschen, eine Antwort auf das Wie und Warum des Daseins, den Sinn seines Lebens zu finden. Unterdrücken wir diese Suche, entsteht ein «ödes Land» in uns. Wo ein Mythos der Autorität entspringt und nicht dem Leben, verwüstet er «das Land». Menschen mit diesem Schwarzen Mond erleben dies häufig; sie erfahren über Religion und Mythos eine Autorität, die sie eher verwüstet und nicht belebt. Sie erleiden vorerst nur die Zerrform. Edward C. Whitmont sieht in der blutigen Maske des Nationalsozialismus eine Verzerrung des Gralsmythos:

Wenn Archetypen nicht beachtet werden, haben sie zerstörerische Macht nicht nur über einzelne, sondern über ganze Völker. Jung sagte, wenn ein Archetyp unbewusst konstelliert ist und nicht bewusst verstanden wird, ist man von ihm besessen und wird gezwungen, bis zum bitteren Ende zu gehen.

Als Beispiel für einen Mythos, der diese unrühmliche Geschichte machte, führt er den «Heiligen Gral» an und seine fragwürdige Rolle im sogenannten Dritten Reich. Menschen mit diesem Schwarzen Mond reagieren sehr sensibel auf die Dramatik dieser Zeit. Nazis sind häufig bevorzugtes Feindbild. Oder man war und ist selbst einer. Bei manchen war es die Familie oder ein Familienmitglied, die dieses Weltbild stark vertreten oder verkörpert haben. Darüber wird häufig der Schleier geworfen oder es wird das Amulett angewandt, die Tatsache wird bedeckt oder tabuisiert.

Doch auch die Gegenspieler der Nazis, oder besser gesagt ihre Sündenböcke, treten bei diesem Schwarzen Mond prägend in Erscheinung. Ich habe mehrmals gehört, dass Menschen mit diesem Schwarzen Mond mit Juden, oft jüdischen Kindern (Ersatzgeschwistern), aufgewachsen sind, die in diesem Regime geflohen sind oder versteckt wurden. Meist waren dies starke Bezugspersonen, die Ausgegrenzten wurden zu Initiatoren und «Lebensmenschen». Der Bezug zu Lilith, dem Sündenbock und der Vermittlerin, drängt sich hier förmlich auf.

Die christliche Symbolik wird bei diesem Schwarzen Mond manchmal massiv abgelehnt. Der Glaubenskrieg spiegelt sich auch im Bereich von Ritualen und Sakramenten, welche ebenso verneint werden. Werfen wir einen Blick auf André; er unterwarf sich der Forderung, sich für eine Ausbildung taufen zu lassen. Erinnert dies nicht an die Zwangstaufen der christlichen Eroberer und Missionare? Sein Ausgegrenztsein resultierte auch aus der Weigerung des Vaters, mit der Mutter das Sakrament der Ehe einzugehen. Es gilt zu bedenken, wie noch vor kurzer Zeit in christlichen Ausbildungsstätten uneheliche, sogenannte ‹illegale› Kinder behandelt wurden.

Dazu zwei weitere Erfahrungen. Ein Mädchen mit dieser Stellung wurde bei Vorbereitungen zu ihrer «Erstkommunion» ausgeschlossen, da ihre Eltern geschieden waren. Sie lehnt seither «den lieben Gott» ab.

Ein Junge, dessen Eltern geschieden waren, wurde in eine streng katholische Schule gegeben. Den «Makel» der Scheidung bekam er insofern zu spüren, als er nicht im Internat mit seinen Kollegen wohnen durfte, sondern in einem der umliegenden Häuser untergebracht werden musste. Er wurde auch von gemeinsamen Unternehmungen, wie den Sportveranstaltungen des Internats, ausgeschlossen. In dieser Zeit sass er oft weinend, von Heimweh gepeinigt, an einem Brunnen und starrte völlig apathisch hinein. Er hat Kirche und Glauben, da er dies nicht trennen konnte, daraufhin konsequent abgelehnt. Jahre später hat er in Indien einem religiösen Ritual beigewohnt, welches für ihn – sowie auch die übrige Reise – zu einer verwandelnden Erfahrung wurde. Über östliche Religionen söhnte er sich nach und nach mit seiner heimischen Religion aus. Heute ist er, genau wie André, sehr geprägt von einem spirituellen Weltbild.

Rituale haben bei diesem Schwarzen Mond häufig Bekehrungscharakter. Erinnert nicht auch das Hinabsteigen von Lilith an die Taufe? Ein Absteigen in die Wasser «tötet», indem es alle Form auflöst und beseitigt. Gerade deshalb ist es reich an Keimen – schöpferisch. Auch das Hinabsteigen von Christus in den Jordan kommt einem Hinabsteigen in die Wasser des Todes gleich. Und die Sintflut versinnbildlicht sowohl das Hinabsteigen in die Meerestiefe als auch die Taufe. Durch die Taufe gewinnt der Mensch die Gottähnlichkeit zurück.[3] Diese Bilder machen einen weiteren Initiationsaspekt von Lilith anschaulich, zeigen, dass sie auch hilft, über Symbole und Rituale zu einer religiösen Dimension zurückzufinden.

Reisen bzw. die Begegnung mit fremden Kulturen werden beim Schwarzen Mond im neunten Haus ebenfalls zur Initiationserfahrung; genauso Menschen, die einem anderen Kulturkreis entstammen oder ein neues Weltbild vertreten. Manchmal wird so ein Partner gewählt, häufig ist es auch nur eine kurze Begegnung, die tiefgreifende Veränderungen bewirkt.

Die Toleranz bzw. Akzeptanz des Fremdartigen kreiert allerdings manchmal diesen Dialog von Begehren und Verweigerung, den wir von Lilith so gut kennen. Als Nährboden dienen die Sitten und Bräuche des jeweiligen Kulturkreises. Dazu die Geschichte eines Mannes. Er lebte jahrelang in einem Land, wo vorehelicher Geschlechtsverkehr undenkbar war. Er hatte dort eine einheimische Freundin, die er sehr begehrte und doch – er konnte nicht mit ihr schlafen. Er hatte sie sehr gern, hatte jedoch nicht vor, sie zu heiraten und sie in sein Heimatland mitzunehmen. Hätte er sie defloriert zurückgelassen, wäre sie einer nie endenden Kette von Abwertungen ausgeliefert gewesen.

Und wie wäre es, wenn sie mitgekommen wäre? Damit sind wir bei einem weiteren Thema, das bei diesem Schwarzen Mond häufig auftritt. Der Verlust der Heimat, Flüchtlingsdasein und Heimatlosigkeit. Bei einem Trauerseminar, bei dem alte Situationen abgeschlossen oder verlorene Menschen betrauert und verabschiedet wurden, traf ich Menschen, die ihre verlorene Heimat beweinten. Bei meinen Nachforschungen fand ich bei ihnen sehr oft den Schwarzen Mond im neunten Haus (in Schütze oder im Aspekt zu Jupiter). Bei diesen Stellungen gibt es auch oft Vorfahren, meist sogar Vater oder Mutter, die ihre Heimat verloren haben, Flüchtlinge waren, sich jedoch von ihrer Kultur noch nicht verabschiedet und diesen Verlust betrauert haben. Eine gewisse Wurzellosigkeit ist die Folge, die – oft unbewusst – prägend ist und an Menschen mit diesem Schwarzen Mond weitergegeben wird.

Dazu die Geschichte einer Schwedin. Sie lebt seit Jahren in Österreich, ist verheiratet und hat einen Sohn. Auf das Thema Heimat angesprochen, meinte sie, sie hätte sich hier eingewöhnt und keinerlei Probleme. Nur – ihrem Sohn würde sie nur Märchen, Parabeln und Fabeln aus ihrer Heimat (und damit meinte sie Schweden) erzählen. Diese Geschichten sind viel harmonischer und konfliktfreier. Der Sohn, hier geboren und österreichischer Staatsbürger, träumt jetzt schon davon, in die «konfliktfreie Welt Schweden» zu gehen, an jenen Ort, wo er sich mehr Ruhe verspricht. Die Mutter meint, sie hätte keine Sehnsucht mehr nach Schweden, der Sohn trägt ihre ganze Sehnsucht.

Ein anderer Mann, Sohn eines Flüchtlings, meint, sein Vater hätte in dem neuen Land, in dem er geboren ist, nie Fuss fassen können. Sein Vater sei kaum unter die Leute gegangen, hätte sich seiner Wurzellosigkeit geschämt und diese Scham wurde auch prägend für ihn. Er verachtet seinen Vater dafür. Die Geschichten von der Flucht seines Vaters – der all seinen Besitz zurücklassen musste – hätten ihn jedoch so gezeichnet, dass er, völlig irrational, wie er es selbst bezeichnet, stets das «Notwendigste» bei sich trägt. «Im Grunde bin ich ständig auf der Flucht», sind seine Worte.

Lilith ist auch Flüchtling. Sie floh aus dem Paradies und ihre Flucht war Protest. Die Haltung, aus Protest zu flüchten, ist bei diesem Schwarzen Mond häufig gegeben. Menschen mit dieser Stellung brechen oft Situationen ab, indem sie «abhauen», verreisen, emigrieren – und sei es nur auf innerer Ebene. Gibt es rechtliche Probleme – ab ins Ausland. Gibt es Probleme mit der hiesigen Religion – auf nach Indien. Gibt es Probleme mit der Kreuzsymbolik – es gibt ja noch die Lotusblüte. Gibt es Probleme mit der Ausbildung – die Schule wird gewechselt, möglichst ins Ausland. Gibt es Probleme mit dem Partner – eine Reise wird angetreten. Was immer zur Verfügung steht, ist die «innere Emigration».

Nun zu einem «blinden Fleck». Dem neunten Haus ordnen wir Begriffe wie Toleranz und Gerechtigkeit zu. Lilith ist radikal, absolut. Der Cocktail bzw. die Konsequenz heisst manchmal Fanatismus. «Ich fordere Toleranz – bis zur Intoleranz!» oder «Das ist die Wahrheit und folglich der Weg!» und «Das ist die wahre (Aus)Bildung!» wird hier manchmal mit Feuer und Schwert vertreten. «Es gibt viele Wege, finde deinen!» könnte Lilith hier rufen. Sie ging ihren.

Der Schwarze Mond im vierten Haus

Es dauert lange, bis man erwachsen wird. Es dauert noch länger, bis man jung wird.

EINE GESCHICHTE
Gernot war unerwünscht. Seine Mutter, eine aus dem Osten geflohene Frau, entsprach nicht dem, was der bodenständige, patriotische Vater heiraten wollte. Sie war schon im achten Monat mit Gernot schwanger, als er sich dem Druck beider Familien beugte und sie heiratete.

Als Gernot acht Jahre alt war, bekam er einen Bruder. Das war der Sohn, den der Vater wollte. Gernot sieht seiner Mutter ähnlich, sein Bruder ist das Abbild des Vaters. Gernot war dauernd um die Liebe des Vaters bemüht; er erlebte ihn ablehnend. Nach der Geburt des Bruders empfand er auch seine Mutter ablehnend. Diese Wunde kompensierte er, indem er die Ablehnung umkehrte; er ging in die Rebellion. Gernot wurde zum Sündenbock dieser Familie.

Gernot absolvierte eine Ausbildung, die sein Vater ihm vorgab. Sie stand diametral zu seinen Fähigkeiten und Interessen. Er begann, im selben Betrieb wie sein Vater zu arbeiten. Er scheiterte. Gernot absolvierte eine neue Ausbildung in der Exportbranche. Diese Arbeit macht ihm heute noch Spass.

(Hugo van der Goes: «Sündenfall»)

«Lilith wird nachgesagt, sie hätte sich der Paradiesschlange
bedient, um mit Eva zu sprechen; manchmal heisst es,
sie selbst sei die Schlange.»

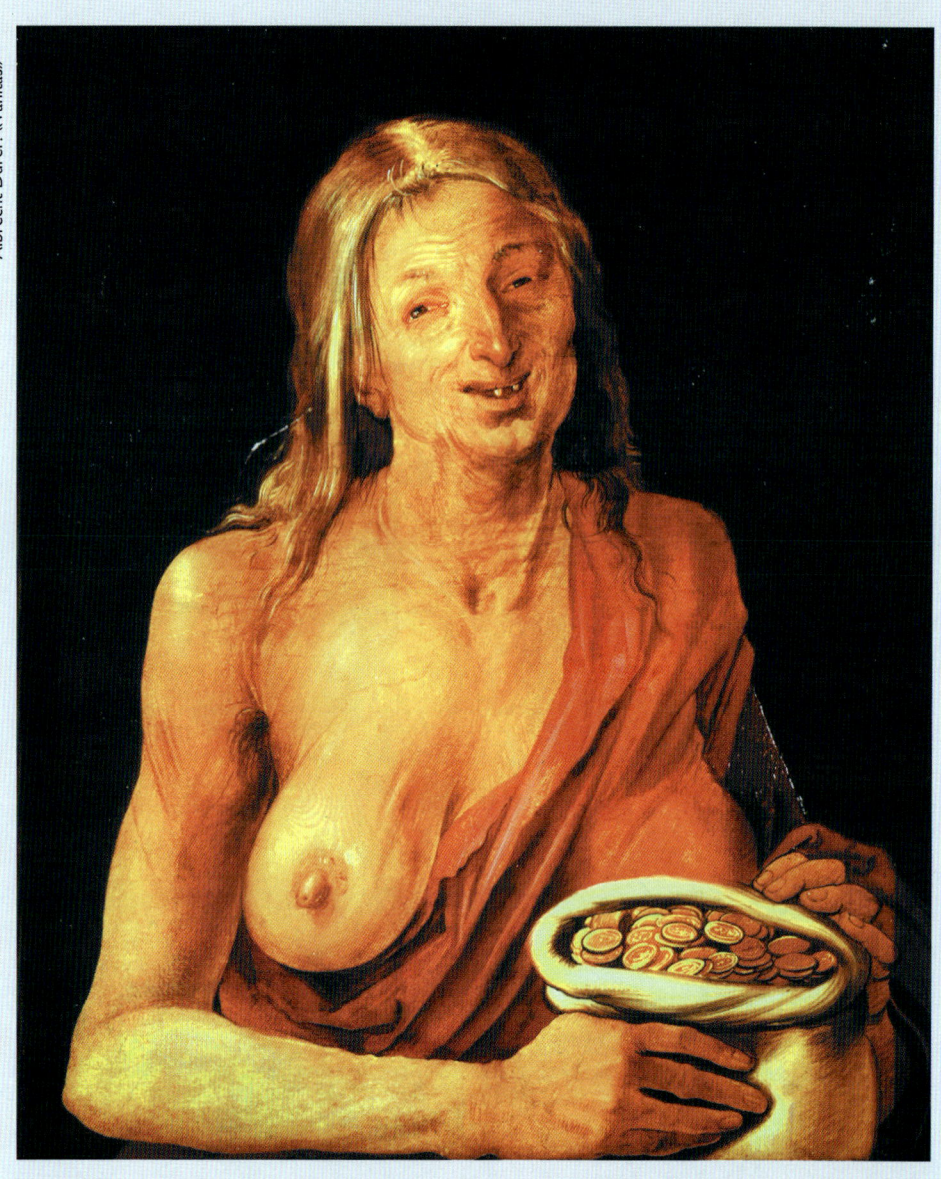

Albrecht Dürer: «Vanitas»

«Wo wir das Opfer verweigern, verweigern
wir uns dem Leben. — Erotik ist die Zustimmung
zum Leben bis in den Tod hinein.»

Fernand Khnopff: «Tiernatur»

«... und will als Rätsel gelöst werden. Die Frau, das ‹unvollkommene Tier› oder Genius der menschlichen Gattung?»

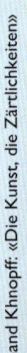

Fernand Khnopff: «Die Kunst, die Zärtlichkeiten»

Sie trank mir fast den Odem aus –
Und endlich, wollustheischend,
Umschlang sie mich, meinen armen Leib
Mit den Löwentatzen zerfleischend.

Entzückende Marter und wonniges Weh!
Der Schmerz wie die Lust unermesslich!
Derweilen des Mundes Kuss mich beglückt,
Verwunden die Tatzen mich grässlich.

Heinrich Heine

Franz von Stuck: «Der Kuss der Sphinx»

«Die Sehnsucht nach
dem Ganzen, dem ursprünglichen
Wesen des Menschen,
heisst Eros.»

Franz von Stuck: «Wind und Welle»

«Die eins waren, eins sind oder

eins sein möchten ...»

Artemisia Gentileschi: «Judith enthauptet Holofernes»

«... eine Schlächterei, so brutal und barbarisch, dass sie von der Hand des Henkers ... zu stammen scheint. – Und eine Frau hat das Ganze gemalt? Das muss ja eine schreckliche Frau sein! ... Wir flehen um Gnade.» (Roberto Longhi)

Gernot heiratete eine Frau, die seine Familie ablehnte. Diese Frau gab ihm Wurzeln und Halt. Sie bezogen ein Haus in einer ruhigen, für ihn kraftvollen Gegend. Die Ehe scheiterte, sie mussten das Haus aufgeben. Der Verlust dieses Wohnortes schmerzt ihn heute noch.

Gernot lernte eine neue Frau kennen – sie wurde von ihm schwanger. Er fühlte sich durch diese Schwangerschaft genötigt, sich an sie zu binden und lehnte monatelang seine schwangere Freundin ab. Sie bekamen ein Mädchen. Gernot hängt sehr an ihr. Die Familie lebt zusammen, nur geheiratet hat er die Frau bis heute nicht.

Gernot fühlt sich von seinen Eltern immer noch abgelehnt und er hoffte, dass seine Tochter den Platz im Herzen seiner Eltern einnehmen könnte, den er sich so sehr wünscht. Seine Eltern mögen die Enkelin, doch sie bleiben auf Distanz. Gernot begreift diese Haltung von Grosseltern nicht. Sein Bruder bekam einen Sohn. Dieses Enkelkind lebt nahe der Grosseltern; sie lieben es sehr.

Gernot lebt in einer kleinen Wohnung. Was seine Wohnungen betrifft, hat er eine Odyssee hinter sich. Er arbeitet viel. Er ist erfolgreich und gibt Meldungen darüber unmittelbar an seinen Vater weiter. Er hofft damit seine Achtung zu erlangen. Auf seine Liebe wagt er nicht mehr zu hoffen.

Gernot hat den Schwarzen Mond in Schütze im *vierten* Haus, exakt am IC.

Beim Schwarzen Mond im vierten Haus tritt der Familienmythos in den Vordergrund. Ich möchte jetzt nicht die Diskussion aufgreifen, ob das vierte Haus dem Vater oder der Mutter zuzuordnen ist; was ich hier immer vorgefunden habe, ist Ablehnung zumindest eines Elternteiles. Der Ablehnende war jedoch häufiger der Vater.

Die Geschichte von Gernot zeigt auch die Thematik einer substantiellen Zerrissenheit. Liliths Pendeln zwischen den Extremen und ihr Kampf mit Adam spiegelt sich in seinen Eltern. Die Eltern werden bei dieser Stellung häufig unvereinbar erlebt; manchmal besteht ein substantielles Gefälle. Die Mutter von Gernot war eine Entwurzelte, sein Vater, extremer Patriot, vertritt dagegen eine Blut- und Bodenphilosophie. Dem Ideal der Zeit entsprechend – blond und blauäugig – entsprach die dunkelhaarige Ausländerin natürlich nicht. Nur, sie war sehr schön. Lilith lässt grüssen.

Dieser Schwarze Mond symbolisiert oft eine Getrenntheit von den Wurzeln, ein «Nichtdazugehören», ein Herausfallen aus dem familiären Verband. Wir finden hier häufig «das Schwarze Schaf» der Sippe. Der Mythos von Lilith macht dieses «Herausfallen aus dem Paradies», die Rebellion und den darauf folgenden Fluch anschaulich. Der Sündenbock wird kreiert und ins Exil geschickt. Menschen mit dem Schwarzen Mond im vierten Haus sind häufig Träger der Werte, die die Familie gerne «unter den Teppich kehrt». Nur allzugern wird diese Funktion erfüllt, um wenigstens so zu entsprechen und über diese undankbare Aufgabe seinen Platz zu behaupten. Dieses Ausgestossenwerden mag eine Initiation dafür zu sein, ein eigenes Basislager zu gründen. Und doch ist es wichtig, den Frieden zu finden, eine Aussöhnung mit dem, was ist.

Bei einer Leugnung unserer Wurzeln ist es schwer, sich zu verwurzeln. Ein Ausdruck davon mag auch sein, dass bei diesem Schwarzen Mond Schwierigkeiten bestehen, eine entsprechende Wohnung – seinen Platz? – zu finden. Die Sehnsucht nach Frieden wird oft zur Sehnsucht nach einer ganz bestimmten Behausung, die einem verwehrt wird.

Eine Frau mit dieser Stellung drückte dies einmal so aus: «Mein Mann und ich sind wie zwei Königskinder, die ihr Reich noch nicht gefunden haben. Irgendwann gehen wir weg, vielleicht ins Ausland, und dort bauen wir uns ein Haus. Das wird dann unser Reich.» Bisweilen dient sie noch ihrem Vater, spielt sie die Rolle der Königin in seinem Reich. Ihre Mutter ist eine Entwurzelte, fiel aus und delegierte «die Bodenständigkeit» an ihre Tochter.

Ein weiterer Punkt ist das Familiengeheimnis. Der Schwarze Mond, wo immer er auch steht, symbolisiert ein Geheimnis, nur hier liegt der Schleier bei den Ahnen, den Vorfahren, bei unserer Herkunft. Menschen mit dieser Stellung wird dieses Geheimnis überantwortet oder sie tragen den Familienschatten in einem ausgeprägten Sündenbockdasein. Es ist, als würde ihnen alle Last aufgehalst.

Das IC ist der Punkt unserer irdischen Herkunft. Das IC setzen wir aber auch mit dem Nadir, der tiefsten Nacht, gleich. Aus der Perspektive der Schöpfung ist es der tiefste Punkt, der Ort der grössten Verstrickung, aber auch der Reue. IC bedeutet Metanoia. Wo wir vom Ursprung am weitesten entfernt sind, beginnt auch die Umkehr. Mir fällt hier immer Lilith auf dem Grund des Roten Meeres ein. Stellen wir uns vor, sie würde hier statisch verharren; die Ausgrenzung wäre praktisch zementiert, massive Einsamkeit die Folge. Wenn etwas nicht mehr an die Oberfläche darf, verbindet es sich unschwer mit den Dämonen, wie uns Lilith zeigt. Hier schaffen wir eine Hölle. Gernot beschreibt seine persönliche Hölle so: «Meine Eltern haben mich immer abgelehnt, der Ort, der mir der kostbarste war (das Haus), musste ich verlassen, die Menschen, die ich liebe, erreiche ich nicht, wenn ich nicht zu feig wäre, hätte ich mich längst umgebracht.»

Er war bis jetzt nicht bereit, diese Bilder und seine Hölle zurückzulassen und umzukehren. Er verharrt statisch in ihr und zementiert sein Unglück. «Er nimmt nicht sein Bett und geht», weigert sich, die Verantwortung für sein Leben zu übernehmen.

Der Grund des Meeres ist zugleich ein Ort, wo unsere Bilder und Träume wachsen. Die Imaginationskraft kann bei diesem Schwarzen Mond immens sein, soweit der Mut besteht, hinabzutauchen und den eigenen Reichtum zu entdecken. Gerade hier besteht oft eine grosse Ambivalenz. Werfen wir noch einmal einen Blick auf Gernot. Er ist fasziniert von den Abgründen (sitzt er doch selber in ihnen!), doch er sucht sich lieber Frauen, die diese ausloten. Er selbst hält bestenfalls die Zehen hinein, weigert sich geradezu, die Dinge unter der Oberfläche zu hinterfragen. Lilith kommt ihm dann von Zeit zu Zeit wie ein Racheengel entgegen. Es ist paradox, er sitzt am Ort seines grossen Reichtums, wie ein Held im Edelsteinbrunnen. Er müsste sich dies nur bewusstmachen und sich entscheiden, die Taschen vollzustopfen und hinaufzusteigen.

Der Schwarze Mond im zehnten Haus

Wer nicht in die Welt passt, der ist immer nahe daran, sich selber zu finden. Wer in die Welt passt, findet sich nie, er wird jedoch Nationalrat.

HERMANN HESSE

EINE GESCHICHTE

Hubertus hat einen Lieblingswitz. Der Ausdruck «Witz» scheint etwas hochgegriffen, da Hubertus selten frei und witzig sein kann. Sein, nennen wir es Witzeln, gilt den «Hütern der alten Werte». Er schiesst verbal gerne Pfeile ab auf Menschen, welche Traditionen hochhalten. Er kennt sie gut, da er bevorzugt mit ihnen auf die Jagd geht. Hallali! Pardon: Weidmannsheil! Hubertus tarnt sich. Im Grunde unterwirft er sich tradierten Werten, ist völlig von ihnen bestimmt. Offiziershaltung, Handkuss, Trachtenkleidung und der Umgangston eines Hofrates zeichneten ihn schon im frühen Alter aus. Er betet die «sogenannte Gesellschaft» an und wertet sie zugleich ab. Bei sich würgt er sofort jeden Impuls ab, der seinem Ansehen schaden könnte und ärgert sich zugleich, da er den Anspruch hat, mächtig, lebendig und originell zu sein. Dieser Konflikt lähmt ihn und so bemüht er sich, bedeutend auszusehen. Hubertus ist ein Fossil.

Dünkel begleiten Hubertus, solange er zurückdenken kann. Er hat seine Eltern so erlebt, seine Grosseltern sind geradezu «die Inkarnation von Dünkel». Seine Grosseltern stehen ihm auch näher als seine Eltern, zumindest, was die alten Werte betrifft. Auch seine Schwiegereltern, verarmte Aristokraten, runden das Bild ab. Seine Frau ist wie er, stützt sich auf alte Werte, macht sich jedoch ständig darüber lustig.

Es ist wichtig, eine Zeit in seinem Leben zu erwähnen. Für zwei Jahre gaben ihn seine Eltern weg, er kam zu einer Pflegemutter. Seine Eltern mussten – aus beruflichen Gründen – ins Ausland und entschieden sich, ihn zurückzulassen. Hubertus schweigt über diese Zeit, schämt sich dafür, meint, das Ansehen der Familie könne darunter leiden. Wie er diese Trennung verkraftet hat, falls er sie überhaupt verkraftet hat, darüber spricht er nicht. Über persönliche Dinge würde er nie öffentlich sprechen. Es geht das Gerücht um, dass Hubertus in dieser Zeit beinahe verhungert wäre. Einige behaupten, seine Pflegemutter hätte ihm nichts zu essen gegeben, andere meinen, er hätte die Nahrungsaufnahme verweigert. Die Geschichte ist ein vieldiskutiertes, öffentliches Geheimnis.

Hubertus ist beruflich sehr erfolgreich, allerdings unerbittlich seinen Mitarbeitern gegenüber. Von denen wird er gefürchtet. Seine Forderungen, das Maximum an Leistung zu erbringen, sind radikal, einen Angestellten, der ein Bier in der Mittagspause getrunken hat, hat er geradezu eliminiert. Er hasst Genussmenschen, propagiert ständig Disziplin und Haltung, bevorzugt militärischen Drill.

Hubertus hat eine Frau kennengelernt; sie ist sinnlich, wissend und beruflich sehr erfolgreich. Diese Frau lehnt Gesellschaftsspiele radikal ab, gilt auch als «schwarzes Schaf» der Gesellschaft. Hubertus ist ihr verfallen. Sie ist seine heimliche Leidenschaft, er schreibt ihr Briefe, die beinahe Henry Miller in den Schatten stellen. Seine Frau hat einen dieser Briefe gefunden. Seine Familie ächtet ihn seither und seine Frau hält das Damoklesschwert über ihn, indem sie ihm droht, ihn in der Öffentlichkeit zu entlarven. Hubertus fürchtet dies zutiefst und kompensiert das, indem er noch mehr Ehrenämter übernimmt. Eine Scheidung kommt natürlich nicht in Frage für einen Hüter der alten Werte.

Die Freundin von Hubertus hat sich beruflich versetzen lassen, sie hat versucht, seinem Umfeld zu entkommen. Er ist nach wie vor von ihr besessen und hat in der Nähe ihres neuen Wohnortes eine Zweigstelle eröffnet. So entstehen Filialen.

Hubertus lebt heute noch so, pendelt zwischen den Wohnorten, pendelt zwischen den Werten, predigt Wasser und trinkt Wein. Er fürchtet nichts so sehr wie die Entlarvung in der Öffentlichkeit und ist bereit, einen hohen Preis für die Wahrung seines «Geheimnisses» zu zahlen. Mit seinem Wertsystem versklavt er sein Umfeld und er ist selbst schon lange sein grösster Sklave.

Hubertus hat den Schwarzen Mond in Stier im *zehnten* Haus.

Stellen wir uns Lilith bei einem Empfang mit anschliessendem Cocktail vor, so haben wir ein erstes Bild von der Ironie der Situation, welche der Schwarze Mond im zehnten Haus oft mit sich bringt. Liliths Nein gilt hier oft den gesellschaftlichen Werten, der Tradition, Sitten und dem Brauchtum. Im Fall von Hubertus, der ein Anhänger dieser Werte ist, tritt dieses Nein über seine Freundin auf. Ich habe bei diesem Schwarzen Mond erlebt, dass jahrelange herkömmliche Bilderbuchwelten mit einem plötzlichen Auftauchen Liliths und der dazugehörigen Vertreterin einstürzten. Dies zog öffentliche Ächtung und Ausgrenzung aus der Gesellschaft nach sich. Menschen mit dieser Stellung trifft manchmal das, was wir über den Sündenbock gesagt haben, der mit der Schuld der Gemeinschaft beladen in die Wüste geschickt wird. Auch Lilith wurde denunziert, in die Wüste geschickt, wurde zum Wüstendämon erklärt. Es ist naheliegend, dass bei Anwesenheit des Schwarzen Mondes im zehnten Haus eine Affinität zu dieser Erfahrung besteht.

Bei gesellschaftlicher Unterwerfung und Anpassung wird dieser Schwarze Mond geradezu zum Inquisitor. Das Schwert Liliths schwebt ständig über dem Kopf, jeder öffentliche «Ausrutscher» wird als Hinrichtung erlebt. Oder man richtet hin, das heisst, erklärt sich zum Richter über die anderen, was Moral, Tugend und Werte betrifft. Eine Frau mit dieser Stellung begann unter einer Auslösung mit einem stadtbekannten Tugendwächter ein Verhältnis. Er verkraftete dies nicht und beging Selbstmord. Sie wurde daraufhin zum Sündenbock, indem sie öffentlich für seinen Fehltritt und seinen Tod verantwortlich gemacht wurde.

Der Schleier wird im zehnten Haus gerne über Geschäfte und Unternehmen gelegt, das Amulett gilt den Behörden. Ich habe hier illegale wirtschaftliche Aktionen, Fälschungen und Betrug angetroffen. Einige Händel flogen auf, hatten Vorstrafen und manchmal sogar Gefängnis zur Folge. Der gesellschaftlichen Ächtung wurde aus dem Weg gegangen, indem das Umfeld gewechselt wurde und dann wurden – zur Kompensation – ehrenvolle Tätigkeiten angestrebt. Eine lebenslange Angst vor Entlarvung wird so zum Beherrschenden. Die bürgerliche Maske wertet nachträglich eine Tat ab, die schon gesühnt ist und, zu sich genommen, eher zur Lebendigkeit und Buntheit des Menschen beitragen könnte. Wird die Tat tabuisiert, bleibt sie dämonisch und der initiative Funke wird nicht frei.

Wir haben schon gesagt, Lilith ist amoralisch (nicht unmoralisch) und mit unseren gängigen Moralvorstellungen überhaupt nicht zu verstehen. Sie steht ausserhalb der Regeln, die ein Kulturkreis zum Gesetz erklärt hat. Aus dieser Perspektive wird sie immer eine Gesetzlose bleiben, eine Geächtete und Ausgegrenzte. Für Menschen mit diesem Schwarzen Mond kann es wichtig sein, sich mit den verschiedenen Moralkodizes von Kulturen auseinanderzusetzen, um so eine Relativierung zu erreichen, die das eigene moralische Korsett sprengt. Dies jedoch nicht mit dem Ziel, um eine Ausrede für «Übertritte» zu haben; diese Haltung würde im Grunde genommen das Korsett weiterhin schnüren.

Es geht eher darum, zu erkennen, dass jeder Mensch seine Gesetzmässigkeit hat, die unter Umständen mit dem, was die gängige Moral vorgibt, schwer vereinbar ist. Es geht um Verantwortung sich und anderen gegenüber; Lilith ist hierin eine unerbittliche Lehrerin. Wir wissen, dass sie entlarvt, und das ohne Rücksicht; das Opfer wird bei diesem Schwarzen Mond oft in der Öffentlichkeit gebracht, was den Verlust des Ansehens oder einer Zugehörigkeit bedeuten kann. Eine andere Entsprechung des Opfers ist lebenslange Unterwerfung, das grausamste Opfer, das einem die Götter abverlangen können.

Eine weitere interessante Entsprechung habe ich hier gefunden. Einige populäre Männer mit diesem Schwarzen Mond, bekannt durch Errungenschaften und Erfolge in Wissenschaft und Kunst, werden – mit vorgehaltener Hand – beschuldigt, besondere Leistungen oder Entdeckungen von Frauen gestohlen und unter eigenem Namen veröffentlicht zu haben. Wo immer hier die Wahrheit liegt, der Makel bleibt. Frauen mit diesem Schwarzen Mond sind manchmal «öffentliches Opfer», wie uns die Lebensgeschichte von Camille Claudel zeigt. Sie war von dem Gedanken gepeinigt, Rodin verfolge sie und wolle sich ihrer Kreativität bedienen und als seine eigene ausgeben. Einst war sie ihm Muse, später sah sie sich nur mehr als sein Opfer. Entscheidend für ihre Trennung von Rodin war seine Weigerung, sich von seiner Lebenspartnerin zu trennen und Camille an seine Seite zu stellen. Frauen mit diesem Schwarzen Mond erleben häufig, dass der Partner in der Öffentlichkeit nicht zu ihnen steht, obwohl sie es inständig von ihm fordern. Es besteht eine Tendenz zu nicht legitimierten Beziehungen. Auffallend oft fand ich diese Dynamik, wenn im Composit eines Paares der Schwarze Mond im zehnten Haus steht.

Eine Doppelmoral blüht bei diesem Schwarzen Mond, er hat oft etwas Januskopfiges an sich. Dünkel gedeihen und sind manchmal der blinde Fleck. Dünkelhafte Menschen werden angeklagt, sind bevorzugte Projektionsfläche für die eigenen Dünkel, sind sozusagen das Lieblingsfeindbild. Tradierte, elitäre Kreise werden abgewertet, um sich ihnen letztendlich zu unterwerfen. Autorität bzw. autoritäre Menschen werden wie ein Würgeengel erlebt und lassen verstummen. Öffentliches Auftreten oder Sprechen werden gemieden oder sind von Ohnmachtsgefühlen begleitet. Andere wieder suchen die Öffentlichkeit, um dort ihre Macht einzusetzen, fühlen sich geradezu berufen, die Massen zu bewegen. Menschen, denen dies gelungen ist, haben häufig den Schwarzen Mond im zehnten Haus. Sie haben dieses «Nein» von Lilith konstruktiv eingesetzt, Herkömmliches hinterfragt, Konventionen und Grenzen überschritten. C. G. Jung und Albert Einstein sind hier gute Beispiele; Einstein und sein berühmtes Bild mit der herausgestreckten Zunge zeigen auch von seiner Rebellion in der Öffentlichkeit. Er scheint sich mit Lilith gut verstanden zu haben; es heisst, das Wesentliche seines Werkes wurde in Träumen initiiert. Einstein hat zugehört.

Der Schwarze Mond im fünften Haus

Mich interessieren lebende Menschen und mich interessieren Figuren. Ich verabscheue die Zwitter aus beiden.

Elias Canetti

Eine Geschichte

Johanna ist eine überaus stolze Frau. Sie wurde in dem Bewusstsein erzogen, etwas ganz Besonderes zu sein. Schon als Mädchen wurde sie mit Schmuck und Kleidern überhäuft, um so ihre Strahlkraft zu unterstreichen. Sie wurde ausstaffiert wie eine Prinzessin. Sehr viel war bei Johanna darauf angelegt, attraktiv und reizvoll zu sein – und doch, etwas stimmte nicht. Sie war nicht fähig, ihre Lebendigkeit zuzulassen, pendelte zwischen übertriebener Präsenz und völliger Verhaltenheit. Diese Dynamik wurde im Kontakt mit Männern besonders sichtbar. Johanna liebte es, «in sich verliebt zu machen», war jedoch unfähig, sich sexuell in eine Verbindung einzulassen. Sie markierte den Vamp, der sich im Inneren dem Gebot «Spar dich auf für den einen!» beugte. Es war ihr wichtig, sexuell attraktiv zu sein, und doch hatte sie Scheu, dies zu zeigen. Sie verführte und entschied sich, nicht wahrzunehmen, dass sie verführte. Verführerische Frauen waren ihr Lieblingsfeindbild. «Mein Gott, wie plakativ!» war der Ausspruch, mit dem sie Frauen bedachte, die sich sexuell reizvoll darstellten.

Johanna kommt aus einer Familie, wo Sexualität tabu ist. Und doch ist diese Familie reich an ausserehelichen Kindern, sexuellen Übergriffen in der Verwandtschaft, die Ehepartner hatten ihre Liebhaber und die Frauen waren nicht immer sicher, wer jeweils der Vater ihrer Kinder war. Johanna wusste von alldem nichts, war jedoch von einer grossen Ambivalenz Sexualität gegenüber geprägt.

Johanna heiratete einen gutaussehenden, «ordentlichen» Mann, einen Traum aller Schwiegermütter. Er betete Johanna an und war mit dieser instinktschwachen Bravheit ausgestattet, die Johanna einerseits langweilte, doch andererseits keine Angst machte. Sie bekamen – nach einer komplizierten Schwangerschaft – einen Sohn.

Johanna lernte einen anderen Mann kennen. Sie bekommt heute noch feuchte Augen und weiche Knie, wenn sie von ihm erzählt. Dieser Mann hat sie sexuell geweckt, sie erlebte mit ihm all das, «was sie nie für möglich gehalten hätte». Er lehrte sie die Lust und sie lernte, sich über ihn zu lieben und zu akzeptieren. Johanna wurde schwanger. Sie stand nun vor der Entscheidung, ihrem Mann von dem Verhältnis zu erzählen oder sich von dem anderen zu trennen. Sie wählte ihren Mann und erklärte ihn zum Vater des Kindes. Nicht eine Minute erwog sie den Gedanken, abzutreiben. Sie wollte dieses Kind der Liebe. Es ist eine Tochter.

Johanna ist sexuell erkaltet. Sie schläft mit ihrem Mann kaum und wenn sie seinen Forderungen manchmal nachkommt, dann eher lustlos. Sie hatte noch zwei Fehlgeburten. Sie hat ihr Spiel wieder aufgenommen, sie will «in sich verliebt machen», will anziehen, um sich dann zu verweigern. Über dieses Spiel bezieht sie ihren Wert als erotische Frau. Manchmal weint sie, weil sie sich nicht mehr spürt. Sie fühlt sich unlebendig und kompensiert dies, indem sie sich manchmal betont lustig zeigt und gibt. Dies bevorzugt in einer Gesellschaft von «Mumien und Untoten». «Es ist eigenartig», meint sie, «nur in dieser Gesellschaft erlebe ich mich sehr lebendig, nur hier kann ich das auch darstellen».

Johanna hat den Schwarzen Mond in Löwe im *fünften* Haus.

Das fünfte Haus verbinden wir mit Kreativität, Lebendigkeit, dem Schöpferischen und der Fortpflanzung. Setzen wir das jetzt in Bezug zu Lilith, so tritt der Mythos der Kinderwürgerin in den Vordergrund. Ihre Aufgabe und ihr Fluch, Kinder zu töten, können wir als Analogie sehen, das Junge, Impulsive und Lebendige in uns abzuwürgen. Nur Kinder, welche das Amulett mit den drei Engeln tragen, überleben.

Was bedeutet das? Amulette sind Abwehrmittel und bannen. Kann unser «impulsives Kind» also nur überleben, wenn wir es mit einem Bannspruch belegen und es so folglich einer Kontrolle und Anpassung unterwerfen? In diesem Fall wird es ein sehr angepasstes, beherrschtes, unlebendiges Kind. Kontrolle und Perfektion sind der Feind jeglicher Spontanität, Lebendigkeit und auch der Kreativität. Wir würgen das Junge in uns ebenso ab, wenn wir uns mit Amuletten behängen.

Bei diesem Schwarzen Mond ist die Angst sehr gross, von anderen wegen unmittelbarer Handlungen oder Äusserungen «getötet» zu werden. Diese Angst lähmt so sehr, dass man sich letztendlich selbst abtötet. Das Amulett wird gegen sich selbst gerichtet, man kastriert jeden Impuls. Das Risiko, abgewürgt oder «verflucht» zu werden, wird nicht eingegangen. Wir kennen alle diese Angst, doch bei der Anwesenheit des Schwarzen Mondes in diesem Haus steigert sie sich ins Extreme. Ein Mann mit dieser Stellung dazu: «… und dann kommt dieser Punkt, wo ich nichts mehr sagen kann, wo es mir die Kehle abdrückt, wo mich mein Würgeengel packt.»

Lust und Sexualität sind häufig derselben Kastration unterworfen. Oftmals werden Erfahrungen gemacht, sexuell zurückgewiesen zu werden, andere wiederum würgen jeden sexuellen Impuls in sich ab. Sexualität bedarf der Freude und der Spontanität. Abgewertet und unterdrückt wird sie zum Fluch. Johanna zeigt uns, wie ein leeres Spiel das zu ersetzen hat, was nicht spielerisch gelebt werden kann. Sie hat ihre Lust für eine kurze Zeit zugelassen und straft sich heute noch dafür. Sie hat sie abgeschnitten und sich vom Leben getrennt. Die Sexualität mit diesem Mann war für sie eine initiative Erfahrung, die sie jedoch nicht in ihr Leben integriert hat. Sie benutzt dieses Erlebnis heute dafür, die Sexualität mit ihrem Ehemann abzuwerten, ihn zu vergleichen und zu kastrieren. So wird sie auch für ihn zum Würgeengel. Sie erklärt ihre Erfahrung für nicht wiederholbar und hat somit ein Alibi, ihre Lebensverweigerung und ihre Vermeidung von Sexualität zu rechtfertigen. Eine wunderbare Erfahrung wird so angewandt zu einer dämonischen.

Die An-Forderung, schöpferisch, originell, kreativ und selbständig zu sein, ist bei diesem Schwarzen Mond gross. Klischees werden angeprangert, um sich letztendlich in ihnen zu verlieren. Das Lieblingsfeindbild pendelt zwischen Menschen, die sich situationsecht und machtvoll darstellen können, und Menschen, die sehr kontrolliert sind und eine glänzende Maske tragen. Ersteren gilt die Bewunderung, doch in ihrer Gegenwart wird der Würgeengel aktiv. Bei letzterem besteht der Wunsch, die Leblosigkeit hinter dem Glanz zu entlarven. Man will sozusagen dem Spiegelbild die Maske herunterreissen, doch dies ist nur möglich, indem man die eigene ablegt.

In den Brennpunkt kommen mit diesem Schwarzen Mond auch Zeugung, Schwangerschaft und Kinder. Ein Satz wird dabei geradezu erhöht: «Kinder sind der Schatten einer Beziehung.» Die grossen «Nie-in-meinem-Leben-Sprüche» finden hier ihren Untergang. Ich habe erlebt, dass Frauen, die dies über Abtreibung geäussert haben, bei einem Transit des Schwarzen Mondes durch das fünfte Haus eine vornehmen liessen. Unfruchtbarkeit, Schwangerschaftsunterbrechung, heimliche oder aussereheliche Schwangerschaften, Adoptionen, von der das Kind nichts weiss, Unterbindung der Samenleiter, Sterilisation, all dies gehört in den Bereich dieses Schwarzen Mondes. Es geht sehr oft um den Dialog von Leben und Tod.

Wenden wir uns nun der Geschichte von Medusa zu, denn sie skizziert anschaulich die Welt des Schwarzen Mondes im fünften Haus. Medusa, was soviel heisst wie «Herrscherin», war wunderschön. Sie liebte Poseidon in einem Tempel und wurde von Athene überrascht. Erzürnt verwandelte sie Medusa in ein geflügeltes Ungeheuer von scheusslicher Gestalt. Der Anblick ihres Antlitzes liess Menschen versteinern. Das Ausleben von Sexualität an einem geheiligten Ort wird für Medusa zum Fluch; sie wird Dämonin, die zwar nicht würgt, jedoch zu Stein erstarren lässt. Sie verachtet sich und kastriert andere. Viele Helden sterben unter ihrem Blick. Erst Perseus besiegt sie, indem er zu einer List greift. Er schützt sich hinter einem Schild, welches Spiegel ist. Medusa sieht sich und erstarrt. Diesen Augenblick benutzt Perseus und schlägt ihr den Kopf ab. Ihre Erlösung wird also erst möglich, nachdem sie in den Spiegel (das Amulett) geschaut hat, sich selbst erkennt und ihre Destruktion bannt. Erst so wird Pegasus frei, jenes geflügelte Pferd, das von ihrem Körper aufsteigt – ein Symbol für Lebenskraft und Kreativität.

Der Schwarze Mond im elften Haus

Lieb sein ist oft das Gegenteil von Lieben. Wer soll mir die Wahrheit sagen, wenn nicht du, meine Freundin.

Eine Geschichte
Amy braucht es, besondere Menschen einzuladen. Sie hat einen Mann geheiratet, der aus einem elitären Kreis kommt, und Amy gefällt es, die Rolle der Gastgeberin für sei-

ne Freunde zu spielen. Sie liebt es, Menschen zu versammeln, die Originalität und Macht darstellen, und zur Krönung hat immer ein Prominenter dabei zu sein.

Amy selbst hat keine Freunde. Sie hatte einmal eine Freundin, von der sie sich sehr verraten fühlte. Sie hat diese Verbindung auf der Stelle abgebrochen und verfolgt diese Frau heute noch mit ihrer Wut. Amy würde dies nie zugeben. «Da stehe ich drüber!» meint sie dazu, ein Ausspruch, den sie sehr oft tut.

Von Frauen fühlt sich Amy abgelehnt. Sie hat mehrmals versucht, freundschaftliche Kontakte mit ihnen aufzunehmen, erntete jedoch Distanz und Zurückweisung. Speziell von Frauengruppen, die schon länger bestehen und denen sie gerne angehören würde, fühlt sie sich ausgegrenzt und abgewertet. Also beschloss sie, ihre eigene Gruppe zu gründen, eine besondere Gruppe. Doch wie gesagt, sie kann diese Menschen nur aus dem freundschaftlichen Umfeld ihres Mannes rekrutieren.

Kommen wir noch einmal auf die ehemalige Freundin von Amy zurück. Dies gegen ihren ausdrücklichen Wunsch, denn Amy will nichts mehr von ihr hören und auch nicht mehr über sie sprechen. «Sie ist für mich gestorben» ist ihr gängiger Ausspruch. Und doch versteht es Amy, stets auf dem neuesten Wissensstand über das Leben ihrer ehemaligen Freundin zu sein. Was zwischen den beiden passiert ist, weiss keiner so genau. Amy dazu: «Sie hat mir etwas vorgeworfen, was ich ihr nie verzeihen kann. Von jedem hätte ich das eher erwartet, nur nicht von ihr.» Wie schon gesagt, Amy ist tief verletzt.

Mit zwei Frauen gab es später Beziehungen, die in die Nähe von Freundschaft gerückt sind. Beide Beziehungen hat Amy abgebrochen. Von einer Frau fühlte sie sich überlappt, in ihrer Freiheit beschnitten, den Kontakt zur anderen brach sie ab, weil diese nicht in dem Ausmass zur Verfügung stand, wie Amy sich das wünschte. Sie hatte auch Angst, ihre schmerzhafte Erfahrung könnte sich wiederholen.

Amy ist mit ihrem Mann fast Tag und Nacht zusammen. Einerseits leidet sie darunter, fühlt sich in ihrem Freiraum beschnitten, andererseits ist er «ihr bester Freund», wie sie es ausdrückt. Er hat all das abzudecken, was die Welt ihr an Freundschaften bisher vorenthielt. Sie hat es bis heute nicht geschafft, eigene Wege zu gehen, da sie sich an ihn und seinen Weg geschweisst hat. Nur ab und zu rückt sie aus – sie hat nämlich einen heimlichen Freund.

Amy hat den Schwarzen Mond in Skorpion im *elften* Haus.

Mit dem elften Haus verbinden wir unsere Hoffnungen und Wünsche, Individuation und Gruppenbewusstsein und – auf einer schlichteren Ebene – Freundschaften. Nicht zu vergessen: «Freiheit, Gleichheit, Brüderlichkeit!» Es ist leicht nachzuvollziehen, dass wahre Freundschaft nur unter «Gleichen» möglich ist, damit meine ich gleich in Bewusstsein und Niveau. Jede Freundschaft, die auf sogenannte parentale Spiele aufgebaut ist, das heisst eine ist die Grosse (Mami) und die andere aufblickend, eine ist die «Lokomotive» und die andere fährt Trittbrett, einer ist der Lehrer (oder Papi) und der andere Schüler, all diese Beziehungsformen sind eher der Achse 4/10 zuzuordnen. *Zwischen dem, der befiehlt und dem, der gehorcht, ist keine Möglichkeit der Freundschaft* (Jean Reclus). Wenn wir jemanden erhöhen, werden wir ihn irgendwann herunterreissen, die Gefahr ist hier gross, irgendwann in ein destruktives Konkurrenzverhalten zu rutschen. Nochmals, wahre Freundschaften sind jenseits dieser Spiele; sie beruhen auf Gleichwertigkeit. Lilith will Gleichwertigkeit und hat sie auch gefordert. Und, wie wir wissen, Adam hat sie nicht verstanden. Lilith reagierte radikal, brach «die Zelte hinter sich ab». Sie trennte sich augenblicklich von Adam.

Mit diesen Bildern ist schon viel über den Schwarzen Mond im elften Haus gesagt. Freund und Feind liegen hier nah beisammen. Ich habe mehrmals erlebt, dass Menschen mit dieser Stellung von Freunden radikal abgelehnt oder von Gruppen ausgeschlossen wurden, da sie nicht fähig waren, einen Bewusstseinsschritt nachzuvollziehen, der von ihnen gefordert wurde. Dazu das Beispiel von zwei Frauen, die seit ihrer Kindheit befreundet sind. Beide haben sich in ihrem Frausein sehr verraten, um rollenspezifische Klischees zu erfüllen. Eine war nach vielen Anstrengungen fähig, Veränderungen vorzunehmen, und da sie ihre Freundin liebt, tat es ihr weh, zu sehen, was diese weiterhin mit sich machte und machen liess. Sie konnte nicht schweigen und musste sie darauf aufmerksam machen, um so mehr, als sie spürte, dass eine Kluft zwischen ihnen entstand. Ihre Freundin verstand nicht, fühlte sich verraten und klagte sie an. Sie schwieg daraufhin, da ihr bewusst wurde, dass sie sie mit Worten nicht erreichen konnte. Ihre Freundin interpretierte dieses Schweigen als Ablehnung und Kälte, warf ihr das auch vor. Sie schwieg weiterhin, war verständnisvoll und traurig zugleich. Die beiden fanden keine gemeinsame Ebene. Das «Fallbeil» fiel, die Freundschaft wurde radikal abgebrochen. Beide waren verletzt. Die eine fühlt sich verraten, die andere unverstanden; doch die eine lässt innerlich ihre Tür offen und wartet, bis die andere den Schritt macht, bei dem Verstehen einsetzt. Es ist auch wichtig, dass die andere diesen Schritt macht, da wirkliche Freundschaft Gleichwertigkeit braucht.

Der Schwarze Mond im elften Haus fordert Klarheit in freundschaftlichen Beziehungen. Das Opfer, welches hier gebracht werden muss, um einen Bewusstseinsschritt zu machen, trifft hier Freunde. Der Verlust eines Freundes wird häufig zur prägenden Erfahrung. Die Ablehnung oder das Abgelehntwerden durch Freunde wird schmerzhaft erlebt, initiiert jedoch häufig den nächsten Wachstumsschritt. Lilith ist Spiegel, fordert Wahrheit, und wer soll uns die Wahrheit sagen, wenn nicht unsere Freunde. Auch wenn dies oft Rückzug zur Folge hat, Einsamkeit und Isolation entsteht, dieses «Auf-sich-zurückgeworfen-werden» kann das Sprungbrett für den nächsten Reifeschritt sein.

Im elften Haus geht es bekanntlich auch um Individuation und darum, was wir als Individuum in den Dienst der Gruppe bringen können. Wird dies begriffen, können Menschen mit diesem Schwarzen Mond Wegbereiter für das Neue, speziell für humanitäre Ziele sein. Oftmals stellen sie sich in den Dienst von Randgruppen, um diese gleichberechtigt wieder in den grossen Reigen einzugliedern.

Damit ist auch der Bereich der Dämonisierung dieses Schwarzen Mondes angesprochen. Menschen mit dieser Stellung sind oft Sündenbock einer Gruppe. Häufig finden sie keine Freunde, werden isoliert und ausgegrenzt; versuchen sie in einen

Kreis hineinzukommen, wird ihnen das Amulett entgegengehalten. Um diese Wunde zu lindern, gründen einige spezielle Zirkel mit unglaublich schweren Aufnahmebedingungen. Die Geheimbünde tragen das Stigma dieses Schwarzen Mondes. Einige andere schliessen sich mit ähnlich Ausgegrenzten zusammen und kämpfen um Gleichwertigkeit in der Gesellschaft. Dies oftmals unter dem Banner von Lilith.

Definieren wir den Schleier des Schwarzen Mondes, so finden wir hier Täuschungen und Verrat in Freundschaften. Oder es wird auf Freiheit und Unabhängigkeit verzichtet – nur, um dazuzugehören. Eine weitere Entsprechung ist die «Dauerflucht». Menschen mit diesem Schwarzen Mond laufen in freundschaftlichen Beziehungen ständig vor Verbindlichkeiten davon. Manche stellen ihre Unabhängigkeit so sehr über alles, dass dieses Verhalten zu ihrer grössten Abhängigkeit geworden ist.

Lilith macht anschaulich, wie Verbannung und Isolation zum Fluch werden, und doch zwingt sie uns, manchmal über schmerzhafte Erfahrungen, beziehungsfähig und lebendig zu werden. Ich möchte an dieser Stelle Aldous Huxley zitieren: *Gebt Kindern (Menschen) niemals die Gelegenheit, sich vorzustellen, dass irgend etwas isoliert existiere. Macht es von Anfang klar, dass alles Lebendige Beziehung ist.* Mit diesem Schwarzen Mond lernen wir vorzugsweise (oder zwingend) Beziehung über Freundschaften.

Der Schwarze Mond im sechsten Haus

Stolz nennen wir's «Naturgesetz» / Im Grunde ist das doch Geschwätz / Schwarzerde wird zu gelbem Krokus: / Ist das nicht reinster Hokuspokus?

PIET HEIN

EINE GESCHICHTE
Isabel ist Perfektionistin. Sie hat gerade einen Kongress organisiert, mit Abschlussball. Die Veranstaltungen waren gelungen, hielten selbst den strengsten Kritikern stand. Das Konzept war bis ins letzte Detail durchdacht, die Präsentation war überzeugend. Sogar die unter ihren peniblen Vorbereitungen stöhnenden Organisationsmitglieder waren wieder versöhnlich gestimmt. Es war einfach perfekt, es war absolut!

Isabel liegt im Bett – bereits den dritten Tag. Sie ist apathisch, völlig willenslahm und voller Schuldgefühle – ob ihrer Faulheit. Sie braucht es, sich ständig vorzustellen, wieviel Arbeit dieser Kongress bedeutet hat. Oder war es gar nicht soviel Arbeit? Manchmal meint sie, dass sie nur soviel arbeitet, weil sie im Grunde substantiell faul ist. Oder liegt sie jetzt im Bett, weil sie überarbeitet ist? Sie ist sich nicht sicher, was sie jedoch spürt, ist ein massives Unbehagen. Nur nicht denken, nur wegtauchen, nur träumen.

Isabel ist wieder aktiv. Derzeit joggt sie sogar, nicht unbedingt weil es ihr Spass macht, sondern weil sie ihrer Freundin glaubt, dass von dem vielen Liegen ihre Oberschenkel schon zu weich sind. Letztendlich empfindet sie das Joggen als Busse – Faulheit will bestraft werden!

Isabel krümmt sich vor Schmerzen. Sie hat ihre Menses, und dabei verkrampft sich ihr Unterleib so sehr, dass es ihr geradezu den Atem nimmt. Kein Arzt konnte ihr bisher helfen und auch der Homöopath, zu dem sie seit Jahren geht, findet das entsprechende Mittel nicht. Isabel schreit, weint, legt sich in ein heisses Bad und versucht, so gut es geht, zu meditieren. Dies hilft ihr noch am besten, doch sie muss sehr früh damit beginnen und nicht erst dann, wenn die wehenartigen Zustände schon eingesetzt haben. Dann hat sie keine Chance mehr. Isabel fühlt sich krank, ist unfähig zu arbeiten oder ihren alltäglichen Verrichtungen nachzugehen.

Isabel beginnt sich mit einem neuen Weltbild auseinanderzusetzen. Sie ist fasziniert, zunehmend auch die Hintergründe von Erscheinungen zu erfahren. Sie lässt nach und nach einen spirituellen Blickwinkel zu. Nur – sie kann sich nicht mitteilen. Ihre Freundinnen lehnen dies vollkommen ab. Sie versteht es. Früher hat sie dieselben Dinge auch abgelehnt – massiv.

Isabel hat fast drei Wochen nicht geschlafen – sie hat neben ihrem Fulltimejob noch zusätzliche Organisationsarbeiten angenommen und sie meistert dies bravourös. Einfach perfekt!

Seit zwei Tagen liegt sie wieder im Bett, zurückgezogen, sperrt sich ein, löst sich auf und verlässt die «reale Welt».

Isabel hat den Schwarzen Mond in Schütze im *sechsten* Haus.

Bei diesem Schwarzen Mond wechseln sich häufig Phasen von Überaktivität und völliger Lethargie ab. Der Workaholicer braucht es, sich streckenweise aufzulösen, bei dieser Stellung sehr oft über Krankheit. Bei Isabel wird die Gebärmutter zur Beherrscherin der inaktiven Phasen. Sie erlebt dies nicht nur physisch «als wäre ein Schwert in ihrem Körper», auch während ihrer aktiven Zeit plant sie die monatlichen Schmerzen ein, indem sie für diese Tage gar keine Termine fixiert. «In diesen Tagen muss ich damit rechnen, dass ich aus-falle.»

Süchte sind ein Thema bei diesem Schwarzen Mond – Perfektionismus ist Sucht. Es ist austauschbar, welche Süchte wir hier anführen – letztlich geht es um den Dialog von Dasein und Nichtdasein. Hier finden wir den Spaziergänger zwischen den Welten ebenso wie den fanatischen Pragmatiker. Und wir finden die Weigerung, Phänomene zuzulassen und Wunder zu bestaunen. Lug und Täuschung werden dahinter vermutet. Dies kann zur absoluten Forderung nach Erklärbarkeit werden. Doch da wir ohne Wunder nicht auskommen, wird der Alltag zum übermässigen Druck. Also setzt Flucht ein, sei es in Krankheit, phantastische Filme, Tagträumereien, schlichtweg «erklärbare» Ersatzwelten.

Oder der Pragmatiker wird delegiert; manchmal, indem ein überaus nüchterner Partner gewählt wird, der Wunder ständig in Frage stellt. Oder umgekehrt, wie bei folgendem Paar. Sie hat Lilith in Fische im sechsten Haus und ist eine Perfektionistin, Workaholicerin, leugnet alles Hintergründige. Er flüchtet vor der Arbeit, trödelt in den Tag hinein, löst sich auf. Sie hat von Zeit zu Zeit Erstickungsanfälle und zwingt ihn über Krankheit, sich dem Alltag zu stellen. Letztendlich macht sie wieder alles selber und delegiert ihre Hingabe.

Ein rationales Arbeitsumfeld wird bei diesem Schwarzen Mond schwer ertragen. Oft fühlt man sich fehl am Platz und leidet darunter. Wer kann sich auch Lilith in der Buchhaltung vorstellen? Oder Dionysos! Ordnung und Routine werden oft abgelehnt. Es kann auch Schwierigkeiten bei einem Angestelltenverhältnis geben. Lilith will nicht unterliegen und Adam/Chef hat hier bekannterweise wenig Verständnis. Der Machtkampf findet am Arbeitsplatz statt. Der Hang zu Pefektionismus und Kritik fördert nicht unbedingt das Betriebsklima. Flucht in die Krankheit heisst auch hier manchmal die Konsequenz. Eine eigenständige, kreative Arbeit lässt gesunden.

Auffallend oft fand ich den Schwarzen Mond im sechsten Haus (und auf der Jungfrau/Fische-Achse) bei Psychologen und bei Hebammen. Sie sind sozusagen wie Lilith Begleiter von einer Daseinsphase in die andere. Interessant ist auch, dass Hebammen mit zunehmender Herrschaft des Patriarchats in ihrer Bedeutung zurücktreten mussten. Die Dämonisierung traf sie insofern, als viele von ihnen ein Opfer der Hexenverbrennungen wurden. (Im Mittelalter wäre es Psychologinnen wahrscheinlich ähnlich ergangen.) Hexen wurde die Verbindung mit dem Teufel/Samael vorgeworfen. Die Ausrottung der Hebammen sicherte Männern einen Platz in der Medizin, der früher Frauen vorbehalten war. Heute noch existiert die Mär, dass in Kliniken ein klassischer Kampf zwischen Ärzten und Hebammen stattfindet. Mir stehen leider keine Horoskope von Frauenärzten zur Verfügung, es wäre jedoch interessant zu sehen, ob der Schwarze Mond ähnlich plaziert ist.

Nach meiner Beobachtung ergab sich beim Transit von Lilith durch das sechste oder zwölfte Haus oft die Notwendigkeit, eine Operation vornehmen zu lassen. Hier drängt sich wieder das Bild von Lilith und dem Opfer auf. Genauso oft wurde bei diesem Transit eine homöopathische Behandlung begonnen; manchmal als Folge einer radikalen Umkehr von Werten. Häufig wurde vorher nur tradierte allopathische Medizin zugelassen. Das Duell von Mystiker und Pragmatiker, von Anerkennung und Leugnung des «Nicht-Greifbaren» wird bei dieser Stellung auch gerne über die herkömmliche Medizin und über die Homöopathie ausgetragen.

Bei diesem Schwarzen Mond besteht oft eine substantielle Weigerung, sich um alltägliche Dinge zu kümmern. Mit Widerwillen, falls überhaupt, wird der Busplan studiert, ein Meldeschein ausgefüllt oder schlicht und ergreifend ein Wecker angeschafft. Wir verbinden mit diesem Haus auch Dienen, Vernunft und Anpassung; auch dem gegenüber wird eine Ablehnung sichtbar. Und doch werden diese Eigenschaften von anderen – manchmal radikal – gefordert. Bei Auslösungen dieses Schwarzen Mondes ergibt sich oft die Notwendigkeit, sich alltäglichen, pragmatischen Dingen zuzuwenden. Entweder kündigt die Haushaltshilfe und es ist nicht sofort Ersatz zu finden oder die Tochter hat Schwierigkeiten in der Schule und braucht Unterstützung. Am Arbeitsplatz kündigt ein Kollege und ein Teil seiner Arbeit ist mitzuerledigen. Vielleicht wird jetzt auch noch der Partner krank und beansprucht Pflege.

Der blinde Fleck bei diesem Schwarzen Mond liegt häufig in einer Ambivalenz, Wunder zu suchen und zugleich zu leugnen. Es wird ein Pragmatismus kreiert, unter dem man letztlich leidet. So wächst Frustration und eine massive Kritiksucht wird aufgebaut. Es ist wichtig, eine Aufgabe oder einen Bereich zu finden, wo sich Vernunft und Wunder begegnen können, um Buntheit und Kreativität in den Alltag zu bringen. Wenn sich Lilith hier entfalten kann, wird sie zur Brücke zwischen den Welten; Menschen mit diesem Schwarzen Mond können wahre Seelenführer sein.

Der Schwarze Mond im zwölften Haus

Es gibt nichts Uninteressanteres, als ein Geheimnis, das keines mehr ist.

EINE SZENE
Er zieht sich oft tagelang zurück in seine Klause und schreibt. Drehbücher, Filme, Leben. Er lebt sich, wenn Er schreibt, Er geht in eine andere Welt und kann sich so zulassen. Er weint, tobt, verliebt sich, während Er schreibt. Er belebt seine Figuren, gibt ihnen Form und beseelt sie, ist Schöpfer und Geschöpf zugleich.

Und – was schreibt Er so? Über das Leben von Grenzgängern, zwischendurch ein Pamphlet gegen das Helfersyndrom, doch bevorzugt über aussergewöhnliche Beziehungen; im Mittelpunkt – dominante Frauen.

Kürzlich hat Er sich beschwert. Ein Regisseur hat sein Buch nicht verstanden, hat nicht «den Mut zu den Abgründen», wie Er sich ausdrückt. Die umstrittene Szene: Ein Mann zwischen zwei Frauen. Die Ältere sehr dunkel, intensiv und dämonisch, die Jüngere hell, unbeschwert und ständig lachend. Auch im Bett. Er wählt die Ältere – soweit er fähig war zu wählen.

Der Regisseur hat dies nicht begriffen, suchte einen Kompromiss und fand eine junge Dunkelhaarige. Das Motto: «Wenn schon eine Dunkle, dann eine Niedliche, Straffe.»

Wie schon gesagt, Er fühlt sich nicht verstanden.

Starke Frauen faszinieren ihn, ziehen ihn an, auch wenn Er sie manchmal flieht, sich zurückzieht und verschwindet. In seiner Klause stellt Er sich immer, dort lässt Er sie zu, liebt Er sie, lebt Er sie, wird Er sie.

Er hat den Schwarzen Mond in Waage im *zwölften* Haus.

Lilith auf dem Grund des Roten Meeres ist ein Bild, welches sich bei dem Schwarzen Mond im zwölften Haus förmlich aufdrängt. Sie taucht ein in das Ungeformte, wird selbst formlos. Nur unschwer können wir den Dialog von «Dasein und Nichtdasein» erkennen. Menschen mit diesem Schwarzen Mond lieben es, von Zeit zu Zeit zu verschwinden, flüchten, lösen sich auf. Oder sie sind «nicht greifbar», man kommt ihnen «nicht auf den Grund». Und – sie lieben ihre Geheimnisse.

Das Gegenteil finden wir hier genauso. Die «Wässer» und das Formlose werden gemieden, bei manchen sogar zum bevorzugten Feindbild. Die Auseinandersetzung zwischen Mystiker und Pragmatiker tobt. Die Anforderung, die «Welt hinter den Welten» zu akzeptieren, evoziert ein striktes «Nein», und doch bleibt eine eigentümliche Ambivalenz zurück. Wie sieht die aus? Einige spielen diesen Dialog mit einem Du, das heisst, welcher Teil mir auch immer begegnet, ich ergänze ihn durch den anderen. «Begegnet mir der Mystiker, drängt es mich geradezu, ihm zu widersprechen und ihn abzulehnen. Bin ich im Umfeld von pragmatischen Menschen, verkörpere ich geradezu den Geheimnisvollen, Nichtgreifbaren, und es bereitet mir Lust, diesen Mythos zu verstärken. Die Welt wäre sonst zu öde» ist die Aussage eines Mannes mit diesem Schwarzen Mond.

Ein anderer Mann mit dieser Stellung, der alles Hintergründige ablehnt, hatte eine Frau, die ihm zwischen Hippiedasein auf Patmos, Kursen über Schamanentänze und abendlichen Treffen mit Räucherstäbchen-Vodoo auch zeitweise zur Verfügung stand. Nach einer Geliebten, die sich der Astrologie verschrieben hat, wählte er eine neue Frau, «eine ganz normale», wie er sich ausdrückte. Schon nach einem Jahr begann sie sich einem spirituellen Weltbild zu öffnen. Er hat sich ergeben.

Manche Männer meiden starke Frauen, um sich letztendlich doch immer wieder an ihnen zu reiben. Andere suchen dominante Frauen, doch zugleich besteht eine Furcht, sich in ihnen zu verlieren. Die Sehnsucht nach Verschmelzung ist enorm, die Angst vor Auflösung ist genauso gross. So wird die «reale» Frau häufig über ein Bild oder eine Puppe ersetzt. Das Abgründige scheint gebannt, wenn das Visavis rein und «keimfrei» ist. Doch Dionysos flieht keimfreie Gestade und Eros schrumpft hier zum Engelchen. Wen die Götter strafen, den schlagen sie mit Langeweile. Damit dem faden Engeldasein die dämonische Kraft wieder zufliesst, muss die Keimfreie dämonisiert werden. Für viele reicht schon, wenn sie «illegal» ist.

An dieser Stelle möchte ich die Geschichte eines Mädchens einflechten. Ihr wurde von der Mutter eingetrichtert, Barbie-Puppen seien abscheulich. Die Kleine glaubte ihr. Eines Tages amüsierte sie ihre Mutter mit der Aussage: «Mama, gestern haben wir im Kindergarten mit Barbie-Puppen gespielt, die waren sooo grauslich. Aber ein bisschen gefallen haben sie mir doch.» Das Verbot dämonisierte selbst die blonde, keimfreie Plastikpuppe. Die Koketterie mit den Dämonen ist einfach zu schön.

Bei diesem Schwarzen Mond besteht eine Tendenz, eine heimliche Geliebte zu sein oder eine zu haben. Männer suchen oft dunkle, geheimnisvolle, manchmal auch suspekte Frauen. Eine weitere Entsprechung ist die um die Hintergründe wissende Frau. Frauen mit diesem Schwarzen Mond tragen häufig für andere diese Rolle, sind Wissende und «Eingeweihte». Manchmal eingeweiht in die Geheimnisse anderer Menschen, manchmal auch Trägerinnen eines «höheren» Wissens.

Wir finden bei diesem Schwarzen Mond jedoch auch das Abgeschnittensein von den Urgründen. Lilith und ihre Inhalte werden massiv verdrängt. Ihre Wiederkehr sieht oft so aus, dass sie Amulett und Schleier, welche über sie verhängt wurden, praktisch (pragmatisch?) umdreht und über jene wirft, die sie ausgrenzen. Dieser Fluch drückt sich über mangelnde Intuition und Instinktlosigkeit aus, was Verirrungen und Täuschungen zur Folge hat. Nur allzu oft wird man mit diesem Schwarzen Mond betrogen und hintergangen und ärgert sich, auf den Betrüger hereingefallen zu sein. Manchmal wird man selbst dieser Betrüger und Gaukler. Auch Sein und Schein können verschwimmen, im schlimmsten Fall blühen die Psychosen. Oder die Umkehr des Amuletts kommt insofern zum Tragen, als man selbst zum Sündenbock und Ausgestossenen wird.

Dieser Rückzug «in eine andere Welt» kann auch freiwillig erfolgen. Manchmal ist es eine vorübergehende Notwendigkeit. Desensibilisierungen können hilfreich, autistische Phasen können lebensrettend sein. Der Rückzug in die Wüste ist vor neuen Schritten üblich, vor Einweihungen geradezu Bedingung. Lilith hat gewählt, zu gehen; sie wurde nicht verstossen, wie manche ihre Flucht fälschlich interpretieren. Sie weigerte sich, zurückzukommen, wie uns der Mythos zeigt, und ihre Weigerung zog Fluch auf sich. «Wenn du nicht zu mir zurückkommst, will ich dich auch nicht mehr haben», war Adams Konsequenz. Ich denke dabei an den Fuchs, dem die Trauben zu hoch hängen und der sie deshalb für sauer erklärt. Wenn wir zu einer Dimension keinen Zugang haben, werten wir sie häufig ab. Bei diesem Schwarzen Mond ist es das Numinose. Doch Inhalten, die wir bekämpfen, geben wir enorme Macht. Aus dieser Perspektive wird verständlich, warum bei diesem Schwarzen Mond oft schwer greifbare Menschen angezogen werden, in deren «magischem Theater» man sich verliert.

Dies führt uns zu Täter und Opfer. Die Sichtweise, dass Lilith verstossen wurde, korrespondiert mit einer starken Opferstruktur. Aus dieser Perspektive wird aus ihrer Wahl eine Ohnmacht. Ohnmacht zeugt jedoch davon, dass man um die Wahl nicht weiss. Die Macht von Lilith fällt somit in den Schatten. Lilith wird hilfsbedürftig; ein optimaler Nährboden für Retter-Opfer-Spiele entsteht. Macht wird über Helfen ausgelebt, die Macht liegt im Schatten der Helfer. Helfen ist eine bevorzugte Form, Inhalte des zwölften Hauses zu leben, da über die Einfühlung in den anderen und «Aufopferung» das Ich zurückgestellt wird. Den Gesetzen dieses Hauses gemäss, welche «Ich-Auflösung» verlangen, kann somit entsprochen werden. Je pragmatischer die Grundhaltung, um so zwingender wird die Entsprechung des Helfens gewählt. Nur – Helfer brauchen Opfer, sie werden hier gesucht und es ist naheliegend, gleich bei Lilith zu beginnen. Das erste Opfer der Schöpfungsgeschichte wird kreiert. Wir haben gesagt, Lilith ist Spiegel, und wenn ich mit der eben beschriebenen Grundhaltung in den Spiegel blicke, wird verständlich, warum die Welt bei diesem Schwarzen Mond voll von Opfern ist.

Konträr dazu finden wir hier das in der Eingangsgeschichte zitierte «Pamphlet gegen das Helfen». Helfen und Helfer werden total abgelehnt, sie sind Feindbild. Es ist, als wolle Lilith unter Protest diese Etikettierung abschütteln. Lilith ist nicht sozial, sie ist amoralisch, was nicht heisst unmoralisch. Mit dem Schwarzen Mond im zwölften Haus finden wir folglich Menschen, die Helfer-Spiele und das dahinterliegende Machtbedürfnis gerne entlarven. Und doch verkörpern sie selbst eine gewisse Hilflosigkeit dem Alltag gegenüber, brauchen einen Pragmatiker, der ihnen hilft. Hier liegt häufig der blinde Fleck. Die eigene Bedürftigkeit wird unterdrückt und statt um Hilfe zu bitten, suchen erstere Hilflose, um an ihnen ihr Bedürfnis zu stillen, und letztere flüchten in Traumwelten. Einsam sind beide.

Die Sehnsucht ist bei diesem Schwarzen Mond unermesslich. Sei es die Sehnsucht nach dem unbewussten Eingebettetsein, also die Sehnsucht nach der Grossen

Mutter, oder die spirituelle Sehnsucht, die wir in diesem Fall mit der Sehnsucht nach der Grossen Göttin gleichsetzen. Dies bildet einen Nährboden für Süchte, aber auch einen Antrieb für spirituelle Suche. Nachdem wir uns von Lilith das Bild eines Vollweibes machen, erscheint naheliegend, dass häufig über Sexualität diese Verschmelzung mit dem Ganzen angestrebt wird. Es geht also um Hingabe, um Auflösung, und ich möchte in Erinnerung rufen, was wir über Lilith und das Rote Meer gesagt haben. Die einen können dieses Eintauchen in die Tiefen zulassen, erleben das Wunderbare, die anderen meiden es total, um letztendlich sehnsüchtig an den Ufern zu verharren. Wie auch bei Lilith in Fische erwähnt, wird das Locken der Sirenen vernommen, hie und da taucht eine Nixe auf, verführerisch zwar, doch unerreichbar. Sie hat einen Schwanz, kommt also für eine Vereinigung nicht in Frage. Sexualität wird ausgeklammert; was bleibt ist die Sehnsucht – und die innere Botschaft: «Irgendwann!»

Bei diesem Schwarzen Mond besteht eine Tendenz, sich Inseln zu schaffen. «Dort kann ich mich erleben, wie ich sonst nicht sein kann!» Viele müssen weggehen, flüchten wie Lilith, um anderswo ihr Paradies zu finden. Pardon, ich meine den Ersatz dafür. Diese fremde Welt, nennen wir es ruhig «ausserirdische Erfahrung», kann ein fernes Land, eine heimliche Frau, ein überirdischer Geliebter sein, genauso aber die Leidenschaft, Phantasiewelten zu kreieren, wo «Dichtung und Wahrheit» verschwimmen. Die Kunst wäre arm ohne diesen Schwarzen Mond.

Lilith und Chiron

Chiron ist der berühmteste der Kentauren. Seine Mutter ist die Nymphe Philyra, sein Vater ist Chronos. Philyra wollte sich dem begehrlichen Drängen des Chronos entziehen und verwandelte sich in eine Stute. Chronos nahm daraufhin die Gestalt eines Hengstes an und paarte sich so mit ihr. Die Frucht dieser leidenschaftlichen Begegnung ist Chiron. Als die Mutter sah, dass das Kind den Unterleib eines Pferdes und den Oberkörper eines Menschen hatte, lehnte sie es entsetzt ab; um ihrer Mutterschaft zu entfliehen, bat sie die Götter, sie in ein anderes Wesen zu verwandeln. Philyra wurde eine Linde.

Chiron wurde von Apollo gefunden und aufgezogen. Der grosse Sonnengott wurde sein Mentor und lehrte ihn Musik, Poesie, die Kunst des Hellsehens und des Heilens. Chiron wurde so ein grosser Weiser. Könige brachten ihm ihre Söhne und Helden vertrauten sich ihm an, um von ihm zu lernen. Chiron schulte sie in den grossen Wissenschaften, in den Künsten, aber auch in der Jagd und im Bogenschiessen. Er lehrte sie die Flöte spielen, von der einige sagen, er habe sie sogar erfunden. Ein Lieblingsschüler von ihm war Herkules. Genau dieser Schüler fügte dem Meister die grösste Wunde zu.

Eine der Aufgaben des Herkules war, die Hydra von Lerna zu töten.[1] Er tauchte seinen Speer in das Blut der sterbenden Hydra und erhielt damit eine unschlagbare Waffe; sie fügt unheilbare Wunden zu. Eines Tages wurde Herkules in einen Streit mit den Kentauren verwickelt, und er warf seinen Speer nach den Flüchtenden. Dieser traf den herbeieilenden Chiron und schlug ihm eine Wunde, die nicht mehr heilte. Chiron litt furchtbar; er konnte nicht sterben, da er unsterblich war, und trotz seiner grossen Heilkunst war er nicht fähig, seine Verletzung zu heilen. Erst nach langer Zeit wurde er von seinem Leiden erlöst, indem er mit Prometheus sein Schicksal tauschte. Chiron trat an seine Stelle und starb, Prometheus wurde unsterblich.

Der Kentaur Chiron steht für den Menschen und seinen lebenslangen Kampf zwischen dem «Niederen» (Tierkörper) und dem «Höheren» (menschlicher Oberkörper). Durch ihn wird auch das Aufeinanderprallen der Mondwelt des Dionysos mit der Sonnenwelt des Apollo sichtbar. Wir haben schon gesagt, dass Dionysos den solaren Göttern weichen musste, ein Los, das er mit Lilith teilt. Eine der ersten Taten des Apollo, als er sich ein Kultheiligtum eroberte, war, die grosse Schlange von Delphi zu erstechen. Diese Schlange trug den Namen *delphyne*, was soviel wie Gebärmutter heisst. Mit ihrer Tötung beginnt die Geschichte des Reinlichkeitskultes, hier liegt die Geburtsstunde der Sterilität. Im Gefolge von Apollo wurde auch den Kentauren das Zaumzeug umgelegt. Die Kentauren waren ursprünglich Begleiter des Dionysos, wild, instinkthaft, unberechenbar und aufbrausend. Chiron trägt dieses Erbe in sich und gab es in subtiler Form auch weiter. Das Lieblingsinstrument von Dionysos war die Flöte und Chiron lehrte bekanntlich seinen Schülern das Flötenspiel. Es ist bezeichnend, dass in Griechenland, dem Heimatland dieser Mythen, der Brauch bestand, Trauerprozesse mit der Flöte zu begleiten. Mit der Unterdrückung der dionysischen Riten wurde zeitweise auch das Flötenspiel verboten. Die Lyra von Apollo trug den Sieg davon; bei Trauerfällen wurden Flötenspieler geahndet und sogar bestraft. Dies mag auch Symbol dafür sein, dass wir verlernt haben, unserer Trauer Ausdruck zu geben, dass wir öffentliche Trauerprozesse auch ahnden, indem wir sie abwerten.

Apollo wurde der grosse Erzieher von Chiron und übte einen prägenden Einfluss auf ihn aus. Chiron unterdrückte sein dionysisches Erbe, setzte es «in seinem Unterleib gefangen». Nach homöopathischem Prinzip *fällt* das (in die Materie, in

«DER KENTAUR CHIRON LEHRT DEN JUNGEN ACHILLEUS DAS BOGENSCHIESSEN» *(Giuseppe Crespi)*

179

den Körper), was *fehlt*. Es besagt, dass ein dynamisches Prinzip in etwas Materielles metamorphosiert und so auf der Bewusstseinsebene fehlt. Das gesunde Zusammenspiel der Dynamis ist damit gestört. Dadurch entsteht auf der seelisch-geistigen Ebene ein Hunger genau nach dem, womit wir auf der materiellen Ebene überfüttert sind.

Übertragen wir dies auf Chiron (und den Menschen). Er unterdrückt seine dionysischen Qualitäten und sie *fehlen* ihm nun als dynamisches Prinzip. Sie *fallen* in die Materie, was sich symbolisch über seinen Tierkörper ausdrückt. Dieser Körperteil ist verletzt – durch das vergiftete Blut der Hydra, der Schlange. Das griechische Wort *Pharmakon* bedeutet sowohl Gift als auch Heilmittel. Gift ist also auch Arznei, und so gesehen trägt Chiron sein Pharmakon in sich. «Der die Wunde schlug, heilt sie auch!» sagt das Orakel des Apoll. Die Lehre Apollos vergiftete Chiron in gewissem Sinne und bietet ihm zugleich Arznei an. Wie kann diese Arznei für Chiron ausschauen?

Er trägt sie schon in sich, doch er muss das «ins Materielle Abgesackte» wieder in ein dynamisches Prinzip umwandeln. In seinem Fall könnte dies heissen, Schlangengift zu potenzieren (erhöhen). Homöopathie bedeutet «ähnliches Leiden». Sie wählt ihr Heilmittel nach der Ähnlichkeitsanweisung: «Similia similibus curentur!» («Ähnliches werde durch Ähnliches geheilt!»). Chiron muss also die Schlange «erhöhen»; ein unerhöhtes Simile heilt nicht. Erinnern wir uns an die Israeliten, denen Gott die Feuerschlangen schickte. Nur die blieben am Leben, welche zur Schlange auf der Bannerstange aufblickten.[2]

Lilith (die Schlange) ist Pharmakon für Chiron (den verletzten Menschen). Setzen wir Chiron, um einen Prozess anschaulich zu machen, Adam/Mensch gleich. Er hat Lilith verloren. Sie war eigen-sinnig, handelte eigen-mächtig und verliess das Paradies. Adam/Mensch reagierte verletzt; er wertete Lilith ab, verdrängte sie und sie *fiel* aus seinem Bewusstsein. Im Tierkörper – der Schlange – kam sie zurück. Die Schlange half Adam, ebenfalls zu *fallen*. In die Erkenntnis – und doch *fehlt* ihm Lilith als dynamisches Prinzip. Lilith/die Schlange ist aus seinem Bewusstsein gefallen und begegnet ihm als das krankmachend Stoffliche. Meist begegnet er ihr allopathisch, also abwehrend und bekämpfend (mit Amuletten), statt sie zu «erhöhen» und wieder in sein Bewusstsein zu nehmen. Diese Abwehr begründet er, indem er das Bild einer ihn ins Verderben ziehenden Schlange (Lilith) nährt, die ihn im Regress halten will und die für sein Leiden und seine «Vergiftung» verantwortlich ist. So stellt er die Schlange/Lilith ausschliesslich in den Kontext der Grossen Mutter und sieht in ihr nur die allmächtige Vertreterin des Matriarchats. Er bemerkt folgerichtig, dass es nicht Sinn und Zweck sein kann, das Patriarchat wieder durch das Matriarchat zu ersetzen. Es wäre Regress. Und es wäre auch nur ein neuerlicher Positionswechsel im nimmermüden Kampf, wer oben und wer unten ist. Dieser Weg käme einem unerhöhten Simile gleich, und wie wir wissen, heilt dies nicht.

Ich möchte an dieser Stelle bemerken, dass noch viele diesen Blickwinkel mit Adam teilen und Lilith gegenüber einen ähnlichen Standpunkt einnehmen. Für sie ist sie (falls sie überhaupt existieren darf) das «krankmachend Stoffliche», die Vertreterin der Grossen Mutter und damit der Blutopfer. Nicht «erhöht» wird sie auch oftmals so erfahren.

Der heutige Mensch ist bestimmt von der apollonischen Welt. Sein Zugang zum Unbewussten, zu seinem Körper und zu seinen Instinkten ist gestört. Es ist bezeichnend, dass der Mythos von Chiron aus einer Zeit stammt, in der das Patriarchat bereits in seiner Blüte stand. Die Mythen der grossen Göttinnen sind älter und vielleicht kreierte gerade ihr «Fall» den Mythos vom verletzten Chiron. Doch – Chiron ist auch Heiler. Er ist Schlüssel-Figur für den Menschen; er ist Sinnbild für Pharmakon, für Gift und Heilmittel. Er ist Repräsentant für dionysisches und apollonisches Bewusstsein, welches er nicht im Gleichgewicht halten konnte. Das Dionysische wurde unterdrückt – das ist seine Wunde. Indem er seine Sterblichkeit fand (akzeptierte), hat er die Schlange (und ihre Werte) «erhöht» und wurde so heil. Chiron ist Vision für den Menschen, repräsentiert neues Bewusstsein. Wir assoziieren mit ihm auch holistisches Denken.

Interessant ist, dass sowohl Chiron als auch Lilith in unserer Zeit eine besondere Aktualität erfahren. Beide sind Repräsentanten dionysischer Qualitäten; Chiron unterdrückte sie, Lilith verkörpert das Unterdrückte. Doch beide wollen vermitteln; Lilith nicht nur zwischen den Geschlechtern, sondern auch zwischen dem Oben und Unten; Chiron zwischen dem «Höheren» und dem «Niederen». Beide sind Repräsentanten der Vertikalen. Chiron ist Schlüssel, symbolisierte Wunde des Menschen; er erinnert an Adam/Mensch. Und er ist Brücke, genauso wie Lilith. Sie symbolisiert das Dämonisierte, das Ausgestossene des Menschen, Verlorengegangenes. Auch sie ist Schlüssel. Chiron und Lilith sind Ähnliches, Simile.

Dieses kleine Wortspiel mag nahebringen, warum Themen um Lilith und Chiron im Horoskop so *ähnlich* sind. Wo wir Chiron und den Schwarzen Mond im Horoskop haben, leiden wir auch manchmal *ähnlich*. Hier haben wir wunde Punkte, blinde Flecken. Lilith wird oftmals mit dem Unterkörper einer Schlange dargestellt, Chiron mit dem eines Pferdes. Das Pferd ist nicht nur Symbol für ungezügelte Vitalität und wilde, freie Sexualität (genau wie die Schlange), es ist auch Psychopompos. Dies zeigt, dass Chiron und auch Lilith Seelengeleiter sind. Die Symbolik des Pferdes führt uns zum Schamanismus, die Symbolik der Schlange ebenfalls. Es ist interessant, dass ich bei meinen Studien zu Lilith lange in Eliades Buch *Schamanismus und archaische Ekstasetechnik* vertieft war, da ich die Absicht hatte, Lilith über den Schamanismus begreiflicher zu machen. Kurze Zeit darauf entdeckte ich, dass Melanie Reinhart denselben Weg gegangen ist, um Chiron näherzubringen. Das *Ähnliche* liess uns anscheinend zum gleichen Mittler-Bild (Mittelbild?) greifen.

Ich hoffe, dass aus dem bisher Gesagten nicht nur das Ähnliche, sondern auch der Unterschied zwischen Lilith und Chiron anschaulich wird. Sie korrespondieren jedenfalls in einem Themenkreis, und ihre gleichzeitige Popularität mag Symbol dafür sein, welchen Bewusstseinsschritt der Mensch machen könnte (möchte). Beide sind Initiatoren und konfrontieren uns mit ähnlichen Inhalten, auch wenn sie aus verschiedenen Perspektiven aktualisiert werden.

Die Achse des Schwarzen Mondes und die Mondknotenachse

Den aufsteigenden Mondknoten, oder Nordknoten, bezeichnen wir als Drachenkopf, den absteigenden, auch Südknoten genannt, als Drachenschwanz. Der Drache steht für Unbewusstes und für Schatten. Wir können auch Lilith vom Bild des Drachen nicht trennen. Auf der Mondknotenachse blühen demnach, genau wie auf der Achse des Schwarzen Mondes, die Schattenspiele. Der absteigende Mondknoten symbolisiert unsere Vergangenheitsprägung; an ihm können wir ablesen, durch welche Verhaltensmuster wir besonders konditioniert und damit auch gefesselt sind. Solange wir uns den Aufgaben des aufsteigenden Mondknotens nicht zuwenden, leben wir die Themen des absteigenden Mondknotens mehr und mehr zwanghaft. Erst wenn wir uns den Herausforderungen gestellt haben, die am aufsteigenden Mondknoten auf uns warten, können wir zum absteigenden heimkehren, können wir mit einem neuen Bewusstsein das Altvertraute leben. Es wird nicht mehr das Gleiche sein; wir werden es/uns freier erleben.

Wie schon im Kapitel «Die Achse» erwähnt, haben wir dort, wo die Achse des Schwarzen Mondes liegt, unseren individuellen Paradiesbaum, unsere Möglichkeit zur Kosmogonie. Hier können wir Welt immer wieder neu erstehen lassen. Auf dieser Achse wiederholen wir ständig den Weg der Schlange; wir verstricken uns, kreieren Dämonen. Wenn wir uns entstricken, finden wir hier Zugang zu enorm schöpferischem Potential. In diesen Bereichen werden wir Weltkünstler (-meister). Doch zuvor gilt es, sich mit Lilith und Dionysos auseinanderzusetzen und ihre Kräfte in dem speziell angezeigten Themenbereich in Fluss zu bringen.

Sowohl die Mondknotenachse als auch die Achse des Schwarzen Mondes symbolisieren Entwicklungswege. Fallen die beiden zusammen, zeigt dies eine markante Lern- bzw. Lebensaufgabe. Der Paradiesbaum ist sozusagen ein gewaltiger, uralter Eukalyptusbaum.

Steht Lilith am absteigenden Mondknoten, zeigt sie sich vorerst meist im matriarchalen Kontext. Menschen mit dieser Stellung erleben Frauen häufig ungeheuer dominant. Meist trägt die Familie matriarchale Züge; Mütter, Grossmütter und Tanten werden allmächtig erlebt und selbst im religiösen Bereich tritt die Jungfrau Maria stark in den Vordergrund. Frauen mit dieser Stellung greifen diese Bilder früh auf und verkörpern sie selbst. Oder sie projizieren sie und leiden häufig unter einer übermächtigen Geschlechtsgenossin. Männer mit dieser Stellung suchen die Welt der Frauen, bewundern sie und fürchten sie zugleich (vgl. «Rufus» im Kapitel «Fallbeispiele»). Sie sind von ihren Werten stark bestimmt und hören auch häufig auf ihren Rat. Einige sind in ihrer geschlechtlichen Identität verunsichert; wie schon erwähnt, haben Transvestiten oder Transsexuelle häufig diese Stellung.

Solange sich Menschen mit Lilith am absteigenden Mondknoten den Themen des Nordknotens bzw. den Inhalten von Priapos/Dionysos nicht zuwenden, wird ihr Leben mehr und mehr fremdbestimmt. Es entsteht eine eigentümliche Ambivalenz. Einerseits beherrscht «die Form des Weiblichen» ihr Leben, andererseits liegen «die Inhalte des Weiblichen» im Visavis gefangen. Das Weibliche wird pervertiert erlebt, wird zur «gefangensetzenden Hexe». Der Käfig steht am Südknoten, und so ist es auch schwierig, überhaupt an den Ort zu kommen, wo die Aufgaben des Nordknotens warten. Dies führt häufig zu einer Krise (hoffentlich!), die die Entwicklung wieder vorantreibt.

Angenommen, die Aufgaben des Nordknotens werden in Angriff genommen und die dionysische Energie befreit und integriert (wobei das eine das andere unterstützen kann). In diesem Fall wird mit Lilith am absteigenden Mondknoten eine ungeheuer magische Potenz frei. Diese Stellung zeugt von grossem schöpferischem Potential, altes und gegenwärtiges Bewusstsein können (speziell im angezeigten Themenbereich) neues Bewusstsein zeugen.

Dazu ein Beispiel: Eine Gruppe hat sich zusammengetan; sie haben das Ziel, holistisches Gedankengut in die konkrete Welt zu bringen. Sie gründeten einen Verein und machten später das Horoskop auf den Gründungszeitpunkt. In diesem Horoskop steht Lilith am absteigenden Mondknoten im zwölften Haus. Bei dieser Stellung ist die Gefahr gross, sich in Wunschträumen zu verlieren. Genauso gross ist die Gefahr, dass die Grosse Göttin zur «spirituellen Glucke» wird, die sie im «kosmischen Wolkenheim» gefangensetzt. Es könnte sein, dass die Gruppe scheitert, wenn sie es nicht schafft, «das Dionysische im Alltag» zu (be)leben. Was könnte das sein? Die Freude am Pragmatischen zu entdecken? Das ist ein bisschen viel auf einmal. Aber eine gute Idee! Dionysos verkörpert nicht die Welt der Ideen. Er will gelebt, geliebt, gerochen, geschmeckt, gefühlt und getanzt werden. In diesem Fall – *ganz alltäglich*. Sollten die Gruppenteilnehmer es schaffen, das in den Alltag zu bringen, wozu gehört, dass sie Lebendigkeit authentisch verkörpern, hat die Verwirklichung ihres Anliegens grosse Chancen. Ich wünsche ihnen viel Glück!

Steht Lilith am aufsteigenden Mondknoten und liegt der priapeische Aspekt am absteigenden, besteht oft eine starke Neigung zu sinnlicher Bequemlichkeit. Der verzerrte Dionysos ist ein Bacchus, der sich in Ausschweifungen und im Rausch verliert. Es besteht eine starke Suchttendenz, nicht zuletzt basierend auf einer massiven Abwertung des sogenannten Weiblichen. Hier wird die Auseinandersetzung mit den Inhalten der Grossen Göttin, mit Sein und Spiritualität, befreiend wirken. Aus dem getriebenen Bacchus wird so wieder ein kreativer Dionysos.

Auch wenn im Radix-Horoskop Lilith nicht auf der Mondknotenachse steht, treffen sich die beiden bei zeitlichen Auslösungen. Zwei Welten fallen zusammen, vereinen sich und lösen sich wieder. Joëlle de Gravelaine bezeichnet das als «eine Zeit, in der wir den gordischen Knoten durchschlagen können». Wir können Lösungen finden, manchmal auch radikale. Viele Menschen schaffen es, sich in dieser Zeit von etwas trennen zu können, woran sie längst nur mehr qualvoll hängen. Sei es eine Beziehung, die plötzlich aufgelöst werden kann, oder sei es das Leben. Ich kenne zwei Frauen, die unter furchtbaren Krankheiten litten und sich sehnlichst den Tod wünschten. Beide konnten sterben, als Lilith mit der Mondknotenachse zusammenfiel. Es scheint, als könnten wir beim Treffen dieser Achsen die Ebene wechseln, sozusagen umsteigen. Ein weiteres Bild hierzu ist das Spiel der zwei Ringe, die geschlossen ineinander liegen. Einer hängt im anderen. Es gibt einen Punkt, wo die Ringe voneinander gelöst bzw. getrennt werden können. Und beide bleiben ganz. Übertragen wir das auf die beiden Achsen, so scheint es, als würde ihr Treffen kurzzeitig ein Tor zwischen den Welten öffnen. Es kann jemand geboren werden, in welche Welt auch immer. Und in welches Bewusstsein auch immer.

Die Spiegel der Lilith

Wie die Sonne bringt der Spiegel die Wahrheit an den Tag.
Lilith ist Spiegel!

Wir haben gesagt, dass auch Spiegel als Amulett gebraucht werden. Der Blick in den Spiegel bannt, nennt «bildhaft beim Namen». Beim Namen nennen entzaubert und macht «die Geister» dienstbar.

Zwischen dem sechsten und achten Monat begegnet das Kleinkind zum erstenmal seinem Spiegelbild (Lacan). In der ersten Phase meint das Kind, das Bild sei Wirklichkeit. In der nächsten wird ihm bewusst, dass es sich um ein Bild handelt. In der dritten Phase begreift es, dass es sein eigenes Bild vor sich hat. Einem Buschmann ausserhalb der Zivilisation würde es nicht anders ergehen. Für uns erscheint der Umgang mit dem Spiegel selbstverständlich und es stellt sich die Frage: «Wie haben wir uns betrachten können vor der Erfindung des Spiegelglases?» Im Wasser, wie uns Narziss zeigt, und auch er brauchte einige Zeit, bis ihm bewusst wurde, dass er es war, in den er sich unsterblich verliebt hatte. Das Wasser hat auch nicht die Klarheit des Spiegelglases, es reflektiert im wahrsten Sinne des Wortes verwässert.

Ein Spiegel ist eine Prothese. Das Spiegelbild interpretiert nicht. Der Spiegel sagt die Wahrheit auf unmenschliche Weise; vor ihm verlieren wir unsere Illusionen. *«Das Gehirn interpretiert die Daten der Netzhaut, der Spiegel interpretiert die Objekte nicht»*, schreibt Umberto Eco.

Warum dieser kleine Exkurs?

Angenommen ein Mensch spiegelt uns eine Eigenschaft, wird für uns Spiegel. Vielleicht benehmen wir uns anfangs wie das Kleinkind oder der Buschmann. Wir erkennen uns nicht. Um den Spiegel gebrauchen zu können, müssen wir wissen, dass wir einen vor uns haben. Weiters: Der, der sich im Spiegel sieht, kann nicht abwesend sein. Und: Der Spiegel zeigt, ohne zu werten; wir interpretieren das, was wir in ihm sehen. Wiederholen wir: Was wir im Spiegel sehen, kann nicht abwesend sein. Was wir am anderen (im Spiegelbild) erkennen, tragen wir also auch in uns.

Sie werden sich vielleicht wundern, warum wir uns derartig ausholend einer einfachen Projektion zuwenden. Ganz einfach, weil die «Spiegelspiele» blühen, wo wir die Achse des Schwarzen Mondes im Horoskop haben. Bei Lilith-Auslösungen stehen wir oft vor einer Situation oder vor einem Menschen, die den Blick in den Spiegel dringlich machen. Vielleicht stehen wir davor wie der Buschmann. Oder wir drehen den Spiegel um und verwenden ihn als Amulett, nach dem Motto: «Hinaus mit Lilith!» Vielleicht haben wir Angst, weil wir in einen Zerrspiegel schauen, das heisst, die Situation ist so kurios, überdimensional, irreal und deformiert, dass wir uns nicht klar erkennen können. Der Spiegel erscheint als ein Lügner, wir sind in unserem Narzissmus gestört. Im Klartext, Narziss kann sich hier schwer verlieben. Dieser Zerrspiegel könnte uns jedoch initiieren, unser «wahres» Spiegelbild zu suchen, könnte uns ermuntern, Inhalte aus der Zerrform zu lösen.

Eine weitere Perspektive scheint wichtig. Ein Spiegelbild ist «seitenverkehrt» bzw. symmetrisch verkehrt. Eco dazu: *Diese Meinung* [dass der Spiegel die Rechte statt der Linken und umgekehrt reiche] *ist so tief eingewurzelt, dass man auch gesagt*

«DIE SCHLANGE» *(Max Klinger)*

hat, Spiegel hätten die kuriose Eigenschaft, rechts und links zu vertauschen, aber nicht oben und unten. Doch weiter: *Würden wir statt an vertikale Spiegel gewöhnt zu sein, öfter Spiegel horizontal an der Decke anbringen, wie es die Libertins gerne tun, so könnten wir uns davon überzeugen, dass Spiegel sehr wohl auch oben und unten vertauschen, um uns eine kopfstehende Welt zu zeigen.* Er führt weiter aus, dass vertikale Spiegel natürlich keineswegs die Seiten verkehren, sondern rechts und links genau dort zeigen, wo rechts und links ist. Was könnte dies bedeuten?

Vertikale Spiegel verkehren keineswegs die Seiten, sondern zeigen rechts und links genau dort, wo rechts und links ist. Um das zu erkennen, müssten wir uns im Spiegel befinden, müssten wir in ihn eindringen. Vor dem Spiegel täuschen wir uns. Doch wer will schon in den Spiegel eindringen, um die Täuschung aufzuheben, um sich zu ent-täuschen. Der Mensch findet kaum etwas so schmerzhaft wie den Verlust seiner Illusionen; Enttäuschungen haben niedrigen Kurswert. Bei einer Lilith-Auslösung haben wir jedoch Illusionen zu opfern.

Nehmen wir an, wir treffen in dieser Zeit einen Menschen, der uns Spiegel ist. Vielleicht sehen wir uns in diesem Spiegel als Opfer und den anderen als Täter. Würden wir nun in den Spiegel (das Thema) hineintreten, könnten wir eine Umkehr erfahren. Oder wir erleben uns als Täter und Opfer gleichzeitig. Das Opfer entdeckt den Aggressor in sich, während der Aggressor das Opfer in seiner Seele entdeckt.

Diesen Prozess können wir auch Integration von Schatten nennen. Für unsere «blinden Flecken» brauchen wir jedoch einen Spiegel, und ich bediene mich auch hier der «Spiegelspiele», um «Schattenspiele» plastischer zu zeigen. Lilith ist Spiegel. Schattenthemen können wir bei jedem Prinzip vorfinden; jeder Faktor im Horoskop beinhaltet Qualitäten, die wir unterdrücken, knechten und verzerren können. Wenn Lilith diese Punkte überschreitet, spiegelt sie, *was ist.* Es ist sehr hilfreich, mit dieser Perspektive einer Auslösung entgegenzusehen, den Blick für den «auftauchenden Spiegel» zu schärfen.

Zeitliche Auslösungen

UM WELCHE ZEITEN GEHT ES HIER?

☞ Zeiten, in denen der laufende Schwarze Mond über den Schwarzen Mond im Radixhoroskop transitiert bzw. einen Aspekt zu ihm bildet.

☞ Zeiten, in denen der laufende Schwarze Mond einen Aspekt zu Planeten und zu den Hauptachsen bildet.

☞ Zeiten, in denen laufende Planeten einen Aspekt zum Schwarzen Mond im Radixhoroskop bilden.

☞ Zeiten, in denen die Mondknotenachse mit der Achse des Schwarzen Mondes zusammenfällt und umgekehrt.

Ich persönlich beachte Transite von oder über Lilith, beachte auch die Progressionen und nehme den Schwarzen Mond auch als Deutungshilfe beim Solar dazu.

Der Schwarze Mond transitiert durch die Häuser

Der Transit des laufenden Schwarzen Mondes durch ein Haus ist sehr wichtig, da das Thema des Hauses bzw. des Hauses vis-à-vis, also die ganze Achse, aktiviert wird. Sie können dabei Erfahrungen machen, die mit solchen, wie sie im Kapitel «Der Schwarze Mond in den Häusern» angeführt sind, korrespondieren. Unabhängig davon, wo der Schwarze Mond im Radix steht – der *laufende* Schwarze Mond sensibilisiert und fokussiert die Themen der Häuser, die er durchwandert. Dieser Themenkreis wird zur Lernaufgabe, der Dialog auf der Achse aktiviert. Es kann also sein, dass bei laufendem Schwarzen Mond durch das fünfte Haus eine «illegale» Schwangerschaft entsteht, die Samenleiter unterbrochen werden (die Zeugung geopfert wird).

Sie sammeln hier Erfahrungen, die der Grundthematik des Radix-Schwarzen Mondes scheinbar gar nicht entsprechen; und doch ist es wichtig, die Deutungen vor dem Hintergrund der Radix-Stellung zu machen.

Es kann auch sein, dass der Dialog von Forderung und Weigerung, der bei Lilith häufig auftritt, im Themenkreis beider Häuser stattfindet. Ein Beispiel: Der Schwarze Mond transitiert das elfte Haus einer Frau. Sie hat ein Liebeserlebnis mit einem Mann aus dem Freundeskreis und glaubt, schwanger geworden zu sein. Er weigert sich, die Vaterschaft anzuerkennen. Letztendlich stellt sich heraus, dass sie nicht schwanger ist; die Freundschaft ist für immer zerstört.

Der Schwarze Mond transitiert über Planeten und umgekehrt

Lilith-Auslösungen werden manchmal sehr massiv und manchmal kaum wahrgenommen. Wenn wir uns an den Spiegel erinnern, wird dies verständlich. Richten wir diesen Spiegel nun auf einen Planeten. Angenommen wir haben ein grosses Problem mit Mondthemen, so kann es sein, «dass der Blick des Mondes in den Spiegel» desillusionierend und schmerzhaft ist. In dieser Zeit tritt die Thematik in den Fokus und zeigt, wo wir stehen. Es kann sein, dass wir in dieser Zeit mit einer Frau grosse Probleme haben, einen Verlust in der Familie haben, oder dass «ein verletzter Unterleib» uns zwingt, sich mit ihm auseinanderzusetzen. Es kann aber auch sein, dass ein Kind uns zwingt, eine Illusion fallen zu lassen.

Nehmen wir an, der Schwarze Mond kontaktiert unsere Venus. Wenn unsere Beziehung schal und steril geworden ist, kann es sein, dass der Beziehung nun «die Stunde der Wahrheit schlägt». Ist unsere Beziehung jedoch lebendig, blicken wir in dieser Zeit in einen wunderbaren Spiegel. Wenn wir fähig sind, ein Prinzip zu beseelen und zu gestalten und Lilith tritt damit in Kontakt, können wir Grenzen überschreiten.

Haben wir mit einer Qualität wenig Probleme, werden wir den Blick in den Spiegel nicht besonders aufregend erleben. Lilith erfahren wir dort drastisch und krisenreich, wo uns aus unserem «blinden Eck ein Teufelchen entgegenspringt». Lilith ist nur dort Dämon, wo wir unsere Lebenskraft unterdrücken und nicht fähig sind, auf konstruktive Weise mit ihr umzugehen. Lilith ist jedoch Führerin, wenn wir ihr auf halbem Weg zum Leben entgegeneilen.

Wenden wir uns nun folgendem Thema zu. Angenommen Sie haben Mühe mit Marsqualitäten und unterdrücken diese Energie. Sie können vielleicht nicht «nein» sagen oder nehmen gar nicht wahr, wenn Sie wütend sind. Transitiert nun der laufende Mars Lilith, kann es sein, dass Sie ungewöhnlich aggressive Träume haben, dass Sie von der Vehemenz Ihrer inneren Bilder geradezu überflutet werden. Der Aggressor in Ihrer Seele meldet sich an diesen Tagen zu Wort, will auftauchen. Generell drängen bei transitierenden Planeten über den Schwarzen Mond unsere Dämonen an die Oberfläche. Sei es über eine leidenschaftliche Liebesnacht oder über einen Hautausschlag an unserem Geschlecht (Venus über Lilith).

Die langsam laufenden Planeten über den Schwarzen Mond signalisieren eine Zeit bedeutender Umstellungen. Ich werde einige Beobachtungen zu Saturn/Uranus/Neptun/Pluto anführen, möchte jedoch auch auf die dazugehörigen Kapitel (Zeichen/Planeten) verweisen. Häufig werden Erfahrungen gemacht, die stark mit diesen Themenkreisen korrespondieren.

SATURN/SCHWARZER MOND
Zeit des Abschiednehmens; Auseinandersetzung mit Körperlichkeit, Vergänglichkeit und Sterblichkeit; Verlust; Trennungen; Trauerprozesse; Einsamkeit; Verrat; Desillusionierungen; Sündenböcke werden kreiert oder kehren heim; der Blick in

den Spiegel ist glasklar; zwingt oft in das Pragmatische; Überforderungen werden abgeschüttelt; Zeit grosser Tiefe und Klarheit; Vergebung und Versöhnung.

URANUS / SCHWARZER MOND
Zeit der Auflehnung; starkes Freiheitsbedürfnis; Einengung wird kaum mehr ertragen; radikale Umstellungen; ein Gefälle in Beziehungen will ausgeglichen werden, doch oft Unfähigkeit, den anderen zu erreichen; Seitensprünge; Trennungen (manchmal fluchtartig); Auseinandersetzung mit (der eigenen) Kälte; initiative Begegnungen; blitzartige Erkenntnisse; «Kanäle» werden freigelegt; Intuition wächst.

NEPTUN / SCHWARZER MOND
Zeit der Täuschungen und Enttäuschungen; Verlust; Betrug; «schwarze Geschäfte»; Heimlichkeiten werden in die Welt gesetzt, die oft lebenslang beherrschend sind (Schleier); Geheimnisse werden gelüftet; Zeit grosser Durchlässigkeit; psychotische Zustände; überschreitende Erfahrungen; spirituelle Erlebnisse; Wahrträume; Phasen der Hellsichtigkeit; Einstieg in metaphysische Systeme.

PLUTO / SCHWARZER MOND
Zeit tiefer Wandlung; machtvolle Energien werden frei; verdrängte Wesenszüge kommen an uns zum Vorschein; blinde Flecken drängen ans Licht; Verstrickung in Machtspiele; Auseinandersetzung mit Leben und Tod; Krisen; tiefe Erkenntnisse; begünstigt Forschungen; Zugang zu magischer Dimension.

Das Urteil

Erinnern wir uns, was im Kapitel «Der Schwarze Mond in Skorpion oder im Aspekt zu Pluto» über das «Urteil» festgehalten wurde. Wir gebrauchen dieses Wort nicht nur um einen Richterspruch zu benennen, sondern wir setzen es auch ein, wenn wir erkennen, also urteilsfähig werden. Betrachten wir mit diesem Hintergrund Auslösungen des Schwarzen Mondes. Er löst exakt aus. Wir erleben dies häufig als Urteil – in welchem Sinn auch immer. Wird eine Lernaufgabe, welche durch einen aktuellen Transit angezeigt ist, vor sich hergeschoben, werden Entscheidungen fällig, wenn Lilith dazutritt. Sie drängt dazu.

Ein Beispiel: Eine Frau hatte längere Zeit den transitierenden Pluto auf ihrem Mond. Sie fühlte sich wie in einer Kompression; vermeintlich längst bewältigte Familiensituationen wurden wieder aktiviert. Sie wich ihrer Familie aus. Als Lilith in Opposition zu ihrem Mond stand, starb ihre Grossmutter. Beim Begräbnis war sie gezwungen, der restlichen Familie zu begegnen, und diese Begegnung wurde zur Basis für neue Gespräche. Sie stellte sich und fand nach und nach neue Wege.

Ein weiteres Beispiel: Ein Mann hatte einen Transit von Neptun über seinen Merkur, ohne bemerkenswerte Ereignisse. Als Neptun rückläufig wurde und das zweitemal über seinen Merkur ging, unterschrieb er einen Vertrag, der ein «phantastisches Geschäft» (wörtlich zitiert) besiegelte. Bei Vertragsabschluss stand der

Schwarze Mond ebenfalls exakt auf seinem Merkur. Ungefähr zwei Jahre später platzte die Bombe und der Vertragspartner wurde als Schwätzer und Betrüger entlarvt. Dies geschah exakt zu dem Zeitpunkt, als der Schwarze Mond im Quadrat zu seinem Merkur stand.

Diese Beispiele zeigen, dass der Schwarze Mond an die Sichtbarkeit bringt, was seit längerem schwelt. Er liefert sozusagen das dazugehörige Ereignis zu einer Thematik. Ich habe häufig beobachtet, dass bei mehrmaligen Übergängen von langsam transitierenden Planeten über andere immer dann ein Vorfall oder ein Geschehen eintrat, wenn Lilith ebenfalls mit dem transitierten Planeten in Kontakt trat. Hier überbrachte sie das Urteil.

Der Quinkunx-Aspekt

Der Quinkunx verbindet verschiedene Polaritäten und Elemente, gilt als Verbindung von «Fremdheiten» und als Sehnsuchtsaspekt. Die Thematik der verbundenen Qualitäten ist schwierig ins Bewusstsein zu heben, bleibt manchmal lange im «toten Winkel». Wiederholungszwänge sind so vorprogrammiert. Genauso Unzufriedenheit. Und doch sehnen sich hier «zwei zueinander». Vielleicht lebenslang! Schaffen sie es doch, zusammenzukommen, so gilt der Quinkunx als Kreativitätsaspekt. Erinnert all dies nicht an Lilith?

Ich empfehle, Zeiten zu studieren, in denen jeweils Lilith in Quinkunx zu Lilith stand. Nicht immer gleich offensichtlich findet sich hier letztlich oft ein roter Faden, reihen sich Ereignisse aneinander, deren Gemeinsamkeit ein «toter Winkel», ein «blinder Fleck» ist.

Ein Beispiel: Eine Frau litt sehr unter ihren betrügerischen Partnern und konnte sich nicht erklären, woher diese Affinität für unehrliche Männer kam. Sie selbst hielt sich für die «Inkarnation der Aufrichtigkeit», für absolut loyal und korrekt. Zu den Zeiten befragt, in denen Lilith durch ein Quinkunx den Schwarzen Mond auslöste, fand sie vorerst keine besonderen Ereignisse. Auf ein bestimmtes Datum angesprochen, schoss ihr das Blut in den Kopf. Sie hatte damals einen Diebstahl begangen und total verdrängt.

Nachdem sie diese Tatsache nach und nach zulassen konnte, schauten wir die verschiedenen Daten noch einmal aus dieser Perspektive an. Wir fanden beinahe jedesmal eine Unkorrektheit, meist Diebstahl, der an ihr begangen wurde oder den sie beging. Wir verfolgten diesen roten Faden zurück bis in ihre Kindheit, wo ihr plötzlich wieder einfiel, dass sie ihrer Mutter manchmal heimlich Geld aus der Börse entwendet hatte. Dieses wiedergefundene Wissen erschütterte und erleichterte sie zugleich. So sehr es sie schmerzte, war sie doch auch froh, sich als Täterin in einem Thema zu erkennen, in dem sie sich bisher nur als Opfer wahrgenommen hatte. Mit dieser Perspektive begann sie eine Therapie.

Die Geschichte dieser Frau zeigt eine Möglichkeit auf, mit Lilith zu arbeiten. Das ist natürlich nicht auf den Quinkunx beschränkt, und doch möchte ich anregen, diesen Aspekt bei den Forschungen dazuzunehmen.

Orbis

Ich verwende im Radixhoroskop für den Schwarzen Mond denselben Orbis wie für Pluto. Bei Auslösungen von dem laufenden Schwarzen Mond zu einem Planeten oder zu einer Achse halte ich den Orbis sehr eng. Lilith löst sehr punktuell aus, fast gradgenau. Bei einer Konjunktion von zwei Planeten, zu denen der laufende Schwarze Mond einen Aspekt bildet, ist neben den exakten Graden der Mittelwert ein markanter Punkt. Letztendlich sind Vorgaben immer limitierend. Experimentieren Sie!

Ich möchte noch eine Anregung durch folgendes Beispiel geben. Eine Frau erfuhr von der lebensbedrohlichen Krankheit ihres Vaters, als der laufende Saturn exakt im Quadrat zu ihrem Schwarzen Mond stand. Eine Zeit des Abschiednehmens folgte. Ihr Vater starb sechs Wochen später, als der laufende Saturn exakt im Quadrat zu ihrem progressiven Schwarzen Mond stand. Der Bereich zwischen Schwarzem Mond und progressivem Schwarzen Mond ist sehr wichtig, speziell wenn Langsamläufer hierzu Aspekte bilden.

Erfahrungen bei Auslösungen

Schwangerschaft und Geburt

☞ Geburt
☞ Fehlgeburten
☞ Abtreibungen
☞ «scheinbare» Schwangerschaft
☞ schwanger vom Liebhaber
☞ Geheimnis um Vaterschaft

«Scheinbare» Schwangerschaft können wir auch vermutete Schwangerschaft nennen, das heisst die Mutter glaubt, schwanger zu sein, ist es jedoch nicht. Die Annahme zwingt jedoch das Paar in eine Auseinandersetzung, wie es die Beziehung weiterhin definieren will. Oft wird einem oder beiden eine Verbindlichkeit abverlangt, der aus dem Weg gegangen wird, und so kommt die Beziehung in eine Krise. Eine Frau erfuhr in so einer Situation, dass der Mann nicht bereit war, zu ihr zu stehen, worauf sie sich mit dem Gedanken trug, abzutreiben. Die Problematik war so prägend für sie, dass sie auch keine Erleichterung verspürte, als sie feststellte, dass sie nicht schwanger war. Sie verliess ihn.

Ein weiteres Beispiel liefert ein Mann, der ein Verhältnis mit einer verheirateten Frau hatte. Sie vermutete, von ihrem Liebhaber schwanger zu sein, sagte ihm jedoch eindeutig, dass das für sie kein Grund sei, ihren Mann zu verlassen. Als sich herausstellte, dass sie nicht schwanger war, beendete er das Verhältnis. Ihm war klar geworden, dass sie nie zu ihm kommen würde, wenn sie sogar mit seinem Kind bei dem anderen Mann geblieben wäre.

Die vermuteten Schwangerschaften während Lilith-Auslösungen sind also Initiation, Beziehungen zu klären. Genauso zwingen sie oft in eine Auseinandersetzung mit dem Thema «Leben und Tod», mit Abtreibung. Hier fallen manchmal die grossen «Niemals-Sätze» in sich zusammen.

Partnerschaft und Sexualität

☞ Beginn einer Beziehung: mit starker Intensität
☞ Ende einer Beziehung: oft abrupt
☞ Krisen
☞ Seitensprünge, die initiieren
☞ wichtige Begegnungen, die initiieren
☞ freiwillige oder unfreiwillige sexuelle Enthaltsamkeit
☞ initiative sexuelle Erlebnisse
☞ sexuelle Übergriffe

Körper und Gesundheit

☞ Operationen
☞ Entfernung von Organen bzw. Körperteilen
☞ Unterleibsbeschwerden
☞ Sterilisation
☞ massive Menstruationsprobleme
☞ Einsetzen der Menses
☞ Einsetzen des Klimakteriums
☞ Geschlechtskrankheiten
☞ Körperverletzung über Schnittwunden, «Initiationsrituale»
☞ Verstümmelungen
☞ Tätowierungen
☞ Beginn einer Hochpotenzbehandlung
☞ Krankheiten, die Wandlungen initiieren[*]

[*] *Solange meine Krankheit nicht mein Bild von mir selbst, meinen Mythos von mir selbst verändert, habe ich aus dem Trauma der Krankheit nicht die Chance für neue Einblicke in mich selbst und meine Möglichkeiten der Selbstverwirklichung im Leben herausgefiltert. Und ich werde nichts erlangen, was man zu Recht als «Heilung» bezeichnen könnte.*
ROLLO MAY

Wandel, Verlust, Krise und Erneuerung

☞ Selbstmord bzw. Versuche oder Absichten oder Auseinandersetzung damit
☞ Mordgedanken
☞ Tod oder Auseinandersetzung damit
☞ Träume von Tod, Selbstmord, Mord
☞ lebensbedrohliche Situationen, welche wandeln

☞ Depressionen

☞ psychotische Zustände

☞ Halluzinationen

☞ Beginn einer bzw. Durchbruch in einer Therapie

«Schwarze Transaktionen»

☞ Diebstahl

☞ Schmuggel

☞ Betrug

☞ Verleumdungskampagnen

☞ illegale Handlungen

☞ Konkurse, finanzielle Zusammenbrüche

☞ Verlust der Ehre

Überschreitungen

☞ Reisen, die initiieren und erweitern

☞ initiative Träume

☞ prophetische Träume

☞ Phasen der Hellsichtigkeit

☞ Wiederfinden von verlorenem Wissen

☞ spirituelle Erlebnisse bzw.

☞ transpersonale Erfahrungen (oft über Sexualität)

Ereignis-Telegramme

Diese «Ereignis-Telegramme» können als Anregung dienen; sie können den Blick schärfen für Ereignisse, die unter Lilith-Auslösungen stattfinden.

☞ MÄNNLICH, SCHWARZER MOND IN SCHÜTZE, 5. HAUS
Transit Neptun über Lilith
Er machte Urlaub in Australien und schlief im Wasser auf dem Surfbrett ein. Er trieb mit der Flut aufs Meer hinaus, soweit, dass keiner mehr seine Rufe hörte; er dachte, er würde sterben und setzte sich essentiell mit seinem Leben und seinen Werten auseinander. Er wurde schliesslich doch gerettet. Dieses Ereignis vertiefte sein Leben.

☞ MÄNNLICH, SCHWARZER MOND IN WIDDER, 5. HAUS
Transit Lilith über Lilith
Er liess sich die Samenleiter durchtrennen, da er kein Kind mehr wollte. Er mutete seiner Frau nicht zu, weiterhin die Pille zu schlucken.

☞ MÄNNLICH, SCHWARZER MOND IN STIER, 8. HAUS
Transit Lilith durch sein 5. Haus

Er liess sich die Samenleiter durchtrennen, da er kein Kind mehr wollte. In dieser Zeit kündigte ihm seine Frau das Ende ihrer gemeinsamen sexuellen Beziehung an.

☞ MÄNNLICH, SCHWARZER MOND IN FISCHE, 9. HAUS
Transit Lilith über Lilith
Bei einem Seminar «Fasten, Schweigen, Meditieren» hatte er eine tiefe transpersonale Erfahrung. Er absolvierte dieses Seminar jedes Jahr, doch dieses Gipfelerlebnis war einmalig und fiel exakt mit dem Transit zusammen.

☞ WEIBLICH, SCHWARZER MOND IN WASSERMANN, 9. HAUS
Transit Lilith über Neptun im 4. Haus
Sie zog aus ihrem Elternhaus aus; sie war erst vierzehn Jahre alt. Die Lehrstelle, die sie antrat, war fast eine Tagesreise von ihrer Heimat entfernt. Sie glaubte, sie müsse vor Heimweh sterben.

☞ WEIBLICH, SCHWARZER MOND IN FISCHE, 8. HAUS
Transit Lilith über Lilith
Sie begann ein Verhältnis mit der Leiterin einer esoterischen Gruppe. Nach abrupter Beendigung dieser Beziehung durch die Lehrerin unternahm sie einen Selbstmordversuch.

☞ WEIBLICH, SCHWARZER MOND IN SKORPION, 7. HAUS
Transit Pluto über Lilith
Bei minutengenauem Übergang nahm sie eine Hochpotenz (Lachesis); als Erstverschlimmerung hatte sie eine Woche lang schneidende Halsschmerzen; sie hatte dazu Bilder und Träume, dass ein Messer ihr den Kopf vom Rumpf trenne.

☞ MÄNNLICH, SCHWARZER MOND IN SKORPION, 12. HAUS
Transit Mondknoten über Lilith und gleichzeitig Transit Lilith über den Deszendenten
Er lernte eine Frau kennen, die ihn mindestens so anzog wie abstiess. Sie faszinierte ihn und war ihm fremd. Sie eröffnete ihm ein spirituelles Weltbild. So schnell wie sie kam, war sie weg. Das Weltbild hat er noch heute.

☞ MÄNNLICH, SCHWARZER MOND IN LÖWE, 10. HAUS
Transit Lilith durch 8. Haus, Quadrat Lilith
Er hatte eine Steuerfahndung und wurde diverser Vergehen überführt. Er wurde angeklagt, verlor viel Vermögen und öffentliches Ansehen.

☞ MÄNNLICH, SCHWARZER MOND IN SCHÜTZE, 1. HAUS
Transit Pluto Quadrat Lilith, gleichzeitig Transit Lilith Opposition Lilith
Er war knapp vier Jahre alt. Eine «übermächtige» Tante ging mit ihm an einem warmen Spätsommertag spazieren. Er fiel von einem Holzsteg in ein Gestrüpp voll Brennesseln. Seine Haut brannte wie Feuer, da er nur mit einer kurzen Hose bekleidet war. Sie lachte und weidete sich daran. Er verlor sich in einem gi-

gantischen Hassgefühl, welches mächtige Frauen bis heute in ihm auslösen können.

☞ WEIBLICH, SCHWARZER MOND IN SKORPION, 8. HAUS
Transit Lilith über Pluto im 5. Haus
Sie hatte eine Fehlgeburt.

☞ MÄNNLICH, SCHWARZER MOND IN STIER, 8. HAUS
Transit Pluto über Mars in Skorpion, gleichzeitig Transit Lilith Quadrat Mars
Er schlief mit einer Frau und glaubte, während des Aktes zu verbrennen. Plötzlich überschritt er eine Grenze, die für ihn «jenseits des Möglichen» lag. Er konnte diese Erfahrung, die ihn grundlegend verändert hatte, nie mehr wiederholen.

☞ WEIBLICH, SCHWARZER MOND IN JUNGFRAU, 7. HAUS
Transit Lilith Quadrat Jupiter im 7. Haus, Quadrat Venus im 1. Haus
Sie träumte, sie sei ein Mann. Sie sah zu, wie ihr ein riesengrosser Phallus wuchs. Sie liebte eine Frau und erlebte plötzlich Druck und Stress durch die Anforderung, die Frau zu befriedigen und glücklich machen zu müssen. Sie erwachte schweissnass. Seither hat sie ein grosses Verständnis für Männer, für ihre diesbezüglichen Nöte und Ängste.

☞ WEIBLICH, SCHWARZER MOND IN WASSERMANN, 11. HAUS
Transit Lilith durch das 2. Haus
Sie hat sich für ein Forschungsprojekt in transpersonaler Psychologie zurückgezogen und dabei – voll Vertrauen in die Richtigkeit der Sache – all ihre Ersparnisse verbraucht und geopfert.

☞ MÄNNLICH, SCHWARZER MOND IN WIDDER, 12. HAUS
Transit Lilith über Sonne im 11. Haus
Der Freund spannte ihm seine heimliche Geliebte aus.

☞ WEIBLICH, SCHWARZER MOND IN STEINBOCK, 3. HAUS
Transit Saturn über Lilith
Sie machte eine Reinkarnationstherapie. Sie hatte nur Bilder von Hexen, Verrat und Rache. Sie hat sich in der Zeit mit diesen Inhalten versöhnt.

☞ WEIBLICH, SCHWARZER MOND IN SKORPION, 7. HAUS
Transit Chiron Sextil Lilith
Sie hatte einen Traum, wo ihr ein Skarabäus eine Mistkugel brachte. Sie schluckte sie. Am Morgen erwachte sie in einer Bestimmtheit, ihr Simile gefunden zu haben. Ab diesem Zeitpunkt nahm sie das «Mistglobuli» täglich ein; sie imaginierte dies. Ihr Körper zeigte Erstverschlimmerungen wie bei einer «realen» Verabreichung. Nach einiger Zeit geschah ein entscheidender Durchbruch und eine grosse Versöhnung in ihrem Leben.

☞ WEIBLICH, SCHWARZER MOND IN LÖWE, 5. HAUS
Transit Pluto und Lilith über Neptun im 7. Haus

Tagebucheintragung der Frau: «... Er roch mein Gesicht ab und nahm sich unheimlich lange Zeit, meine Mundwinkel zu liebkosen. Ich genoss es und war voller Staunen, wieviel Zeit er sich wiederum nahm, bis er mich küsste. Es war auch kein Kuss, der meine Lippen umschloss – es waren viele Küsse auf Teile meiner Lippen. Mein Begehren wuchs in dem Masse, wie er sich Zeit liess, das zu nehmen, was ich ihm anbot. Und er nahm sich alle Zeit der Welt, bis er mich nahm. Doch ich war längst ausserhalb der Zeit. Als ich ihn verliess, war ich voll Liebe. Ich liebte ihn, mich, den Taxifahrer, das Garagentor, liebte Gott und die Welt, liebte alles. Ich kam nach Hause und liebte meinen Mann.»

Zeit der Wahrhaftigkeit

Lilith initiiert, bringt ans Licht. Manchmal Dinge, die wir nicht sehen möchten; schon gar nicht an uns. Es ist unsere Wahl, ob wir dann «Zaubermittel», also Schleier und Amulett gebrauchen, ob wir tabuisieren und verdrängen. Manchmal brauchen wir diese Amulette, um zu überleben. Doch manchmal sind wir so mit Amuletten behangen, dass wir nicht mehr leben. Wo wir uns dem Leben verweigern, wo wir den Zyklus unterbrechen, kreieren wir die Gorgo, deren Anblick zu Stein erstarren lässt. Diese Kreation setzen wir in die Welt, und sie begegnet uns von Zeit zu Zeit (bevorzugt bei Lilith-Auslösungen). Dann wird ein Blick in den Spiegel unumgänglich, was manchmal eine leidvolle Erfahrung oder eine Krise bedeutet. Ob wir diese Krise progressiv durchschreiten oder ob wir regressiv verharren und auf «bessere Zeiten» warten, bleibt unsere Wahl. – Weh tut beides.

DIE GORGO ALS AMULETT/MÜNZE

Doch nicht immer stehen wir bei Lilith-Auslösungen vor schwierigen oder leidvollen Situationen. Viele dämonisieren Lilith, indem sie nur ihre «negativen» Erlebnisse heranziehen, wenn sie Forschungen mit dem Schwarzen Mond anstellen. Sie werden sicher fündig werden und der Mythos der «furchtbaren» Lilith wird sich bestätigen. Lilith-Auslösungen signalisieren aber auch eine Zeit der Initiation und Kreativität. Hier können wir Grenzen überschreiten, grösser werden. Ein neues Land kann uns inspirieren, wir können eine besondere Begabung entdecken, wir können ein Kind oder ein «anderes Baby» in die Welt setzen. Ein neuer Mensch kann in unser Leben treten, der uns Muse, Lehrer, Geliebte(r), Führer ist, eine neue Erfahrung kann uns über uns hinaustragen. Wir können mit unserer Grösse in Kontakt kommen, doch für viele ist dies die «grösste Teufelei». Manchmal erscheint es einfacher, sich – wie gewohnt – klein zu machen, statt zuzulassen, die eigene (oft enorme) Liebesfähigkeit zu spüren, das eigene Potential und ein Reservoir von Möglichkeiten wahrzunehmen. Dies vermindert das Repertoire an Ausreden und fordert uns auf, Verantwortung für uns zu übernehmen, und vor allem – zu leben.

Generell erleben wir bei Lilith-Auslösungen eine Zeit der Wahrhaftigkeit. Sündenböcke, die wir in die Welt geschickt haben, kehren zurück. «Blinde Flecken» drängen nach Erlösung. Unsere Engel und unsere Dämonen tauchen auf; sie begegnen uns manchmal verführerisch und manchmal als Furien, als Rachegeister. Sie stellen Rätsel, die gelöst werden wollen. In dieser Zeit werden wir oft auf die Probe gestellt, haben wir einen Heldenkampf zu bestehen. Ob wir dem Ungeheuer bzw. dem Ungeheuren unterliegen oder ob wir es umarmen, aus dem Sumpf heben und das Juwel entdecken, bestimmen wir selbst. Nachdem die Furien willkommen geheissen wurden, liessen sie ihren Namen ändern. Sie nannten sich die *Eumeniden*: die Gnadenwirkenden.

Fallbeispiele

Ich greife jetzt Lebensgeschichten von drei Menschen aus der Perspektive des Schwarzen Mondes auf. In den Horoskopen können Sie natürlich auch andere Entsprechungen für die Deutung finden. Und doch, der Blick auf den Schwarzen Mond liefert einen bemerkenswerten Schlüssel, ist sozusagen aufschlussreich. Die Lebensthemen dieser Menschen tragen eindeutig die «Handschrift» ihres Schwarzen Mondes.

Artemisia Gentileschi ist ein gutes Beispiel dafür, wie eine Frau in einer Zeit, wo ihre Rechte noch massiv beschnitten wurden, über die Kunst ein Ventil fand, ihr Drama kreativ nach aussen zu stellen. Wie schon erwähnt, Künstler tragen ihre Dämonen in die Welt. Die Welt wäre arm ohne diese Dämonen.

Warum wieder einmal *Michel de Nostradamus?* Es wird schon so viel über ihn geschrieben. Ich habe seine Biographie – soweit bekannt – deshalb aufgegriffen, da die «Spuren» des Schwarzen Mondes im Leben dieses Sehers dominant sind. Interessant ist auch die Position seines Schwarzen Mondes im Horoskopvergleich zu jenen Menschen, über die er Prophezeiungen machte. Nostradamus war ein Prophet, der Ein-Sicht in die Entwicklung der Menschheit hatte; er war ein Seher der Zeiten, in denen der Mensch «grössere Klarheit» finden kann. Und er war, wie Lilith, Mittler zwischen den Welten.

Rufus ist ein Klient. Seine Geschichte birgt eine Fülle von Bildern und Ereignissen, die die Charakteristik seiner markanten Lilith-Stellung erstaunlich aufzeigt. Sein Schwarzer Mond am absteigenden Mondknoten zeugt von einer Dominanz «des Weiblichen», genauso grundlegend finden wir bei Rufus die «androgyne Sehnsucht».

Artemisia Gentileschi

Artemisia Gentileschi wurde am 8. Juli 1593 in Rom geboren und wuchs im Künstlerviertel der Stadt auf. Sie war das erste Kind des Malers Orazio Gentileschi und der Prudenzia Montone. Ihre Mutter starb am 26. Dezember 1605, als Artemisia elf Jahre alt war. Auch den Tod zweier ihrer fünf Brüder erlebte Artemisia in frühem Alter. Orazio Gentileschi unterhielt eine eigene Werkstatt, wo Artemisia ihre Ausbildung erhielt. Stolz klingt aus dem Brief ihres Vaters an die Grossherzogin Christina von Lothringen: *«Ich habe eine Tochter und drei Söhne, und Gott hat es gefallen, dass diese Tochter, die ich in die Kunst der Malerei eingeführt habe, innerhalb von drei Jahren eine solche Fertigkeit erlangt hat, dass ich zu sagen wage, sie hat heute nicht ihresgleichen. Sie hat bereits Kunstwerke geschaffen, die vielleicht grosse Meister dieses Handwerks nie erreichen werden.»[1]* Artemisia war «die Tochter ihres Vaters».

Eifersüchtig wachte Orazio Gentileschi über die Tugend und Unschuld seiner Tochter. Ein enggesteckter Verhaltenskatalog setzte dem Bewegungsspielraum der Artemisia strikte Grenzen und band sie ans Haus. Sie durfte nur im Morgengrauen die Strasse betreten und nur in Begleitung der mütterlichen Freundin und Nachbarin Tuzia die heilige Messe besuchen.

Die siebzehnjährige Artemisia soll ein Mädchen mit sinnlichen Gesichtszügen, schwarzem Haar und einer kräftigen Statur gewesen sein. Genau zu dieser Zeit betraute Orazio seinen lebenslustigen Freund Agostino Tassi, seiner Tochter Unterricht in Perspektive zu erteilen. Diese Entscheidung Orazios ist angesichts der sittenstrengen Bewachung der Artemisia schwer zu verstehen, da Agostino als Frauenheld geradezu berüchtigt war. Der Vater wusste dies auch aus eigener Erfahrung, da er mit Agostino regelmässig gemeinsame Streifzüge durchs nächtliche Rom un-

ARTEMISIA GENTILESCHI («*La Pittura – Selbstbildnis als Allegorie der Malerei*»)

200

ternahm. Agostino versuchte, wie nicht anders zu erwarten war, sich an seine Schülerin heranzumachen. Das Drama, das Artemisias Leben so entscheidend prägte, wurde so gesehen von ihrem Vater initiiert. Dabei spielte auch ihre Nachbarin und mütterliche Freundin Tuzia eine wichtige Rolle. Sie arrangierte ein Treffen der beiden in den Privaträumen von Artemisia und verschwand. Es gelang Agostino Tassi, das junge Mädchen zu vergewaltigen. Artemisia war verzweifelt und Agostino versprach ihr, sie zu heiraten. Artemisia glaubte ihm und betrachtete sich daraufhin als seine Verlobte. Dieses Versprechen schützte Agostino Tassi auch vor einer Anzeige wegen Vergewaltigung. Im siebzehnten Jahrhundert galt die Jungfräulichkeit als das höchste Gut einer Frau. Wurde ein junges Mädchen verführt oder gar vergewaltigt, wurde vom Täter als Wiedergutmachung die Heirat erwartet.

Agostino löste sein Versprechen nicht ein. Er konnte es auch nicht. Er war schon verheiratet. Seine Eheversprechungen waren also von vorneherein betrügerisch. Als Artemisia dies erkannte, offenbarte sie sich ihrem Vater, der daraufhin einen Prozess anstrengte. Agostino Tassi versuchte, sich aus der Affäre zu ziehen, indem er Artemisia der Prostitution beschuldigte. Um zu beweisen (?), dass Artemisia von Agostino entjungfert wurde und nicht als Hure an Ausschweifungen beteiligt war, nahmen vorerst zwei Hebammen gynäkologische Untersuchungen vor – in Anwesenheit eines Notars. Doch dem nicht genug! Sie wurde der «hochnotpeinlichen Befragung» unterworfen, das heisst, sie wurde gefoltert, indem man ihr die Daumenschrauben ansetzte. Artemisia musste unter der Folter ihre Unschuld beweisen. Agostino Tassi, der einige Jahre zuvor vor Gericht gestanden hatte, da seine Schwester ihn des Inzests mit seiner Schwägerin angeklagt hatte, der wegen mehrfachen Betrügereien im Gefängnis war und der sogar unter dem Verdacht stand, er hätte seine Frau ermorden lassen – dieser Tassi wurde weiterhin geschätzt. Artemisias Ruf war erledigt.

Artemisia hat dieses traumatische Erlebnis künstlerisch umgesetzt; ihre Bilder sind davon geprägt. Charakteristisch ist auch die Auswahl ihrer Themen. Sie malte vor allem bedeutende Frauen wie Lukretia und Kleopatra, die den Freitod wählten, um der Schmach und der Demütigung zu entgehen. Oder sie stellte Frauen dar, die wir aus den Apokryphen zum Alten Testament kennen. Ein Lieblingsmotiv war Judith, wie sie Holofernes das Haupt abschlägt. Sie malte dieses Motiv zum erstenmal unmittelbar nach ihrem Prozess. War es Ventil für ihre Wut? Interessant ist, dass sie in der Zeit, als Agostino Tassi und sein Freund Cosimo Quorli sie bedrängten, das Bild «Susanna und die Ältesten» malte. Hat sie versucht, den unverhohlenen Voyeurismus und die Belästigung der beiden Männer so zu bannen?

Das Bild «Judith enthauptet Holofernes» (siehe Abbildung bei den Farbtafeln) wurde vom italienischen Kunsthistoriker Longhi folgendermassen kommentiert: «... *eine Schlächterei, so brutal und barbarisch, dass sie von der Hand des Henkers (...) zu stammen scheint. – Und eine Frau hat das Ganze gemalt? Das muss ja eine schreckliche Frau sein! (...) Wir flehen um Gnade.»*[2] Artemisia hat die Gnade ihres Henkers nicht erfahren. Sie hat sich ihren Alptraum von der Seele gemalt. Als ich dieses Bild zum erstenmal gesehen habe, war ich sehr beeindruckt. Ich war damals mit meinen Forschungen über Lilith beschäftigt, und beim Anblick dieses Bildes kam mir spontan Lilith in Verbindung mit Pluto in den Sinn. Die Be-hauptung und die Ent-hauptung! Das Haupt des Johannes und das Haupt des Holofernes waren für einen kurzen Augenblick austauschbar; ich sah nur den radikalen Schnitt, die gewaltsame Trennung von Kopf und Rumpf.

Ich wusste nichts von Artemisia Gentileschi und wollte mehr über das Leben dieser Malerin erfahren. Es überraschte mich nicht, bei der Erstellung ihres Horoskops zu entdecken, dass ihre Krebs-Sonne in Opposition zu Lilith in Steinbock steht und beide ein Quadrat zu Pluto in Widder bilden. Diese Stellung zeugt von einem dominanten Vaterthema, einer starken Tendenz zu Entweder-Oder-Haltungen und – wie Lilith in Steinbock anzeigt – kann Verrat hier zum zentralen Thema werden. Nicht nur der Verrat von Agostino Tassi, auch der Vertrauensbruch ihrer Freundin Tuzia muss für Artemisia eine schwere Enttäuschung gewesen sein. Wichtig ist auch die Perspektive, dass eigentlich der Vater Initiator beziehungsweise Wegbereiter für den Verrat an Artemisia war. Er hat sozusagen den Wolf zum Hüter seines Schafes bestellt. Es stellt sich die Frage, für welche «Initiation» er seinen Freund Tassi benutzte, was er hier an seinen Freund delegiert hat. Es überrascht auch nicht, dass die sexuellen Belästigungen und die Vergewaltigung im April/Mai 1611 stattfanden. Zu dieser Zeit kehrte der laufende Schwarze Mond zu seiner Radix-Stellung zurück und löste die Figur Sonne/Pluto/Lilith/Jupiter aus.

ARTEMISIA GENTILESCHI
8. Juli 1593, Rom, I (41N53, 12E28)

Artemisia ist in einem Männerhaushalt gross geworden, der Vater war omni-potent. Nur seine Malerfreunde kamen ins Haus. Die einzige weibliche Vertraute war die Nachbarin Tuzia. Artemisia wurde letztendlich von allen verraten. In ihren Bildern wird Verrat sehr oft dargestellt, genauso Tod und Gewalt. Eines ihrer Lieb-lingsmotive ist Judith; diese rettet ihr Volk, indem sie dem Feldherren Holofernes eine Liebesnacht in Aussicht stellt, ihn jedoch vorher berauscht und tötet. Judith hat Holofernes verraten; er wurde ein Opfer weiblicher Verführungsmacht. Es scheint naheliegend, dass Artemisia beim Malen dieses Motivs nicht nur ihre Verletzung nach aussen bringen, sondern auch ihren Aggressor ausleben konnte.

Der Dialog von Pluto und Lilith in den Zeichen Widder und Steinbock symbo-lisiert Themen wie Gewalt, Verrat und Kastration. Kommen wir mit derartigen Er-fahrungen und daraus resultierenden Verletzungen in Kontakt, ist nachvollziehbar, dass ein starkes Bedürfnis nach Kontrolle entsteht. Wir haben gesagt, dass bei Lilith-Pluto-Stellungen die Tendenz besteht, entweder sehr kopfbetont und kontrolliert oder völlig kopflos und entgrenzt zu sein. Dies spiegelt sich häufig in der Sexualität. Freud sah das abgeschlagene Haupt als Symbol für den kastrierten Penis. Ein Blick auf Artemisia hätte wahrscheinlich seine Ansicht bestärkt.

Artemisia konnte sich zwar im Kunstgeschäft etablieren und phasenweise sehr gut von ihrem Beruf leben, doch musste sie ständig um Anerkennung ringen. Das Stigma der Vergewaltigung und einfach die Tatsache, dass sie eine Frau war, diskri-minierten sie und brachten sie um Aufträge. Es ist auch bezeichnend, dass sie nach ihrem Tod lange nicht mehr erwähnt wurde und ein Grossteil ihrer Werke verschol-len sind bzw. anderen Künstlern zugeschrieben wurden – darunter Caravaggio und ihrem Vater Orazio. Es wird auch gemunkelt, ihr Vater hätte sich mit ihren Federn geschmückt und einen Teil ihrer Arbeiten als seine ausgegeben. Hatte sie Lilith im zehnten Haus? – Der Diebstahl an ihren Werken, der «Verrat der Obrigkeit» (Schwarzer Mond in Steinbock) und die öffentliche Ächtung würden jedenfalls dafür sprechen. Mir ist die exakte Geburtszeit von Artemisia nicht bekannt. Ich ha-be sie trotzdem als Fallbeispiel gewählt, «da Lilith ihre Geschichte geschrieben ha-ben könnte». Und es ist kein Zufall, dass gerade in der heutigen Zeit diese Malerin (wie Lilith) wieder Aktualität erlangt. Artemisia war ein Opfer der Dämonisierung des Weiblichen und war doch fähig, ihre Verletzung in Kreativität umzusetzen. Ihre Sonne in Krebs und ihr Mond in Skorpion lassen Bilderreichtum vermuten, ihr Schwarzer Mond in Verbindung mit Jupiter und Pluto zeugt zusätzlich von einer enormen Fähigkeit, Kraft aus den Bildern zu schöpfen. Mond in Skorpion und Lilith Quadrat Pluto sprechen auch für die grosse Leidenschaft und Intensität, mit der sie diese Bilder in die Welt setzte.

Michel de Nostradamus

Michel de Nostradamus wurde am 14. Dezember 1503 in St. Remy in der Provence als Sohn des Notars Jacques Nostradamus geboren. Seine Mutter hiess Renée de St. Remy. Die Familie des Vaters war jüdischer Herkunft, dem Stamme Isaschar angehörend. Der Name «Nostradamus» = *de notre Dame* weist auf die Tatsache hin, dass der Vater in einer Kirche unserer lieben Frau, also der Maria, zum katholischen Glauben übertrat. Im Nostradamus-Museum in Salon findet sich ein Schriftstück, aus dem hervorgeht, dass die Familie des Notars Jacques de notre Dame gegen eine Auflage von 20 Dukaten getauft wurde. Der Name «notre Dame» wurde dann latinisiert in Nostradamus. Dr. N. Centurio ist der Ansicht, dass die Vorfahren des Sehers von der Vaterseite her sephardische Juden waren, die vor der Verfolgung und dem Glaubensfanatismus der Spanier und der Wut der Inquisition in die Provence geflohen waren. Dort wurde ihnen grössere Glaubensfreiheit gewährt. Die Vorfahren des Nostradamus standen in engster Beziehung zu den Arabern, deren ärztliche Kunst und Weisheit sie übernommen hatten. Die Vorfahren mütterlicherseits hatten ebenfalls eine grosse Begabung für Mathematik und Medizin gezeigt. Zum Grossvater aus dieser Linie, Johann de St. Remy, fühlte sich der junge Michel besonders hingezogen. Dieser Ahne erweckte in ihm die Freude an den okkulten Wissenschaften. Man kann immer wieder beobachten, wie nach dem Gesetz der geistigen Vererbung ein Teil der Eigenschaften der Grosseltern in den Enkeln auflebt. Nach dem Tod des Grossvaters ging Michel nach Avignon, um die humanistischen Wissenschaften zu studieren. Er war etwa 22 Jahre alt, als er in die Hochschule nach Montpellier überwechselte. Dies war die Zeit, als der Schwarze Tod durchs Land zog. Nostradamus floh nicht vor der Pest, sondern meldete sich freiwillig zum Kampf gegen die furchtbare Seuche. Eine grosse Rolle bei der Bekämpfung dieser Volksseuche spielte ein von ihm erfundenes Pulver.

1530 ging Nostradamus nach Agen und trat dort in Beziehung zu einem namhaften Humanisten dieser Zeit, zu Julius Cäsar Scaliger. In dieser Zeit heiratete er zum ersten Mal; der Ehe entsprossen zwei Kinder, ein Knabe und ein Mädchen. Sowohl seine Frau als auch seine Kinder starben an einer Seuche, wahrscheinlich der Diphtherie, und Nostradamus stand wieder allein da. Der Tod seiner Angehörigen hat ihn zutiefst erschüttert. In der Zeit darauf begab er sich auf eine grosse Reise durch Frankreich und Italien; er wurde praktisch ein fahrender Arzt.

Als die Pest erneut ausbrach, wurde er in seine Heimatprovinz zurückgerufen und war erneut als Pestarzt tätig. Er lernte in dieser Zeit eine begüterte vornehme Dame, Anna Ponce Gemella, kennen und heiratete sie. Mit ihr hatte er drei Söhne und drei Töchter.

Hier beginnt nun der zweite grosse Lebensabschnitt des Sehers. Stärker denn je drängte ihn eine Macht dazu, in die Geheimnisse einer höheren Sphäre einzudringen. Wie aus einem Brief an seinen Sohn Cäsar hervorgeht, kam beim Lesen alter okkulter Schriften (ein Erbe von Scaliger), die er dem Feuer übergab, die Inspiration über ihn. Plötzlich hatte er die Fähigkeit, die Ereignisse der Zukunft zu erkennen und niederzuschreiben. Erinnert dies nicht unwillkürlich an die Ausgiessung des Heiligen Geistes zu Pfingsten? Erfuhr Nostradamus hier eine Einweihung?

Diese Geschichte erinnert mich auch an die Initiation von Johann Heinrich Jung-Stilling, einen charismatischen Chirurgen des achtzehnten Jahrhunderts. Er war Spezialarzt für Augenleiden und operierte erfolgreich mehr als 1500 Blinde, und

das in einer Zeit, welche weder Anti- noch Asepsis kannte. Diese Kunst lernte er –
in einem geradezu sakralen Geschehen – vom Arcanologen Molitor. Der alte Pfar-
rer Molitor, ein Meister der Augenkuren, gab Jung-Stilling ein Manuskript mit dem
Auftrag, es abzuschreiben und ihm das Original zurückzugeben. Nach rituellen Se-
genstexten und einem Kuss, der das sakrale Geschehen besiegelte, trennten sich die
beiden. Molitor starb, und Jung-Stilling war ab diesem Zeitpunkt der grosse «Au-
gen-Öffner». Er hatte eine therapeutische Einweihung erfahren.

Doch gehen wir zurück zu Nostradamus und seiner Einweihung. Die Kunst der
Weissagung brachte ihn mit den Grössten seiner Zeit in Berührung. König Heinrich II. und seine Gattin Katharina von Medici nahmen seine Dienste in Anspruch.
Nostradamus warnte den König vor einem Zweikampf und einer Augenverletzung,
die tödlich für ihn enden würden. Am 10. Juli 1559 starb Heinrich II. an den Folgen
eines Turniers, in dem sein Gegner ihm mit einem Speer das rechte Auge durchbohrt
hatte. Die damalige Mätresse und ehemalige Amme des Königs, Diane de Portiers,
musste daraufhin den Hof verlassen. Ich erwähne dies deshalb, weil auch Diane
de Portiers für unsere anschliessenden astrologischen Betrachtungen interessant ist.

Über Katharina von Medici wurden Nostradamus besondere Ehren zuteil. Die
Beziehung zu ihr war wahrscheinlich auch ausschlaggebend dafür, dass das Schwert
der Inquisition, das dauernd über seinem Haupte hing, nicht fiel. Nostradamus lebte ständig in einem Konflikt; er musste nicht nur eine Maske tragen, sondern zwei (er
hatte ja auch die «zwei Gesichter»). Der Nostradamus-Erklärer Le Pelletier meint,
er wäre nur dem äusserem Anschein nach Christ, sei aber im innersten Wesen immer Heide geblieben. Der Vater von Nostradamus war zwar vom Judentum zum
Christentum übergetreten, und dies sicher eher aus Not als aus einer tiefen Gläubigkeit heraus. Dennoch, Nostradamus hat die Elemente des christlichen Glaubens geehrt. Er soll dem Dritten Orden des heiligen Franziskus angehört haben und war
mildtätig gegen die Armen. Er soll auch französischer Patriot gewesen sein, seine
Centurien jedoch zeigen ihn als Weltbürger. Wie widersprüchlich die Informationen
auch sein mögen, eine Maske hat er sicher benutzt; er hat seine Prophezeiungen
mehrfach verschlüsselt und seltsame symbolische Bilder und Worte gewählt.

Nostradamus hatte das zweifelhafte Privileg, den Tag seines Todes zu kennen.
Ende Juni schrieb er auf die Ephemeriden von Johannes Stadius: *«Hier ist mein Tod
nahe.»* Er starb im Morgengrauen des zweiten Juli 1566. Seine Leiche wurde in einem Sarkophag in der Franziskaner-Minoritenkirche zu Salon de Craux im Inneren
der Wandung beigesetzt. Trotz der Bitte, die Ruhe des Toten nicht zu stören, trat
das Ereignis der Ruhestörung ein. Im Jahre 1791 wurde das Grabmahl des Nostradamus geschändet. Der Soldat, der den Grabstein verletzt hatte, fand am nächsten
Tag den Tod. Man dachte sofort an die Prophezeiung des Nostradamus, der gesagt
hatte: *«Unheil wird dem widerfahren, der mein Grab öffnet.»* Auf der Brust von Nostradamus fand man ein Kupferplättchen mit einer Inschrift, wo er die Niedertracht
der Menschen dieser Stadt verdammte, weil sie seine Ruhe trotz des Versprechens
gestört hätten. Auf diesem Medaillon waren auch Tag, Jahr und jene Stunde ver-
merkt, in der diese Störung stattfinden würde.

Es scheint überflüssig zu erwähnen, dass Nostradamus derzeit eine grosse Aufmerksamkeit zuteil wird. Kongresse werden unter seinem Banner abgehalten, Filme werden über ihn gedreht und über seinen Weissagungen zerbrechen einige Köpfe. Ich werde darauf auch nicht eingehen.

Betrachten wir das Leben von Nostradamus, soweit wir davon wissen, vor dem Hintergrund dessen, was seine Lilith-Stellung zeigt. Er hat den Schwarzen Mond in Schütze, Ende achtes Haus, dieser greift durch die Konjunktion mit Pluto, welche an der Spitze des nächsten Hauses steht, auch in den Bereich des neunten Hauses über. Die dazugehörigen Themen wie das okkulte und das jüdische Erbe, die Verfolgung durch Glaubensfanatiker, die Taufe, welche die Diskussion, ob er nun Heide oder Christ war, trotzdem nicht verstummen liess, die Affinität für den Orden des heiligen Franziskus, der Tod seiner ersten Familie, seine Auseinandersetzung mit Tod, Pest und Seuche, das «Schwert der Inquisition», welches ständig über ihm schwebte, um ihn zu «enthaupten», und nicht zuletzt seine Einweihung nach einem rituellen Akt, zeugt nicht all dies von seinem Schwarzen Mond? Auch das Trigon Lilith/Chiron ist ein schönes Symbol für sein tiefes Wissen im Bereich der Heilung und des Visionären.

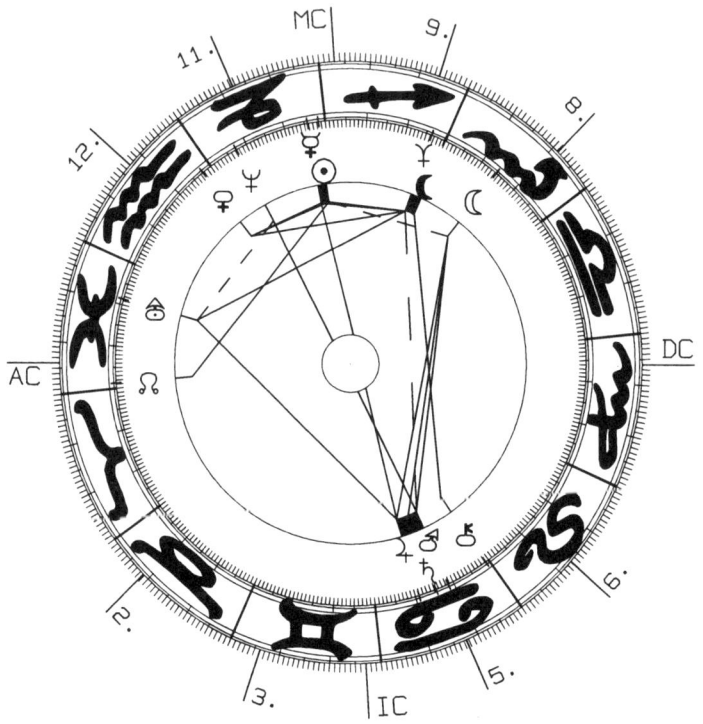

NOSTRADAMUS
14. Dezember 1503, 11.40 LT, 11.21 GT, St. Remy, F (43N48, 4E50)

Nostradamus war in Kontakt mit seiner Schlangenkraft, vor allem mit der aufsteigenden. Die Schlange weiss um alle Geheimnisse, ist Quelle der Weisheit und schaut in die Zukunft. Sie schenkt prophetische Wahrnehmung (denken wir an Lachesis) und Hellsichtigkeit. Und sie ist Symbol für Heil und Ganzheit. Vor allem ist sie Mittler zwischen den Welten. Wenn wir nun die Schlange mit Lilith gleichsetzen, so können wir unsere Aussage, Nostradamus sei in Kontakt mit seiner Schlangenkraft, erweitern. Nostradamus war in Kontakt mit Lilith, befreite die magische Potenz seines Schwarzen Mondes.

Erinnern wir uns daran, was wir über den Schwarzen Mond und die Mondknotenachse gesagt haben. Zwei Welten fallen zusammen, zwei Welten kreuzen sich. Für einen Augenblick ist das Tor zwischen den Welten offen, ein Überschreiten möglich. Betrachten wir mit diesem Hintergrund folgendes: Die Konjunktion Schwarzer Mond/Pluto von Nostradamus stand am absteigenden Mondknoten der Katharina von Medici und auch von Heinrich II. War es Nostradamus so gegeben, in «die Welten» der beiden schauen zu können?

Interessant ist jedenfalls, dass bei dem grauenhaften Unfall von Heinrich der laufende Mars über diese Stellungen ging, der laufende Saturn stand in Opposition dazu. Diane de Poitiers wiederum, die Mätresse des Königs, setzte ihre Achse des Schwarzen Mondes auf die Mondknotenachse ihres königlichen Geliebten. Der Unfalltod des Königs bedeutete Abschied vom Hof und von der Macht. Der transitierende Saturn auf ihrer Lilith zeigt diesen Prozess des Abschiednehmens an. Nostradamus wurde durch den Tod von Heinrich als Hellseher bestätigt; die Gunst von Katharina war ihm sicher.

Ich möchte mich jetzt nicht in Deutungen und Interpretationen verstricken, sondern mit diesen Beispielen Anregungen in den Raum stellen. Wenn Sie sich die Zeit nehmen und die Horoskope dieser vier Menschen studieren, werden Sie bemerken, wie gewichtig der Schwarze Mond bei ihnen war. Vor allem, wenn Sie Ereignisse bzw. Zeiten betrachten wie den Todestag von Heinrich II. oder die Bartholomäusnacht, welche die traurige Berühmtheit von Katharina zementierte. Menschen, die sich mit dem Schicksal von Nostradamus gründlich auseinandergesetzt oder es verfilmt haben, haben meist bedeutende Stellungen in den ersten Graden der veränderlichen Zeichen. Pluto wird in den nächsten Jahren diese Stellungen aktivieren (im Sommer 1999 gesellt sich auch der Schwarze Mond dazu), und es ist zu erwarten, dass uns Nostradamus und seine Prophezeiungen noch verstärkt beschäftigen werden.

Rufus

Rufus verkörpert das, was viele als «femininen Mann» bezeichnen. Er experimentiert gerne mit Mode und wird wahrscheinlich begeistert sein, wenn er den Brief im Kapitel «Androgynie» liest – auch er kennt ähnliche Sehnsüchte. Rufus liebt Frauen über alles. Männer langweilen ihn eher; die meisten sind ihm zu phantasielos. Sein Lieblingsfeindbild sind Machos – und Nazis.

Seine Vorfahren sind «Ausländer». Sein Urgrossvater hat einst das Gut eines Stiftes verwaltet (und nebenbei den Bischof betreut). Seine Grosseltern mütterlicherseits und seine Mutter verliessen aus politischen Gründen das Land; sie sind Flüchtlinge. Nachdem die Grenzen dieses Landes wieder geöffnet wurden, unternahm Rufus eine Reise in die verlorene Heimat seiner Familie. Sein Grossvater hatte immer von dieser Gegend geschwärmt und Rufus wollte dieses «Traumland» kennenlernen.

Der Grossvater war Messner einer Pfarrei, und als er starb, überliess man – der Einfachheit halber und inoffiziell – dieses Amt seiner Frau. Der Grossmutter von Rufus wurde so eine Aufgabe übertragen, die in dieser Gegend bisher nur Männern vorbehalten war.

Die Mutter von Rufus ist stark gläubig und überaus empfänglich für Marienbotschaften. Ihre Lebenshöhepunkte sind Wallfahrten – zu Orten der Mutter Gottes – und sie sorgt dafür, dass derartige Höhepunkte häufig stattfinden. Rufus erinnert sich, dass jährlich im Mai in der Wohnung der Familie eine lebensgrosse Statue der Gottesmutter aufgestellt wurde. Davor stand eine Kerze und es wurde darauf geachtet, dass diese ständig brannte. Seine Mutter scharte zu Hause auch Menschen um sich, die, wie sie, ihr Leben primär nach Marienbotschaften ausrichteten. Diese

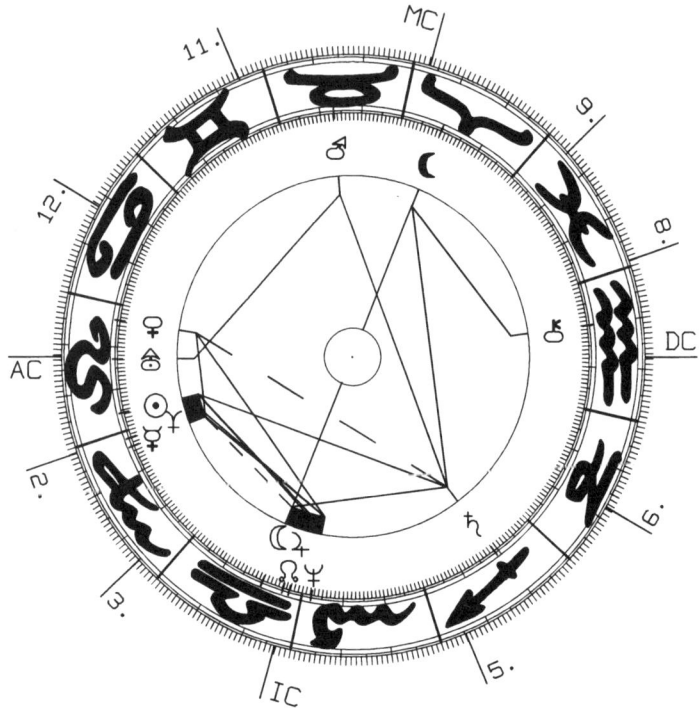

RUFUS

Botschaften wurden häufig mit Drohbotschaften von «Sehern anderer Welten» gemischt. Rufus bekommt *«heute noch einen Horror»* (wörtlich zitiert), wenn er derartige Botschaften hört. Und er hat Widerstand gegen die katholische Symbolik entwickelt, hat jedoch wegen dieser Ablehnung Schuldgefühle. *«Wenn ich einen blasphemischen Witz höre, geht es mir furchtbar schlecht»*, sagt er. *«Ich habe diesen Inhalten gegenüber eine unglaubliche Ambivalenz. Ich weiss letztlich gar nicht, was ich davon halten soll. Religion ist bei mir ein offener, ein wunder Punkt.»*

Rufus empfindet seine Mutter fürsorglich und behütend. *«Sie ist eine sehr fütternde Mutter»*, sagt er, *«sie legt mir immer noch etwas auf den Teller, ob ich will oder nicht. Doch sie ist nicht sonderlich dominant.»* Er erlebt sie jedoch übermächtig, sobald sie sich mit der Jungfrau Maria verbündet. Besser gesagt, mit deren Macht. Seinen Vater erlebt er *«sehr korrekt, doch nicht sonderlich dominant»* (wörtlich zitiert). Es scheint, als hätte er «der Macht der Frauen» nichts entgegenzusetzen. Auch Rufus gibt Frauen eine Vorrangstellung. *«Bis heute sind Frauen meine besten Freunde»*, sagt er.

Rufus ging früh von zu Hause weg. Meist lebte er mit einer Frau zusammen, einmal auch mit zwei (bei einem Lilith-Return). Einmal hatte er ein Verhältnis mit einer verheirateten Frau. Als die Mutter das erfuhr, hatte sie sofort ihren Gebetskreis von Glaubensbrüdern und -schwestern versammelt, um vereint für seine Rettung zu beten.

Rufus erlebt Frauen sexuell sehr fordernd; er hat damit Mühe, speziell, wenn sie ihm abverlangen, er möge sie «so richtig unterwerfen». Häufig erzählen ihm Frauen von ihren Vergewaltigungsphantasien. Derartige Anforderungen treiben ihn in die Flucht. Rufus hat Angst vor Kontrollverlust. *«Wenn ich die Kontrolle verliere, habe ich die Angst, wahnsinnig zu werden.»* (Heil Dionysos!) *«Einmal ist es mir passiert, dass ich mich sexuell so fallen liess, dass meine Füsse und Arme schon total pulsiert haben. Ich war am Rand, dachte, wo geht diese Energie nun hin, und auf einmal hatte ich Angst, es würde mich nun total zerreissen.»* Die Mänaden lassen grüssen! Diese sexuelle Begegnung blieb nicht ohne Folgen. Die Frau wurde schwanger. Sie nahm eine Abtreibung vor. (Transit-Lilith in exaktem Quinkunx zur Radix-Lilith.)

Eines Tages reagierte Rufus auf das Kontaktinserat einer Zeitung. Eine Frau wünschte eine Bekanntschaft mit einem Transvestiten. Rufus hatte Lust, auf dieses Inserat zu antworten. Seine «Koketterie mit der (Geschlechter-) Grenze» machte ihn neugierig. Er reiste zu dieser Frau. Er betrat ihre Wohnung, und sie schrie ihm entgegen: *«Jesus hat dich mir versprochen. Jetzt müssen wir den Akt vollziehen und dann heiraten.»* Dabei umklammerte sie ihn und zerrte an seiner Kleidung.

Rufus versuchte, den Kontakt so schnell wie möglich wieder abzubrechen. Doch die Frau schickt ihm seither Briefe; ihre sexuellen Forderungen kleidet sie so ein, dass sie ihm oft seitenlang ihre derzeitigen Lieblingsdessous beschreibt. Einmal hat sie ihn besucht; sie hat zu einem nahegelegenen Ort eine Marienwallfahrt unternommen, und bei dieser Gelegenheit ist sie bei ihm erschienen.

Rufus reist viel und gerne. *«Reisen erweitern mich»*, sagt er. *«Ich glaube, ich würde sterben, wenn ich es nicht mehr tun könnte.»* Innenreisen machte er schon als kleines Kind. In der Phantasie reiste er in ein Traumland, welches «tief unten» lag. Es war bewohnt von Fabelwesen; seine Lieblingsfigur war ein Kentaur. *«Er hat mir so gut gefallen, denn sein Geschlecht ist nicht klar. Ist er nun Mensch oder Tier?»* Rufus liebt Grenzgängerschaften. Doch hinter dem Spiel mit der Grenze liegt seine Sehnsucht nach Ganzheit. Rufus ist sich dessen bewusst. Seine geschlechtliche Identität ist von dieser Sehnsucht gefärbt. Er wäre so gerne beides, Mann und Frau. Oder ein Androgyn?

DRITTER TEIL

Die endliche Geschichte?

Frankensteins Braut

Kennen Sie Frankensteins Braut? Dr. Frankenstein schuf bekanntlich ein Monster, zusammengestückelt aus Leichenteilen, und belebte es. Vielleicht ging er der Vision nach, den vollkommenen Menschen zu schaffen. Was auch immer seine Absicht war, das Endprodukt war ein vergröbertes, monströses Wesen, herz- und seelenlos. Stopp! Tun wir dem Monster nicht unrecht, irgend etwas empfand es doch; es war einsam. «Dr. Frankenstein, gib mir eine Frau!» war sein Ruf.

Woran erinnert diese Geschichte bloss? – Wie auch immer, Dr. Frankenstein machte sich ans Werk und flickte ihm eine Frau zusammen. Er nahm ein paar Körperteile, stattete sie mit Organen aus, spannte eine straffe Haut darüber, tätowierte die Augenlider (ein zartes Mitternachtsblau), hob ihr den Busen, formte eine birnige Apfelbrust ... Dr. Frankensteins Schöpferwut waren keine Grenzen gesetzt; er modellierte die ideale Frau. Woran erinnert das bloss wieder?

So fanden sie sich, Herr und Frau Monster, und da sie arm an Herz und Seele waren, blieb ihnen eines erspart: Leidenschaften.

Verwirrte Gegner

Wir haben Angst das zu sein, was wir sind. Wir haben jedoch eine Vorstellung davon, was wir sein sollten. Fritz Perls hat dies treffend ausgedrückt. Er meint, wir beziehen unsere Bilder aus Comics. Es geht nicht um Mann und Frau, sondern um Supermann und Glamourgirl. Ein Mann muss ein harter Bursche sein; wenn er seine Weichheit und Zärtlichkeit zulässt, kann er nur ein (verkappter) Homosexueller sein. Frauen dagegen werden zu Zicken, da sie einen Grossteil ihrer Energie investieren, um Reklameschönheiten zu werden.[1] Dies erzeugt Druck und führt letztlich zu Feindseligkeiten; aus einem Konkurrenzverhalten heraus mit dem eigenen Geschlecht; es führt aber auch zur Verärgerung über eine patriarchale Gesellschaft, die diese Gebote diktiert. Und doch sind diese Werte so bestimmend, dass sich viele unterwerfen, aus Angst, nicht begehrenswert und liebenswürdig zu sein. Der Partner wird zu einem Gegner, der unter Kontrolle gehalten werden muss. Jeder kämpft mit allen Mitteln. So wie wir uns nicht lieben, wie wir sind, sondern meist das, was wir sein sollten, so lieben wir auch den anderen nicht, wie er ist, sondern die Vorstellung davon, wie er sein sollte. Dies prädestiniert uns zu Kriegern in Schlammschlachten. Je heftiger wir im Schlamm oder im Sumpf um uns schlagen, um so sicherer versinken wir. Wir klagen den anderen an, sind wütend und zornig, weil er nicht das ist, was all unsere Probleme lösen würde. Wir manipulieren, grollen, zerren am anderen und können letztlich nicht fassen, dass wir immer wieder auf uns selbst zurückfallen. Punkto Beziehung sind wir wie ein unwissender Buschmann vor dem Spiegel.

Ein Zauberwort heisst: Achtung. Wenn uns jemand dieses Wort zuruft, halten wir inne. Wenn wir innehalten, kann es sein, dass wir unsere Einsamkeit, unsere Leere, unseren Überdruss und unsere Frustration wahrnehmen. Wenn wir das aushalten, ist oft schon der wesentlichste Schritt passiert. In diesen Augenblicken «hören wir uns zu». Der Mythos von Lilith zeigt uns, wie wichtig es ist, dass wir zuhören lernen. Uns und den anderen. Es ist oft sehr schwer, sich selbst zu ertragen bzw. sich selbst auszuhalten. Fritz Perls meint, eines der Höllentore, die zur Reife führen, ist die Fähigkeit, in Langeweile und Frustration auszuharren und nicht zu versuchen, abzuspringen, irgend etwas Interessantes zu tun oder unsere Frustrationen zum Jammern und Klagen zu benutzen.[2] Wenn wir hier Haken schlagen und in Ersatzbefriedigungen ausweichen, führt dies nicht zum Abschluss einer Situation. Dies zeigt uns auch Adam; die Ersatzfrau Eva ist nicht die Lösung seines Problems. Der Kampf der Geschlechter besteht bis heute, auch wenn ihn Eva mit anderen Mitteln als Lilith führt.

Wenn wir uns zuhören lernen, fördern wir den Prozess der Zentrierung. Wenn wir zentriert sind, sind wir fähig, einem Du offen zu begegnen und – ihm zuzuhören;

zuzuhören ohne Rechtfertigung und Anklage. Es geht nicht darum, dass wir uns gegenseitig vorwerfen, wer mehr unterdrückt oder verletzt wurde bzw. wer zuerst eine Verletzung kassiert hat. Es geht darum, zu achten: ich bin verletzt und du bist verletzt. Ich bin verwirrt und du bist verwirrt. Wir können das unendlich fortsetzen. Wir können gemeinsam trauern über die gegenseitigen Verletzungen, die wir uns zugefügt haben. Für den Anfang reicht es, wenn wir uns die Geschichte unserer Verletzungen erzählen. Es hilft hier, respektvoll wie Fremde miteinander umzugehen; mit Achtung voreinander und füreinander. Meist besteht ein Vakuum zwischen der Geschichte des einen und der des anderen, welches nicht in Bezug gesetzt werden soll. Es hilft, dieses Vakuum zur neutralen Zone zu erklären, in der jeder seine Wahrheit finden kann und nicht die Belehrungen des anderen übernehmen muss. Am Anfang ist das schwer auszuhalten. Jedes Vakuum ist schwer auszuhalten. Und auch die Angst und die Ungewissheit, ob der andere bleibt und die Brücke herstellen will, oder ob das Missverstehen den Sieg davonträgt. Hier nicht in Rechtfertigungen zu versinken, sondern da zu sein und «die Tür offen zu lassen», birgt ein Maximum für das Neue.

Eine Aussöhnung von Gegensätzen wird so möglich. Auch unser inneres Paar kann so aufhören zu kämpfen und wir verbrauchen weniger Energie für Konflikte und Frustrationen. Wir werden «runder» (kugelmenschlicher) und authentischer. Wir setzen weniger «Spielchen» ein, werden beziehungsfähiger. Und wir werden dankbar. Dankbarkeit, ebenfalls ein Zauberwort, führt zum Abschluss. Keine Partei schuldet der anderen etwas.

Lilith fördert diesen Prozess. Wie gesagt, sie hält uns einen Spiegel vor, in dem wir uns oft schmerzlich erkennen, uns manchmal kaum aushalten können. Doch ihr Auftauchen zeugt auch davon, dass ein Problem zur Lösung drängt.

Initiatorin für kommende Zeiten

Der gefährlichste Mythos, den wir heute nähren, ist die Vorstellung eines ausgeglichenen, harmonischen Lebens. Der Mensch richtet sich sogar gegen sein Potential, gegen die Entwicklung und Entfaltung seiner inneren Fähigkeiten und Möglichkeiten, wenn ihn diese Entwicklung in Schwierigkeiten zu bringen droht. Wir pflegen eine Kultur des Schmerzvermeidens. Wir nähren diesen Mythos und setzen uns gegen alles zur Wehr, was uns schwierig und gefahrvoll entgegentritt. Also wehren wir uns auch gegen Lilith.

Lilith initiierte, indem sie die «paradiesische Harmonie» in Frage stellte; so legte sie eine Spur für das Kommende. Sie hat Spannung herbeigeführt und erzeugt, sie hat damit das Bestehende bedroht. Herman Weidelener schreibt:

Aus der Ablehnung der Spannungsverhältnisse kommt naturgemäss vielerlei an Widerständen gegen das, was die Spannung herbeiführt. Die Spannung wird nie herbeigeführt durch das Bestehende, sondern immer nur durch das Kommende oder Zukünftige. Also ist der Mensch, der die Spannungen nicht schätzt, nicht liebt, ja mitunter sogar hasst, in einer entsprechenden Weise misstrauisch und abwehrend, mitunter also auch hassend eingestellt gegen die Macht, die das Kommende bedeutet.

Lilith (Dionysos) steht vor unserem Tor und bringt Spannung. Was haben wir zu gewinnen, wenn wir sie hereinlassen?

Wir haben festgestellt, dass die Begegnung mit Lilith oftmals Schwierigkeiten, Krisen, Schmerz und Verwundung bringt. Aus der patriarchalen Haltung heraus ist die Ansicht weit verbreitet, dass Traumata vermieden werden müssen. Trauma bedeutet so viel wie «starke seelische Erschütterung» und auch «Wunde». Die Wunde ist aber ein Beweggrund der Suche. *Sie gehört zu einer Intensivierung des Bewusstseins, das sich dem Schmerz des Bösen aussetzen muss, um das Gute zu erkennen*, schreibt Whitmont. *Der Sucher blickt seinem inneren Konflikt ins Auge und bewegt sich in Erwartung der Veränderung durch Schmerz und Freude. Der Schmerz ist von ihm akzeptiert: die anderen dürfen auch Schmerzen haben.*[1]

Es geht darum, dass wir uns freiwillig Konflikt und Schmerz stellen. Solange wir leben, können wir Wunden nicht vermeiden. Wenn wir jedoch Verwundungen ständig entgehen wollen, vermeiden wir zu leben. Wir neigen dazu, uns vor Verletzungen zu schützen, indem wir uns von unseren Gefühlen abschneiden und sie zum Schweigen bringen. Wir unterbinden Berührung und verschliessen uns. Durch die Ablehnung von Schmerz stumpfen wir ab. Leben wird abstrahiert, Zynismus und Destruktion können so wachsen. Wo wir uns selbst unempfindlich gemacht haben, unsere Sensibilität verloren haben, fügen wir anderen Schmerzen zu. Und meist merken wir das gar nicht.

Lilith bringt uns wieder die Fähigkeit, (uns) wahrzunehmen. Sie «bringt uns zu Sinnen», und wenn es sein muss, wird sie uns vorher «seelisch erschüttern». Sie ist Repräsentantin eines alten und eines neuen Bewusstseins. Sie verkörpert Altes, das wir verloren und von dem wir uns abgeschnitten haben. Sie bringt «diesen magischen Kessel, der für Spiel und Erneuerung des Lebens steht».[2] Das Patriarchat hat diese magische Ebene unterdrückt, hat den Zugang dazu verloren. Aus dieser Bewusstseinsebene können wir Lilith daher schwer verstehen; aus diesem Blickwinkel erscheint sie als rohe, archaische Göttin, ihre magische Dimension wird zu fatalistischem Aberglauben. So wird sie lediglich mit dem Matriarchat gleichgesetzt; in das zurückzukehren, wäre Regress. Es geht nicht darum, Patriarchat durch Matriarchat zu ersetzen, zu entscheiden, wer oben und unten liegt. Es geht darum, neue Formen zu finden. Wenn wir die Werte von Lilith «mit den besten Errungenschaften der mentalen Phase und der patriarchalen Ethik»[3] verbinden, wenn wir ihr altes Wissen in unsere neuen Anschauungen integrieren, könnte dies ein Schritt in ein neues Bewusstsein sein. Lilith lehrt uns Vertrauen in das Fliessen des Lebens und stattet uns mit Intuition aus, die sich auf das konkrete Hier und Jetzt bezieht. So wird sie «… dem Wert der Innerlichkeit und der Bejahung (wie auch der bewussten Klärung und Differenzierung) dessen, was ist, Geltung verschaffen.»[4] Sie macht uns empfänglich für Verwundung, Schmerz und Hässlichkeit, doch genauso für Freude und Schönheit, und – sie schenkt uns die Fähigkeit, das (sie) zu integrieren. Lilith zeigt uns, wie Macht und Sensitivität harmonisch zusammenwirken können.

So gesehen ist Lilith Führerin in kommende Zeiten. Allein, dass sie wieder aufgetaucht ist, erzeugt Spannung, und wie wir wissen, Spannung legt eine Spur für das Kommende.

Fussnoten

Vorwort

1 H. Weidelener: *Die Götter in uns*, S. 26.

Der Mythos von Lilith

1 Ich habe diesen Text bzw. diese Version des Mythos von einem Artikel der Junganalytikerin Ethel Vogelsang übernommen, die das hebräische Original von einem Professor für Hebräisch wortwörtlich übersetzen und auch noch von einer israelischen Hebräisch-Lehrerin überprüfen liess.

2 *Genesis* I; 27.

3 Vgl. E. Vogelsang: *Die Konfrontation zwischen Lilith und Adam: Die fünfte Runde* .

4 Vgl. R. May: *Liebe und Wille*, S. 161.

5 Vgl. M. French: *Jenseits der Macht*, S. 154.

Das Visavis des Schwarzen Mondes

1 K. Kerényi: *Die Mythologie der Griechen*.

2 W. Otto: *Dionysos,* S. 124.

3 *ibid.*, S. 125.

4 Vgl. E. Monick: *Die Wurzeln der Männlichkeit*, S. 108.

5 R. May: *Liebe und Wille*, S. 63; späterer griechischer Mythos.

6 Vgl. *ibid.*, S. 73–74.

7 Die Erde befindet sich zwischen den Planeten Mars und Venus, dem mythologischen Elternpaar von Eros. Eros wird auch, wie Dionysos, oftmals mit der Erde gleichgesetzt. Oskar Adler: Das uralte Symbol für Erde: Kreuz im Kreis, zugleich Zeichen der vierten Stufe der Offenbarung der im Stoff verwirklichten Sexualität (Erscheinungswelt), stellt eine Verschmelzung der Planetensymbole des Mars und der Venus dar, deren Gegensätzlichkeit jetzt unmittelbar deutlich wird:

Amulett und Schleier

1 Vgl. H. Hurwitz: *Lilith – Die erste Eva*, S. 104.

2 Vgl. O. Nemecek: *Die Wertschätzung der Jungfräulichkeit*, S. 82.

Blut

1 Vgl. O. Nemecek: *Die Wertschätzung der Jungfräulichkeit*, S. 56.

2 Vgl. G. J. Bellinger: *Im Himmel wie auf Erden*, S. 354.

3 Vgl. O. Nemecek, S. 57.

4 Vgl. *ibid.*, S. 72.

Perspektiven zu Lilith

1 Dr. Hancar und J. Campbell zitiert von Ken Wilber in: *Halbzeit der Evolution*, S. 146.

2 Vgl. E. Neumann: *Die Grosse Mutter*, S. 41.

[3] S. Hurwitz: *Lilith – Die erste Eva*, S. 24.

[4] Vgl. *ibid.*, S. 42.

[5] Vgl. G. J. Bellinger: *Im Himmel wie auf Erden*, S. 405.

[6] K. Wilber: *Halbzeit der Evolution*, S. 164.

[7] Näheres hierzu im Kapitel «Die Schlange».

[8] Vgl. J. Hillman: *Am Anfang war das Bild*, S. 37.

[9] Vgl. *ibid.*, S. 39.

Androgynie

[1] Vgl. Achim Aurnhammer: «Die eins waren, eins sind oder eins sein möchten», in Meesmann/Sill (Hg): *Androgyn*, S. 171 ff.

[2] Vgl. *ibid.*, S. 171.

[3] Vgl. Verena Kast: «Fasziniert vom seelischen Bild des Paares», in Meesmann/Sill (Hg): *Androgyn*, S. 60.

[4] Kurt Lüthi: «Plädoyer für ein offenes Gottesbild», in Meesmann/Sill (Hg): *Androgyn*, S. 202.

[5] *ibid.*, S. 202.

[6] *ibid.*, S. 213.

[7] Vgl. B. Bettelheim: *Die symbolischen Wunden*, S. 152.

[8] Vgl. M. Staib: *Die enthaarte Frau*, S. 83.

[9] Genauere Ausführungen zu diesem Thema finden Sie im Kapitel «Die Spiegel der Lilith».

Die Schlange

[1] Genesis 3; 7.

[2] H. Fritsche: *Die Erhöhung der Schlange*, S. 28.

[3] Vgl. C. Mulack: *Die Weiblichkeit Gottes*, S. 147.

[4] Genesis 3; 5.

[5] Genesis 3; 7.

[6] Vgl. C. Mulack, S. 152.

[7] Vgl. M. Lurker: *Die Botschaft der Symbole*, S. 187.

[8] 4. Moses 2; 6-8.

[9] H. Fritsche: *Die Erhöhung der Schlange*, S. 131.

[10] M. Lurker: *Die Botschaft der Symbole*.

[11] Vgl. *ibid.*, S. 180.

[12] Vgl. *ibid.*, S. 190.

[13] Weitere Ausführungen dazu im Kapitel «Der Sündenbock».

Die Achse

[1] Vgl. M. Eliade: *Das Heilige und das Profane*, S. 131.

[2] Vgl. *ibid.*, S. 33.

[3] M. Eliade: *Die Religionen und das Heilige*, S. 337.

[4] Siehe hierzu auch das Kapitel «Die Schlange als Symbol für Heil und Ganzheit».

Das Dämonische

[1] Vgl. R. May: *Liebe und Wille*, S. 104.

[2] G. Bataille: *Die Tränen des Eros*.

[3] S. Keen: *Feuer im Bauch*, S. 299.

[4] G. Bataille: *Die Tränen des Eros*, S. 74.

Der Sündenbock

[1] Vgl. S. Brinton Perera: *Der Sündenbock Komplex*, S. 24.

[2] Vgl. *ibid.*, S. 24.

[3] J. Hillman: *Die Suche nach Innen*, S. 84

Der Blick auf die Achse

[1] Vgl. R. May: *Liebe und Wille*, S. 305.

Der Schwarze Mond in den Zeichen oder Aspekte zu Planeten

[1] Vgl. E. C. Whitmont: *Die Rückkehr der Göttin*, S. 35.

[2] Vgl. Fritz Riemann: *Grundformen der Angst*, Ernst Reinhardt Verlag, München, Basel.

[3] Vgl. Friedrich Weinreb: *Eva und Lilith. Die Dualität des Weiblichen.*

[4] Vgl. R. Sicuteri: *Astrologie und Mythos*, S. 100.

[5] Vgl. E. C. Whitmont: *Die Rückkehr der Göttin*, S. 174.

[6] Vgl. M. Eliade: *Die Religionen und das Heilige*, S. 205-206.

[7] Vgl. S. Hurwitz: *Lilith – Die erste Eva.*

[8] Vgl. R. Sicuteri: *Astrologie und Mythos*, S. 64.

[9] Vgl. J. Hillman: *Am Anfang war das Bild*, S. 155.

[10] Vgl. *ibid.*, S. 155.

[11] Siehe Kapitel «Jahwes Kampf mit der Schlange».

[12] Siehe Kapitel «Schlange und Adler».

[13] Vgl. G. Bataille: *Die Tränen des Eros*, S. 85.

[14] Siehe Kapitel «Die Tiefe».

Der Schwarze Mond in den Häusern

[1] Vgl. Kapitel «Opfer».

[2] Vgl. Kapitel «Opfer».

[3] Vgl. M. Eliade: *Das Heilige und das Profane*, S. 118.

Lilith und Chiron

[1] Vgl. Kapitel «Hydra».

[2] Vgl. Kapitel «Die Schlange als Symbol für Heil und Ganzheit».

Fallbeispiele

[1] C. Wachenfeld: *Die Vergewaltigung der Artemisia.*

[2] *ibid.*, S. 30, zit. nach Rose-Marie Hagen.

Verwirrte Gegner

[1] Vgl. F. Perls: *Gestalt, Wachstum, Integration*, S. 101.

[2] Vgl. *ibid.*, S. 112.

Initiatorin für kommende Zeiten

[1] E. C. Whitmont: *Die Rückkehr der Göttin*, S. 215.

[2] *ibid.*, S. 216.

[3] *ibid.*, S. 217.

[4] *ibid.*, S. 217.

Astronomische Hinweise zum Schwarzen Mond

Der Mond bewegt sich nicht auf einem exakten Kreis um die Erde, sondern auf einer komplexeren Bahn, die man vereinfacht als Ellipse beschreiben kann. Jede Ellipse hat zwei Brennpunkte, im Gegensatz zum Kreis, welcher nur einen Mittelpunkt aufweist. Der eine Brennpunkt der Ellipse, welche der Mond um die Erde beschreibt, wird von der Erde selbst eingenommen. Der zweite Brennpunkt ist nicht durch einen Himmelskörper besetzt, sondern leer. Er entspricht dem, was wir als «Schwarzen Mond» oder «Lilith» bezeichnen, im Sinne eines zur Erde komplementären Punktes, dem damit, symbolisch gesehen, «virtuelle» oder «potentielle» Qualitäten zukommen. Durch den Einbezug dieses Punktes in die Horoskopbetrachtung wird eine «Leere» gefüllt. Man kann sich also vorstellen, dass der Schwarze Mond im Sinne einer Ergänzungsfunktion eine Anziehung ausübt und gleichzeitig eine Möglichkeit darstellt, zum Erde/Mond-Verhaftetsein (Brennpunkt Erde) Distanz zu gewinnen. Diese erdferne Qualität ergibt sich auch aus der graphischen Darstellung auf der gegenüberliegenden Seite.

Wir finden darin in überzeichneter Form die elliptoide Mondbahn mit der Erde im linken Brennpunkt. Nahe dabei befindet sich Punkt P als Perigäum, jener Punkt, an dem der Mond auf seiner Bahn der Erde am nächsten ist. Direkt gegenüber liegt Punkt A, welcher als Apogäum den erdfernsten Punkt der Mondbahn darstellt. Von P zu A lässt sich eine Linie ziehen, auf welcher im ersten Brennpunkt der Ellipse die Erde und im zweiten der Schwarze Mond liegen. Damit befindet sich der erdfernste Punkt der Mondbahn (Apogäum) vom Erdmittelpunkt aus gesehen exakt in gleicher Richtung wie der Schwarze Mond. Um dessen Position zu ermitteln, werden deshalb entweder die Stellung des zweiten Brennpunktes oder des Apogäums auf die Ekliptik projiziert, was auf das Gleiche herauskommt. Ein Unterschied ergäbe sich lediglich, wenn statt des Erdmittelpunktes die Position des Beobachters auf der Erde verwendet würde, was jedoch bei astrologischen Betrachtungen nicht üblich ist. Einige Astrologen arbeiten auch mit der Projektion des Perigäums auf die Ekliptik und nennen diesen Punkt «Priapus» in Anlehnung an die gleichnamige griechische Gottheit.

Die mittlere Lilithposition

Verlässliche Ephemeriden gibt es zur Zeit lediglich für die sogenannte «mittlere» Lilithstellung. Die mittlere Lilith oder das mittlere Apogäum bewegt sich ganz ähnlich dem mittleren Mondknoten regelmässig und zwar mit einer Geschwindigkeit von 6 Minuten, 41 Sekunden täglich im Sinne des Tierkreises. Für einen vollen Umlauf werden dementsprechend etwas weniger als 9 Jahre gebraucht (genau 8,85 Jahre). Rundere Jahreszahlen liefert im übrigen der Zyklus der Lilith zur Mondknotenachse, was auch darauf hinweist, wie eng diese beiden Faktoren miteinander verknüpft sind: Recht exakt alle sechs Jahre steht Lilith am aufsteigenden oder am absteigenden Mondknoten (und damit in der gleichen Beziehung zur Mondknotenachse, was auch für andere Winkelbeziehungen gilt). Wie präzis diese Zusammenhänge sind, zeigt folgendes Beispiel: Die mittlere Lilithstellung lag zuletzt Anfang September 1994 am mittleren absteigenden Mondknoten. Dies war auch im September 1988, 1982, 1976, 1970, 1964, 1958, 1952 usw. der Fall. Die Übereinstimmung mit dem Septembermonat im Abstand von jeweils sechs Jahren gilt sogar für das ganze 20. Jahrhundert. Wir müssen bis ins 19. Jahrhundert zurückgehen, um eine Verschiebung auf den Monat Oktober zu finden, dann natürlich wiederum alle sechs Jahre. Es gibt wenig astrologische Zyklen, die so genau mit dem chronologischen Kalender übereinstimmen!

Die Suche nach der sogenannten «wahren» oder der «korrigierten» Lilithstellung

In Wirklichkeit bewegt sich der Mond nicht auf einer exakten Ellipse, denn seine Bahn wird von der Schwerkraft der Sonne beeinträchtigt. Dieser Einfluss wirkt sich auf die Lage des Perigäums (erdnächster Punkt) stärker aus als auf jene des Apogäums (erdfernster Punkt). Wie Dieter Koch in einem interessanten Artikel «Was ist Lilith und welche Ephemeride ist richtig?» (*Meridian*, 1/95) erläutert, kann der Mond, wenn er an seinem tatsächlichen Apogäum steht, bis 5 Grad von der «mittleren» Lilith entfernt sein. Arbeitet man mit dem mittleren Perigäum, welches in ex-

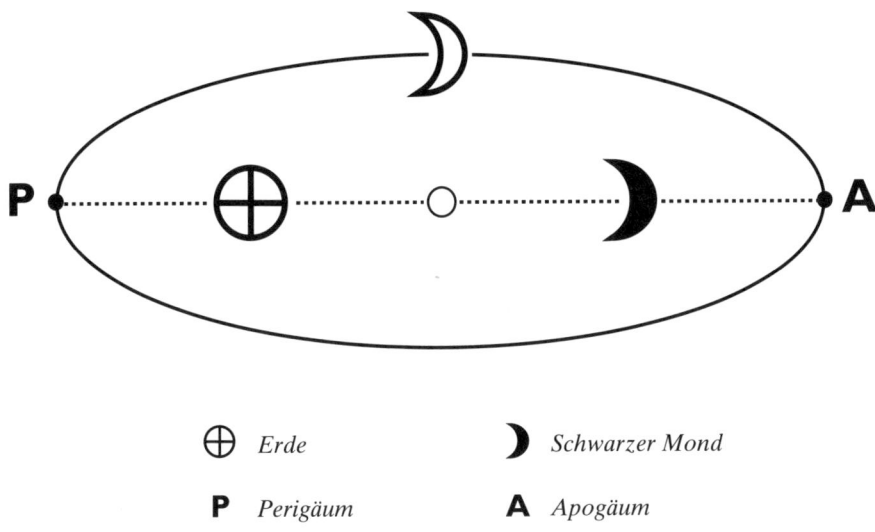

⊕ *Erde*   ☽ *Schwarzer Mond*

P *Perigäum*   **A** *Apogäum*

akter Opposition zum mittleren Apogäum liegt, so kann der Fehler noch grösser werden und ganze 25 Grad Abweichung erreichen. Dies legt es nahe, mit der Verwendung des Gegenpunktes Priapus Vorsicht walten zu lassen.

Im Bewusstsein, dass die mittlere Lilithstellung eine Vereinfachung darstellt, wurde in der seit 1993 veröffentlichten *The New International Ephemerides* (1900–2050) neben der mittleren (Mean) eine sogenannte «wahre» Lilithstellung (True) abgedruckt. Versucht man mit dieser Position zu arbeiten, die tatsächlich Riesensprünge von einem Tag zum andern machen kann (zeitweilig mehr als 4 Grad), so merkt man bald, dass damit nicht viel anzufangen ist. Dieter Koch stellt im erwähnten Artikel fest, dass es sich dabei eben nicht um die wirklich «wahre» Lilithposition handelt, sondern wiederum um eine Abstraktion: *Trotz dem Vorteil, dass der Mond, wenn er bei dieser «wahren» Lilith steht, tatsächlich seinen erdfernsten Bahnpunkt erreicht, ist auch diese Ephemeride keineswegs so «wahr», wie ihre Bezeichnung vorgibt. Sie ist ja stets durch die ideale, augenblickliche Bahnellipse definiert, beruht also auf einer Idealisierung, nicht auf der Realität. Konkret: Man tut so, als hörten die Sonne und alle anderen Himmelskörper, die durch ihre Anziehungskraft die Mondbahn mitbeeinflussen, auf einmal auf zu existieren und als würde die Bahn im folgenden nur noch von der Anziehungskraft der Erde bestimmt. Auf diese Weise erhält man eine saubere Ellipsenbewegung. Aber wir sehen: Diese Ellipse hat mit der Realität wenig zu tun. Man tut so, als gäbe es nur das Erde-Mond-System und als wäre dieses gar nicht Teil des Sonnensystems. ... Die sogenannte «wahre» Lilith ist also keine wirklich wahre Lilith. Sie trifft nur gerade für diejenigen Augenblicke zu, wo der Mond tatsächlich exakt im Perigäum oder Apogäum steht. ... Aber für alle anderen Zeitpunkte ist die «wahre» Lilith sinnlos, weil sie auf einer Vorstellung beruht, die nicht der Wirklichkeit entspricht. ... Skeptisch müsste uns schon die Tatsache stimmen, dass die «wahre» Lilith von der mittleren über 30 Grad entfernt sein kann, während das tatsächliche Apogäum nur +/– 5 Grad vom mittleren abweicht.*

Konsequenzen für die astrologische Arbeit

In Anbetracht des heutigen Wissensstandes und der Verfügbarkeit entsprechender Ephemeriden empfehlen wir, mit der mittleren Lilithstellung zu arbeiten. Diese lässt sich für die Periode von 1900–2050 für jeden Tag aus *The New International Ephemerides*, Edition St. Michel, unter «Mean»-Position ablesen (diese Ephemeride kann bestellt werden bei: Astrodata, Postfach, 8047 Zürich, Schweiz). Diese mittlere Position liefert in der praktischen Arbeit hervorragende Resultate, und es kommt ihr wohl eine ähnliche Bedeutung zu wie jene des «mittleren» Mondknotens, dessen Verwendung wir trotz existierender Ephemeriden für den sogenannten «wahren» Mondknoten weiterhin empfehlen. Lobenswerterweise führt diese Ephemeride ebenfalls beide Mondknotenstellungen an, wie sie es für die Lilithstellung tut.

Wir halten es allerdings für möglich, dass neben der Verwendung der mittleren Lilithstellung eine «korrigierte» Lilith nützliche Zusatzinformationen und Präzisierungen liefern könnte, ähnlich wie dies in den Augen vieler Astrologen im Hin-

blick auf den sogenannten «wahren» Mondknoten der Fall ist. Abweichungen können in diesem Fall bis zu +/– 5 Grad betragen, während sie beim Mondknoten maximal +/– 2 Grad ausmachen. Leider existieren dafür noch keine verlässlichen Ephemeriden. Diese Position sollte jedoch nicht mit der sogenannten «wahren» Lilith-
stellung verwechselt werden.

Edition Astrodata

Tabelle 1 (mittlere Position)
Stand des Schwarzen Mondes jeweils am 1. Januar (12.00 Uhr mittags)

JAHR	LÄNGEN-KREIS	TIERKREISZEICHEN	JAHR	LÄNGEN-KREIS	TIERKREISZEICHEN	JAHR	LÄNGEN-KREIS	TIERKREISZEICHEN
1750	171° 02'	21° 02' JUN	1799	4° 51'	4° 51' WID	1848	198° 32'	18° 32' WAA
1751	211° 42'	1° 42' SKO	1800	45° 30'	15° 30' STI	1849	239° 19'	29° 19' SKO
1752	252° 22'	12° 22' SCH	1801	86° 10'	26° 10' ZWI	1850	279° 59'	9° 59' STE
1753	293° 08'	23° 08' STE	1802	126° 50'	6° 50' LÖW	1851	320° 38'	20° 38' WAS
1754	333° 48'	3° 48' FIS	1803	167° 30'	17° 30' JUN	1852	1° 18'	1° 18' WID
1755	14° 28'	14° 28' WID	1804	208° 10'	28° 10' WAA	1853	42° 05'	12° 05' STI
1756	55° 07'	25° 07' STI	1805	248° 56'	8° 56' SCH	1854	82° 44'	22° 44' ZWI
1757	95° 54'	5° 54' KRE	1806	289° 36'	19° 36' STE	1855	123° 24'	3° 24' LÖW
1758	136° 34'	16° 34' LÖW	1807	330° 15'	0° 15' FIS	1856	164° 04'	14° 04' JUN
1759	177° 13'	27° 13' JUN	1808	10° 55'	10° 55' WID	1857	204° 50'	24° 50' WAA
1760	217° 53'	7° 53' SKO	1809	51° 42'	21° 42' STI	1858	245° 30'	5° 30' SCH
1761	258° 40'	18° 40' SCH	1810	92° 21'	2° 21' KRE	1859	286° 10'	16° 10' STE
1762	299° 19'	29° 19' STE	1811	133° 01'	13° 01' LÖW	1860	326° 50'	26° 50' WAS
1763	339° 59'	9° 59' FIS	1812	173° 41'	23° 41' JUN	1861	7° 36'	7° 36' WID
1764	20° 39'	20° 39' WID	1813	214° 27'	4° 27' SKO	1862	48° 16'	18° 16' STI
1765	61° 25'	1° 25' ZWI	1814	255° 07'	15° 07' SCH	1863	88° 55'	28° 55' ZWI
1766	102° 05'	12° 05' KRE	1815	295° 47'	25° 47' STE	1864	129° 35'	9° 35' LÖW
1767	142° 45'	22° 45' LÖW	1816	336° 27'	6° 27' FIS	1865	170° 22'	20° 22' JUN
1768	183° 25'	3° 25' WAA	1817	17° 13'	17° 13' WID	1866	211° 01'	1° 01' SKO
1769	224° 11'	14° 11' SKO	1818	57° 53'	27° 53' STI	1867	251° 41'	11° 41' SCH
1770	264° 51'	24° 51' SCH	1819	98° 33'	8° 33' KRE	1868	292° 21'	22° 21' STE
1771	305° 31'	5° 31' WAS	1820	139° 12'	19° 12' LÖW	1869	333° 07'	3° 07' FIS
1772	346° 10'	16° 10' FIS	1821	179° 59'	29° 59' JUN	1870	13° 47'	13° 47' WID
1773	26° 57'	26° 57' WID	1822	220° 39'	10° 39' SKO	1871	54° 27'	24° 27' STI
1774	67° 37'	7° 37' ZWI	1823	261° 18'	21° 18' SCH	1872	95° 07'	5° 07' KRE
1775	108° 16'	18° 16' KRE	1824	301° 58'	1° 58' WAS	1873	135° 53'	15° 53' LÖW
1776	148° 56'	28° 56' LÖW	1825	342° 45'	12° 45' FIS	1874	176° 33'	26° 33' JUN
1777	189° 43'	9° 43' WAA	1826	23° 24'	23° 24' WID	1875	217° 13'	7° 13' SKO
1778	230° 22'	20° 22' SKO	1827	64° 04'	4° 04' ZWI	1876	257° 52'	17° 52' SCH
1779	271° 02'	1° 02' STE	1828	104° 44'	14° 44' KRE	1877	298° 39'	28° 39' STE
1780	311° 42'	11° 42' WAS	1829	145° 30'	25° 30' LÖW	1878	339° 19'	9° 19' FIS
1781	352° 28'	22° 28' FIS	1830	186° 10'	6° 10' WAA	1879	19° 58'	19° 58' WID
1782	33° 08'	3° 08' STI	1831	226° 50'	16° 50' SKO	1880	60° 38'	0° 38' ZWI
1783	73° 48'	13° 48' ZWI	1832	267° 30'	27° 30' SCH	1881	101° 24'	11° 24' KRE
1784	114° 28'	24° 28' KRE	1833	308° 16'	8° 16' WAS	1882	142° 04'	22° 04' LÖW
1785	155° 14'	5° 14' JUN	1834	348° 56'	18° 56' FIS	1883	182° 44'	2° 44' WAA
1786	195° 54'	15° 54' WAA	1835	29° 36'	29° 36' WID	1884	223° 24'	13° 24' SKO
1787	236° 34'	26° 34' SKO	1836	70° 15'	10° 15' ZWI	1885	264° 10'	24° 10' SCH
1788	277° 13'	7° 13' STE	1837	111° 02'	21° 02' KRE	1886	304° 50'	4° 50' WAS
1789	317° 60'	17° 60' WAS	1838	151° 41'	1° 41' JUN	1887	345° 30'	15° 30' FIS
1790	358° 39'	28° 39' FIS	1839	192° 21'	12° 21' WAA	1888	26° 09'	26° 09' WID
1791	39° 19'	9° 19' STI	1840	233° 01'	23° 01' SKO	1889	66° 56'	6° 56' ZWI
1792	79° 59'	19° 59' ZWI	1841	273° 47'	3° 47' STE	1890	107° 36'	17° 36' KRE
1793	120° 45'	0° 45' LÖW	1842	314° 27'	14° 27' WAS	1891	148° 15'	28° 15' LÖW
1794	161° 25'	11° 25' JUN	1843	355° 07'	25° 07' FIS	1892	188° 55'	8° 55' WAA
1795	202° 05'	22° 05' WAA	1844	35° 47'	5° 47' STI	1893	229° 42'	19° 42' SKO
1796	242° 45'	2° 45' SCH	1845	76° 33'	16° 33' ZWI	1894	270° 21'	0° 21' STE
1797	283° 31'	13° 31' STE	1846	117° 13'	27° 13' KRE	1895	311° 01'	11° 01' WAS
1798	324° 11'	24° 11' WAS	1847	157° 53'	7° 53' JUN	1896	351° 41'	21° 41' FIS

JAHR	LÄNGEN-KREIS	TIERKREIS-ZEICHEN	JAHR	LÄNGEN-KREIS	TIERKREIS-ZEICHEN	JAHR	LÄNGEN-KREIS	TIERKREIS-ZEICHEN
1897	32°27'	2°27' STI	1949	348°14'	18°14' FIS	2001	304°08'	4°08' WAS
1898	73°07'	13°07' ZWI	1950	28°54'	28°54' WID	2002	344°47'	14°47' FIS
1899	113°47'	23°47' KRE	1951	69°34'	9°34' ZWI	2003	25°27'	25°27' WID
1900	154°26'	4°26' JUN	1952	110°13'	20°13' KRE	2004	66°07'	6°07' ZWI
1901	195°06'	15°06' WAA	1953	150°60'	0°60' JUN	2005	106°53'	16°53' KRE
1902	235°46'	25°46' SKO	1954	191°40'	11°40' WAA	2006	147°33'	27°33' LÖW
1903	276°26'	6°26' STE	1955	232°19'	22°19' SKO	2007	188°13'	8°13' WAA
1904	317°05'	17°05' WAS	1956	272°59'	2°59' STE	2008	228°52'	18°52' SKO
1905	357°52'	27°52' FIS	1957	313°46'	13°46' WAS	2009	269°39'	29°39' SCH
1906	38°32'	8°32' STI	1958	354°25'	24°25' FIS	2010	310°19'	10°19' WAS
1907	79°11'	19°11' ZWI	1959	35°05'	5°05' STI	2011	350°58'	20°58' FIS
1908	119°51'	29°51' KRE	1960	75°45'	15°45' ZWI	2012	31°38'	1°38' STI
1909	160°38'	10°38' JUN	1961	116°31'	26°31' KRE	2013	72°25'	12°25' ZWI
1910	201°17'	21°17' WAA	1962	157°11'	7°11' JUN	2014	113°04'	23°04' KRE
1911	241°57'	1°57' SCH	1963	197°51'	17°51' WAA	2015	153°44'	3°44' JUN
1912	282°37'	12°37' STE	1964	238°30'	28°30' SKO	2016	194°24'	14°24' WAA
1913	323°23'	23°23' WAS	1965	279°17'	9°17' STE	2017	235°10'	25°10' SKO
1914	4°03'	4°03' WID	1966	319°57'	19°57' WAS	2018	275°50'	5°50' STE
1915	44°43'	14°43' STI	1967	0°36'	0°36' WID	2019	316°30'	16°30' WAS
1916	85°22'	25°22' ZWI	1968	41°16'	11°16' STI	2020	357°09'	27°09' FIS
1917	126°09'	6°09' LÖW	1969	82°03'	22°03' ZWI	2021	37°56'	7°56' STI
1918	166°49'	16°49' JUN	1970	122°42'	2°42' LÖW	2022	78°35'	18°35' ZWI
1919	207°28'	27°28' WAA	1971	163°22'	13°22' JUN	2023	119°15'	29°15' KRE
1920	248°08'	8°08' SCH	1972	204°02'	24°02' WAA	2024	159°55'	9°55' JUN
1921	288°55'	18°55' STE	1973	244°48'	4°48' SCH	2025	200°41'	20°41' WAA
1922	329°34'	29°34' WAS	1974	285°28'	15°28' STE	2026	241°21'	1°21' SCH
1923	10°14'	10°14' WID	1975	326°08'	26°08' WAS	2027	282°01'	12°01' STE
1924	50°54'	20°54' STI	1976	6°47'	6°47' WID	2028	322°41'	22°41' WAS
1925	91°40'	1°40' KRE	1977	47°34'	17°34' STI	2029	3°27'	3°27' WID
1926	132°20'	12°20' LÖW	1978	88°14'	28°14' ZWI	2030	44°07'	14°07' STI
1927	172°60'	22°60' JUN	1979	128°53'	8°53' LÖW	2031	84°46'	24°46' ZWI
1928	213°39'	3°39' SKO	1980	169°33'	19°33' JUN	2032	125°26'	5°26' LÖW
1929	254°26'	14°26' SCH	1981	210°19'	0°19' SKO	2033	166°13'	16°13' JUN
1930	295°06'	25°06' STE	1982	250°59'	10°59' SCH	2034	206°52'	26°52' WAA
1931	335°45'	5°45' FIS	1983	291°39'	21°39' STE	2035	247°32'	7°32' SCH
1932	16°25'	16°25' WID	1984	332°19'	2°19' FIS	2036	288°12'	18°12' STE
1933	57°12'	27°12' STI	1985	13°05'	13°05' WID	2037	328°58'	28°58' WAS
1934	97°51'	7°51' KRE	1986	53°45'	23°45' STI	2038	9°38'	9°38' WID
1935	138°31'	18°31' LÖW	1987	94°25'	4°25' KRE	2039	50°18'	20°18' STI
1936	179°11'	29°11' JUN	1988	135°04'	15°04' LÖW	2040	90°57'	0°57' KRE
1937	219°57'	9°57' SKO	1989	175°51'	25°51' JUN	2041	131°44'	11°44' LÖW
1938	260°37'	20°37' SCH	1990	216°30'	6°30' SKO	2042	172°24'	22°24' JUN
1939	301°17'	1°17' WAS	1991	257°10'	17°10' SCH	2043	213°03'	3°03' SKO
1940	341°56'	11°56' FIS	1992	297°50'	27°50' STE	2044	253°43'	13°43' SCH
1941	22°43'	22°43' WID	1993	338°36'	8°36' FIS	2045	294°29'	24°29' STE
1942	63°23'	3°23' ZWI	1994	19°16'	19°16' WID	2046	335°09'	5°09' FIS
1943	104°02'	14°02' KRE	1995	59°56'	29°56' STI	2047	15°49'	15°49' WID
1944	144°42'	24°42' LÖW	1996	100°36'	10°36' KRE	2048	56°29'	26°29' STI
1945	185°29'	5°29' WAA	1997	141°22'	21°22' LÖW	2049	97°15'	7°15' KRE
1946	226°08'	16°08' SKO	1998	182°02'	2°02' WAA	2050	137°55'	17°55' LÖW
1947	266°48'	26°48' SCH	1999	222°41'	12°41' SKO	**Berechnung des Tagesstandes siehe nächste Seite**		
1948	307°28'	7°28' WAS	2000	263°21'	23°21' SCH			

Tabelle 2

Berechnung des Tagesstandes (Mittlerer Tagesbogen: 0° 6' 30")

1 Januar	2 Februar	3 März	4 April	5 Mai	6 Juni
1. = 0° 00'	1. = 3° 27'	1. = 6° 34'	1. = 10° 02'	1. = 13° 22'	1. = 16° 49'
5. = 0° 27'	5. = 3° 54'	5. = 7° 01'	5. = 10° 28'	5. = 13° 49'	5. = 17° 16'
10. = 1° 00'	10. = 4° 27'	10. = 7° 35'	10. = 11° 02'	10. = 14° 21'	10. = 17° 49'
15. = 1° 34'	15. = 5° 01'	15. = 8° 08'	15. = 11° 35'	15. = 14° 56'	15. = 18° 23'
20. = 2° 07'	20. = 5° 34'	20. = 8° 41'	20. = 12° 09'	20. = 15° 29'	20. = 18° 56'
25. = 2° 40'	25. = 6° 08'	25. = 9° 14'	25. = 12° 41'	25. = 16° 03'	25. = 19° 30'

7 Juli	8 August	9 September	10 Oktober	11 November	12 Dezember
1. = 20° 10'	1. = 23° 37'	1. = 27° 04'	1. = 30° 25'	1. = 33° 52'	1. = 37° 13'
5. = 20° 37'	5. = 24° 04'	5. = 27° 31'	5. = 30° 52'	5. = 34° 19'	5. = 37° 39'
10. = 21° 10'	10. = 24° 37'	10. = 28° 04'	10. = 31° 25'	10. = 34° 52'	10. = 38° 13'
15. = 21° 43'	15. = 25° 11'	15. = 28° 38'	15. = 31° 58'	15. = 35° 26'	15. = 38° 46'
20. = 22° 17'	20. = 25° 44'	20. = 29° 11'	20. = 32° 32'	20. = 35° 59'	20. = 39° 20'
25. = 22° 50'	25. = 26° 17'	25. = 29° 45'	25. = 33° 05'	25. = 36° 32'	25. = 39° 53'

Berechnung

Um die genaue Stellung des Schwarzen Mondes an einem bestimmten Tag festzustellen, nehme man die Stellung am 1. Januar des entsprechenden Jahres *(Tabelle 1)* und zähle die Grade des Monats-/Tagesdatums *(Tabelle 2)* hinzu.

Beispiel

Schwarzer Mond am 10. Februar 1940:

1. Januar 1940 =	341° 56'
10. Februar 1940 =	+ 4° 27'
	346° 23' *(16° 23' Fische)*

Da die Stellungen in *Tabelle 2* nur in Abständen von 5 Tagen angegeben sind, muss man pro zusätzlichen Tag 6' 30" hinzuzählen.

Beispiel

Schwarzer Mond am 11. Februar 1940:

1. Januar 1940 =	341° 56'
10. Februar 1940 =	+ 4° 27'
1 Tag =	+ 0° 06' 30"
	346° 29' 30" *(16° 29' 30" Fische)*

Die Ekliptiklänge der Sternzeichen umfasst insgesamt 360° und beginnt bei 0° Widder:
0°–30°: Widder (WID), 30°–60°: Stier (STI), 60°–90°: Zwillinge (ZWI), 90°–120°: Krebs (KRE), 120°–150°: Löwe (LÖW), 150°–180°: Jungfrau (JUN), 180°–210°: Waage (WAA), 210°–240°: Skorpion (SKO), 240°–270°: Schütze (SCH), 270°–300°: Steinbock (STE), 300°–330°: Wassermann (WAS), 330°–360°: Fische (FIS).

Bibliographie

ADLER, Oskar: «Planetenwelt und Mensch», Bd. 2 von *Das Testament der Astrologie*, Hugendubel, München 1992.

AEPPLI, Ernst: *Der Traum und seine Deutung*, Knaur.

ANDERSEN, Hans Christian: *Märchen*, Droemer Knaur.

ARIES, BEJIN, FOUCAULT u. a.: *Die Masken des Begehrens und die Metamorphosen der Sinnlichkeit*, Fischer.

ASSAGIOLI, Roberto: *Psychosynthese*, Astrologisch-Psychologisches Institut API, Adliswil/Zürich.

BAILEY, Alice A.: *Die Arbeiten des Herkules*, Lucis, Genf (Deutschland: Karl Rohm Verlag).

BARRIE, James M.: *Peter Pan*, Dressler, Hamburg.

BATAILLE, Georges: *Die Tränen des Eros*, Matthes & Seitz, München 1993.

BELLINGER, Gerhard J.: *Im Himmel wie auf Erden: Sexualität in den Religionen der Welt*, Droemer Knaur, München 1993.

BETTELHEIM, Bruno: *Die symbolischen Wunden*, Fischer, Frankfurt am Main 1990.

BEYER, Rolf: *Die Königin von Saba*, Gustav Lübbe.

BIEDERMANN, Hans: *Knaurs Lexikon der Symbole*.

BRINTON PERERA, Sylvia: *Der Sündenbock-Komplex*, Ansata.

CANETTI, Elias: *Die Provinz des Menschen*, Fischer, Frankfurt am Main 1986.

CENTURIO, Dr. N.: *Nostradamus, Der Prophet der Weltgeschichte*, Richard Schikowski, Berlin 1960.

ECO, Umberto: *Über Spiegel und andere Phänomene*, dtv, München 1990.

ELIADE, Mircea: *Das Heilige und das Profane*, Insel, Frankfurt am Main 1987.

ELIADE, Mircea: *Die Religionen und das Heilige*, Insel, Frankfurt am Main 1986.

ELIADE, Mircea: *Schamanismus und archaische Ekstasetechnik*, Suhrkamp, Frankfurt am Main 1994.

FRANCIA, Luisa: *Mond – Tanz – Magie*, Frauenoffensive.

FRENCH, Marilyn: *Jenseits der Macht*, rororo, Reinbek 1992.

FRITSCHE, Herbert: *Die Erhöhung der Schlange*, Burgdorf.

FRITSCHE, Herbert: *Kleines Lehrbuch der weissen Magie*, Burgdorf.

GOBRY, Ivan: *Franz von Assisi*, Rowohlt.

GORION, E. bin, Hrsg.: *Der Born Judas*, Jüdischer Verlag, Frankfurt am Main 1993.

GRAVELAINE, Joëlle de: *Lilith – Der Schwarze Mond*, Edition Astrodata, Wettswil 1993.

GREENE, Liz: *Schicksal und Astrologie*, Hugendubel.

GREER, Germaine: *Die heimliche Kastration*.

GRIMM, Jakob und Wilhelm: *Deutsche Sagen*, Insel.

GRODDECK, Georg: *Der Mensch als Symbol*, Fischer.

HILLMAN, James: *Am Anfang war das Bild*, Kösel, München 1983.

HILLMAN, James: *Die Suche nach Innen*, Daimon Verlag.

HURWITZ, Siegmund: *Lilith – Die erste Eva*, Daimon Verlag, Zürich 1983.

JOHNSON, Robert A.: *Ekstase. Eine Psychologie der Lebenslust*, Kösel, München 1991.

JUNG, C. G.: *Symbole der Wandlung*, Walter, Olten 1991.

KEEN, Sam: *Feuer im Bauch*, Kabel.

KEEN, Sam: *Gesichter des Bösen*, Heyne, München 1993.

KERÉNYI, Karl: *Die Mythologie der Griechen*, 2 Bde., dtv.

LURKER, Manfred: *Die Botschaft der Symbole*, Kösel.

MAY, Rollo: *Liebe und Wille*, Edition Humanistische Psychologie, 1988.

MEESMANN/SILL (Hg.): *Androgyn*, Deutscher Studien Verlag, Weinheim 1994.

MONICK, Eugene: *Die Wurzeln der Männlichkeit*, Kösel, München 1990.

MULACK, Christa: *Die Weiblichkeit Gottes*, Kreuz Verlag, Stuttgart 1992.

NEMECEK, Ottokar: Die Wertschätzung der Jungfräulichkeit, Ringbuchhandlung A. Sexl, Wien.

NEUE JERUSALEMER BIBEL, Herder Verlag.

NEUMANN, Erich: *Die Grosse Mutter*, Walter, Olten 1989.

OTTO, Walter F.: *Dionysos*, Klostermann, Frankfurt am Main 1989.

PERLS, Friedrich S.: *Gestalt, Wachstum, Integration*, Junfermann, Paderborn 1990.

RANKE-GRAVES, Robert von: *Griechische Mythologie*, rororo.

REINHART, Melanie: *Chiron – Heiler und Botschafter des Kosmos*, Astrodata, Wettswil 1993.

RILKE, Rainer Maria: *Sämtliche Werke*, 3. Bd., Jugendgedichte, Insel, Frankfurt am Main 1987.

RINNE, Olga: *Medea – Das Recht auf Zorn und Eifersucht*, Kreuz-Verlag, Zürich.

SCHENK, Herrad: *Die Befreiung des weiblichen Begehrens*, Knaur.

SCHLEGEL, Dorothea und Friedrich: *Geschichte des Zauberers Merlin*, Ullstein.

SHUTTLE/REDGROVE: *Die weise Wunde Menstruation*, Fischer, Frankfurt am Main 1992.

SICUTERI, Roberto: *Astrologie und Mythos*, Aurum.

STAIB, Margitta: *Die enthaarte Frau*, Kunstmann, München 1991.

STOLZENWALD, Susanna: *Artemisia Gentileschi*, Belser Verlag.

TRAUGOTT, Hannelore: «Lilith – Dämonin und Initiatorin», in *Astrologie Heute*, Nr. 39, Okt./Nov. 1992.

TRAUGOTT, Hannelore: «Lilith in den Zeichen und Aspekten» in *Astrologie Heute*, Nr. 46, Dez. 1993/Jan. 1994.

TRAUGOTT, Hannelore: «Lilith in den Zeichen und Aspekten», 2. Teil: «Die Merkur/Jupiter und die Mond/Saturn-Achse» in *Astrologie Heute*, Nr. 47, Feb./März 1994.

TRAUGOTT, Hannelore: «Lilith in den Zeichen und Aspekten», 3. Teil: «Die Sonne/Uranus und die Merkur/Neptun-Achse» in *Astrologie Heute*, Nr. 48, April/Mai 1994.

VOGELSANG, Ethel: «Die Konfrontation zwischen Lilith und Adam: Die fünfte Runde», Tagungsbericht *Der Schattenarchetyp in einer gespaltenen Welt*, 10. Internationaler Kongress der IGfAP, Berlin, 2.–9. September 1986.

WACHENFELD, Christa (Hg.): *Die Vergewaltigung der Artemisia*, Kore.

WEIDELENER, Herman: *Die Götter in uns*, Goldmann.

WEINREB, Friedrich: *Eva und Lilith. Die Dualität des Weiblichen*, ISIOM.

WILBER, Ken: *Halbzeit der Evolution*, Goldmann, 1988.

WILDE, Oscar: *Das Bildnis des Dorian Gray*, Goldmann, München.

WHITMONT, Edward C.: *Die Rückkehr der Göttin*, Kösel, München 1989.

WHITMONT, Edward C.: *Psyche und Substanz*, Ulrich Burgdorf Verlag.

Weitere Bücher der Edition Astrodata

Erhältlich in jeder Buchhandlung

Jessie Adler Gral: **Unser innerer Geliebter,** Anima, Animus, der Schatten und das innere Kind in Liebesbeziehungen, Format 14 x 21 cm, brosch., 336 S., 12 Hskpe., 27 Tabellen, ISBN 3-907029-47-X

Jessie Adler Gral: **Die verzauberte Seele,** Sucht und Spiritualität im Horoskop, Format 14 x 21 cm, brosch., 306 S., 14 Hskpe., 27 Tabellen, ISBN 3-907029-31-3

Baigent / Campion / Harvey: **Mundan-Astrologie,** Handbuch der Astrologie des Weltgeschehens, Format 17 x 24 cm, geb., 456 S., 98 Abb., ISBN 3-907029-12-7

Nicholas Campion: **Das Buch der Welthoroskope,** Alle wichtigen Daten und Quellen zu Ländern, Nationen und weltpolitischen Ereignissen, Format 17 x 24 cm, geb., 660 S., 364 Hskpe., ISBN 3-907029-19-4

Donna Cunningham: **Handbuch der astrologischen Beratung,** Format 17 x 24 cm, geb., 232 S., 11 Horoskope, 2 Abb., ISBN 3-907029-51-8

Brigitte Eichenberger: **Astrologie-Fibel,** Ein Wegweiser für Laien, Format 14 x 21 cm, brosch., 38 farbige Illustrationen und Fotos, 96 S., ISBN 3-907029-44-5

Dennis Elwell: **Das kosmische Netzwerk,** Astrologie – eine neue Wissenschaft, Format 17 x 24 cm, geb., 224 S., ISBN 3-907029-08-9

Martin Freeman: **Astrologische Prognosemethoden,** Format 17 x 24 cm, geb., 152 S., 10 Abb., ISBN 3-907029-02-X

Joëlle de Gravelaine: **Lilith – Der Schwarze Mond,** Die Grosse Göttin im Horoskop, Format 17 x 24 cm, geb., 224 S., 40 Abb., ISBN 3-907029-13-5

Judy Hall: **Die karmische Reise,** Geburtshoroskop, Karma und Reinkarnation, Format 17 x 24 cm, geb., 320 S., zahlr. Hskpe. und Abb., ISBN 3-907029-22-4

Brigitte Hamann: **Lebensmuster,** Elternbilder im Horoskop, Format 17 x 24 cm, geb., 280 S., ISBN 3-907029-41-0

Michael Harding / Charles Harvey: **Die Feinanalyse des Horoskops,** Das Arbeiten mit Harmonics, Schnittpunkten und Astro∗Carto∗Graphy, Format 17 x 24 cm, geb., 406 S., zahlr. Abb., ISBN 3-907029-21-6

Nancy Anne Hastings: **Progressionen und Transite,** Ein praxisorientiertes Deutungsbuch, Format 17 x 24 cm, geb., 295 S., 35 Abb., ISBN 3-907029-15-1

Johan Hjelmborg / Louise Kirsebom: **Augenblicksastrologie,** Partituren und Spiele der Planeten, Format 17 x 24 cm, geb., 204 S., 75 Abb., ISBN 3-907029-04-6

Johan Hjelmborg / Louise Kirsebom: **Zeichen und Planeten in der Hand,** Format 17 x 24 cm, geb., 308 S., 180 Abb., ISBN 3-907029-18-6

Eve Jackson: **Jupiter – Der alte Wohltäter in einem neuen Licht,** Format 17 x 24 cm, geb., 184 S., 31 Abb., ISBN 3-907029-07-0

Marc Edmund Jones: **Die sabischen Symbole in der Astrologie,** Format 17 x 24 cm, geb., 416 S., 7 Ill., 1000 Horoskopstellungen, ISBN 3-907029-40-2

Jim Lewis / Ariel Guttman: **Astro∗Carto∗Graphy-Atlas,** Mit Horoskopen und Biographien, Format 21 x 28 cm, brosch., 328 S., 270 Abb., ISBN 3-907029-14-3

A. T. Mann: **Mystische Architektur,** Format 19.6 x 27.5 cm, geb., durchgehend farbig bebildert, 192 S., ISBN 3-907029-54-2

A. T. Mann / Jane Lyle: **Mystische Sexualität,** Format 19.6 x 27.5 cm, geb., durchgehend farbig bebildert, 192 S., ISBN 3-907029-53-4

Bernd A. Mertz: **Also sprachen für die Astrologie ...,** Zitate berühmter Persönlichkeiten, Format 14 x 21 cm, brosch., 33 Abb., 136 S., ISBN 3-907029-45-3

Bernd A. Mertz: **Liebe – Opfer – Magie,** Der Mensch als Geheimnis des Kosmos, Format 17 x 24 cm, geb., 219 S., 42 Hskpe., 10 Abb., ISBN 3-907029-25-9

Bernd A. Mertz: **Paracelsus und seine Astrologie,** «Im Menschen nämlich sind Sonne und Mond und alle Planeten», Format 14 x 21 cm, brosch., 96 S., 2 Hskpe., 52 Abb., ISBN 3-907029-32-1

Bernd A. Mertz: **Schicksalspunkte im Horoskop,** Die Schnelldiagnose in der Astrologie, Format 17 x 24 cm, geb., 232 S., 40 Abb., ISBN 3-907029-20-8

Hermann Meyer: **Befreiung vom Schicksalszwang,** Astropsychotherapie, Format 17 x 24 cm, geb., 208 S., ISBN 3-907029-01-1

Michael Newton: **Die Reisen der Seele,** Karmische Fallstudien, Format 17 x 24 cm, geb., 240 S., ISBN 3-907029-50-X

Rainer Öhlschleger: **Stichworte zur Horoskopdeutung,** Planeten, Zeichen, Häuser und Aspekte, Format 17 x 24 cm, geb., 352 S., ISBN 3-907029-52-6

Melanie Reinhart: **Chiron – Heiler und Botschafter des Kosmos,** Format 17 x 24 cm, geb., 346 S., 22 Hskpe., Ephemeriden 1900–2000, ISBN 3-907029-26-7

Jane Ridder Patrick: **Praktische Astro-Medizin,** Entsprechungen zwischen Kosmos, Körper und Seele, Vorwort von Charles Harvey, Format 17 x 24 cm, geb., 189 S., 15 Abb., ISBN 3-907029-24-0

Dane Rudhyar / Leyla Rael-Rudhyar: **Der Sonne / Mond-Zyklus,** Ein Schlüssel zum Verständnis der Persönlichkeit, Format 17 x 24 cm, geb., 192 S., 25 Abb., ISBN 3-907029-06-2

Thomas Schäfer: **Astrologie und Traumdeutung,** Die innere Welt des Horoskops in Träumen und Märchen, Format 17 x 24 cm, geb., 192 S., 19 Abb., 4 Hskpe., ISBN 3-907029-42-9

Thomas Schäfer: **Bildersprache Astrologie,** Format 17 x 24 cm, geb., 172 S., 5 Abb., ISBN 3-907029-17-8

Pauline Stone: **Partnerschaft, Astrologie und Karma,** Wie man Beziehungen verstehen, transformieren und heilen kann, Format 17 x 24 cm, geb., 192 S.,3 Abb., ISBN 3-907029-23-2

Erin Sullivan: **Astrologische Familiendynamik,** Eltern, Kinder und Generationen im Horoskop, Format 17 x 24 cm, geb., 300 S., 10 Hskpe., 10 Abb., ISBN 3-907029-55-0

Erin Sullivan: **Rückläufige Planeten,** Aufbruch in die innere Landschaft, Format 17 x 24 cm, geb., 360 S., 16 Hskpe., 28 Abb., ISBN 3-907029-29-1

Angel Thompson: **Feng Shui in der Praxis,** Die kosmische Kunst der Anordnung von Wohn- und Arbeitsräumen, Format 17 x 24 cm, geb., 208 S., zahlr. Abb., ISBN 3-907029-56-9

Noel Tyl (Hg.): **Sexualität im Horoskop,** Format 17 x 24 cm, geb., 49 Hskpe. und 11 Abb., 328 S., ISBN 3-907029-46-1

Noel Tyl (Hg.): **Uranus, Neptun und Pluto im persönlichen Erleben,** Format 17 x 24 cm, geb., 256 S., 12 Hskpe., 7 Abb., ISBN 3-907029-38-0

Eric J. Weil: **Das kombinierte Fragehoroskop,** Die verfeinerte Methode der Fragehoroskope, Format 14 x 21 cm, brosch., 82 S., 49 Hskpe., ISBN 3-907029-33-X

J. Claude Weiss / Verena Bachmann: **Pluto – Das Erotische und Dämonische,** Format 17 x 24 cm, geb., 256 S., 43 Abb., ISBN 3-907029-05-4

J. Claude Weiss: **Karmische Horoskopanalyse Band I,** Unbewusste Lebenspläne erkennen und verändern – Mondknoten-, Saturn- und Plutothemen im Horoskop, Format 17 x 24 cm, geb., 296 S., ISBN 3-907029-39-9

J. Claude Weiss: **Karmische Horoskopanalyse Band II,** Der Mond als Gefäss karmischer Erinnerungen – Der karmische Neumond – Das Skript als Ausdruck neu entscheidbarer karmischer Prägungen, Format 17 x 24 cm, geb., 325 S., ISBN 3-907029-49-6

J. Claude Weiss: **Astrologie – Eine Wissenschaft von Raum und Zeit,** Format 17 x 24 cm, geb., 200 S., 24 Abb., ISBN 3-907029-03-8

Joanne Wickenburg: **Beruf im Horoskop,** Astrologische Faktoren beruflicher Eignung, Format 17 x 24 cm, geb., 208 S., 9 Abb., ISBN 3-907029-57-7

Jürgen Wiering: **Astrologie und Beruf,** Berufs- und Unternehmensberatung mit Hilfe der Astrologie, Format 17 x 24 cm, geb., 288 S., 1 Horoskop, 31 Tab., 1 Abb., ISBN 3-907029-37-2

ASTROLOGIE HEUTE

Zeitschrift für Astrologie, Psychologie und Esoterik

Die Zeitschrift ASTROLOGIE HEUTE erscheint seit 1986 alle zwei Monate und berichtet über alle wesentlichen Strömungen der deutschsprachigen und internationalen Astrologieszene.

Das Heft enthält im Mittelteil ein *farbiges Magazin,* wo auf spielerische, verständliche Weise die Grundlagen der Astrologie vermittelt werden. In der Rubrik *Astrologie im Weltgeschehen* werden anhand der mundanen (allgemeingültigen) Konstellationen die aktuellen politischen und gesellschaftlichen Ereignisse astrologisch analysiert und interpretiert. In jeder Nummer sind die Horoskope von jeweils sechs *berühmten Persönlichkeiten,* die im entsprechenden Zeitraum Geburtstag haben, farbig abgedruckt und mit einer Kurzbiographie versehen. Weitere Rubriken: *Kalender* (astrologische Vorschau über die folgenden zwei Monate), *Praxis* (astrologische Deutungs- und Arbeitsmethodik), *Baukasten* (astrologisches Grundwissen), *Psychologie, Bücherschau, Esoterik/New Age, Reflexe/Reflexionen* (Meldungen, Kongressberichte). Regelmässig werden *Interviews* mit bekannten Persönlichkeiten zu astrologischen und philosophischen Themen veröffentlicht. Herausgeber: *Claude Weiss*

Abonnement oder Gratis-Probenummer bei: **ASTROLOGIE HEUTE**, **Postfach, CH-8047 Zürich,** Tel.: 01-493 51 30; Fax: 01-493 51 35 (Vorwahl aus dem Ausland: 0041); *E-Mail:* verlag@astrologieheute.ch *oder* AstrologieHeute@compuserve.com.

Auch erhältlich an allen grösseren Kiosken in Deutschland und in der Schweiz.